Über dieses Buch

Peter Urban zeichnet die Geschichte der populären Musik nach. Sein Buch beschäftigt sich nicht mit Hits oder Schlagerstars, sondern mit den Texten der Pop-Songs, mit Themen, Inhalten, Aussagen, Bildern, denn: »Populäre Songs beschreiben als einzige Kunstform die Zeitstimmung«, so Bob Dylan.
Die Pop-Songs unserer Zeit haben sich aus der populären Musik der vergangenen Jahrhunderte entwickelt: Straßenballaden, Work Songs, Folk- und Country-Songs, Blues, Spirituals sind die Vorläufer. Aus Tausenden von Songs hat Peter Urban etwa 500 ausgesucht, die er vorstellt und erläutert. Songs von Robert Johnson, Bessie Smith, Woody Guthrie, Chuck Berry, den Beatles, Bob Dylan, Joni Mitchell, Ray Davies, Van Morrison, Randy Newman, Jackson Browne, Kris Kristofferson, Bruce Springsteen und vielen anderen, nach Themen und Lebensbereichen gegliedert: Liebe, Sex, Einsamkeit, Freude, Jugendliche und ihre Umgebung, Arbeit, Drogen, Zeitkritik, Rassenkonflikte oder: Stadt, Land, Straße, Kino.
Die Autoren alter wie neuer populärer Songs schreiben in der Sprache ihrer Umwelt; ihre Texte spiegeln unverfälscht Erlebnisse, Bedürfnisse, Träume, Klagen und Hoffnungen ihrer Zeit wider. Kein anderes Medium kann Veränderungen im Lebensgefühl so spontan, sensibel und deutlich ausdrücken wie es die Texte der Popmusik heute tun.

Der Autor

Peter Urban, geb. 1948, studierte Anglistik und Geschichte in Hamburg, seine Examensarbeit schrieb er über Ray Davies. Seit 1971 macht er Rundfunk- und Fernsehsendungen und schreibt Artikel über Popmusik (ständige Sendung im NDR 2: »Musik für junge Leute«). Seit 1963 ist Urban aktiver Musiker (Piano, Orgel), zunächst in Jazzbands, seit 1967 in verschiedenen Hamburger Rockgruppen.

Peter Urban

Rollende Worte – die Poesie des Rock

Von der Straßenballade zum Pop-Song

Eine wissenschaftliche Analyse der Pop-Song-Texte

Fischer
Taschenbuch
Verlag

Originalausgabe
Fischer Taschenbuch Verlag
Dezember 1979
Umschlagentwurf: Jan Buchholz/Reni Hinsch
Foto: Peter Ruthenberg
Lektorat: Cornelia Schmidt-Braul
Fischer Taschenbuch Verlag GmbH, Frankfurt am Main

Gesamtherstellung: Clausen & Bosse, Leck
Printed in Germany
680-ISBN-3-596-23603-7

Inhalt

Vorwort 7

Einführung 11

1. Zur Tradition der Populärmusik in Großbritannien und Nordamerika . . 16

Die *street ballad* 17
Der *industrial folk song* 23
Folk- und Country-Songs in Nordamerika 27
Work-Songs und Spirituals der Afro-Amerikaner 32
Music-Hall, Minstrel-Shows, Vaudeville 38

2. ›Produzierte‹ Populärmusik 44
Das Verschwinden ›proletarischer‹ Formen populärer Musik im 19. und 20. Jahrhundert 44
Der Ersatz durch die kommerzielle ›Massenkultur‹ 45

3. Die Erhaltung und Ausprägung ›proletarischer‹ Musikformen in Subkulturen 48
Blues und Jazz 48
Country-and-Western 59
Der politische Folk-Song 64

4. Die Entwicklung einer jugendorientierten Popmusik seit 1955 69
Die Entstehung des Rock 'n' Roll in den USA 69
Auswirkungen auf Großbritannien 73
Neue Impulse aus alten Quellen 75

5. Zur Form des Pop-Song 84
Rhythmus 84
Strophe, Reim, Vers, Refrain 89
Sprache 92
Song-Typen 99
Songs, die porträtieren und Geschichten erzählen 99
Songs, die Persönliches aussprechen 102

6. Inhalt und Gestaltung anglo-amerikanischer Populärmusiktexte 104
Erlebnisse und Wünsche: Liebe und Sex 104
Liebesbedürfnis, Werbung, Erfüllung, Glück 104
Trennung und Schmerz 112
Die Rollen der Geschlechter 120
Komik und Ironie in Love-Songs 124
Bedürfnis und Befriedigung: Die Darstellung körperlicher Liebe . . . 129
Erotische Jugenderinnerungen 139
›Songs of Innocence and Experience‹ – Private und gesellschaftliche Erfahrungen 143
Spaß und Ärger: Jugendliche und ihre Umgebung 145

– Mädchen, Vergnügen, Autos 145
– Elternhaus, Schule, Job: Autorität gegen Stolz 148
Unzufriedenheit und soziale Zwänge 150
Enttäuschung und Verzweiflung 154
Einsamkeit und Entfremdung 157
Freude und Sinnlichkeit 166
Beobachtungen und Geschichten aus der Umwelt 170
›I love to live so pleasantly, live this life of luxury‹ – ›Gesellschaftsnachrichten‹ aus den oberen Schichten 170
Soziale Lage und Lebensgewohnheiten der unteren Schichten 175
Der Druck und die Langeweile des Alltags 183
Von Alkohol und anderen Drogen 186
Sozial- und Zeitkritik 196
›Songs of the lower classes‹ 196
Protest und Anklage 204
– Anti-Atombomben-Songs 204
– Anti-Kriegs-Songs 206
Politische Satiren 211
Der Rassenkonflikt in den USA 215
– Anklage und das Verlangen nach Gleichberechtigung 215
– Schwarzes Selbstbewußtsein 220
Rockmusik: Erregung und Geschäft 222
Faszination und erotische Ausstrahlung 223
Rock Stars: Sozialer Aufstieg und kommerzielle Verwertung 225
Vom Wandel der Werte: Jugendkultur und Gesellschaft 230
England und USA in den sechziger Jahren: Porträts, Stimmungen, ›Philosophien‹ 230
Selbstbewußtsein, Generationskonflikt und Aufbruch 234
Der Traum vom neuen Paradies und kritisches Erwachen 241

7. Ausgewählte Motive anglo-amerikanischer Populärmusiktexte 246
Die Stadt 246
Das Land 250
Die Straße 254
Das Kino: ›Cockney Pride‹ und ›Celluloid Heroes‹ 261

8. Aus der Erfahrung: Phantasien, Visionen, Symbole 266
Phantasien und Träume 266
Visionen von Chaos, Untergang und Hoffnung in Bildern und Symbolen 271

9. Abschließende Gedanken 278

10. Anmerkungen 281

11. Nachwort 296

12. Bibliographie 299

13. Discographie 304

14. Personenregister 310

15. Register der zitierten Song-Texte 314

Vorwort

Texte von Populärmusik sind, obwohl man sie vielleicht jeden Tag hört, nicht so leicht zugänglich wie zum Beispiel die gesammelten Werke von Shakespeare; aus diesem Grund habe ich die behandelten Texte meist etwas ausführlicher zitiert, um den Gesamteindruck eines Songs wenigstens annähernd zu erhalten. Quellen für ältere und jüngere Pop-Songs sind Sammelbände, Schallplatten, Plattenhüllen (falls Texte darauf abgedruckt sind), Notenveröffentlichungen, Song-Bücher einzelner und mehrerer Autoren und »Raubdrucke«. Da Songs in erster Linie gesungen und dann erst gelesen werden sollen, wird in diesen Quellen auf Konventionen des geschriebenen Wortes wenig Wert gelegt; Rechtschreibung, Zeichensetzung, Zeilen- und Verseinteilung werden unregelmäßig und uneinheitlich gehandhabt. Daher möge man sich nicht über einige Schreibweisen wundern, zumal viele populäre Songs Umgangssprache und Slang enthalten.

Ich habe für dieses Buch aus Tausenden etwa fünfhundert Songs ausgesucht; bei einer derartigen Fülle von Material kann natürlich nicht jeder Aspekt erschöpfend abgehandelt, nicht jede Frage beantwortet, nicht jede Besonderheit, jedes Wort, jeder Ausdruck erklärt werden.

Ich hoffe dennoch, auf den folgenden Seiten Charakter, Inhalt und Aussage von Straßenballaden, Folk-Songs, Music-Hall-Songs, Blues und Pop-Songs näherzubringen.

An dieser Stelle möchte ich Herrn Professor Johannes Kleinstück, Horst Königstein, Manfred Miller, Klaus Wellershaus und Hans-Jürgen Höhling für ihren langjährigen Rat, meinen Eltern für ihre Unterstützung, vor allem meinem Vater für das Korrekturlesen, Renate Krautberger für ihre Zeit und Arbeitskraft danken. Weiter geht mein Dank für Anregungen, Hinweise, moralischen Beistand, Hilfe, Ablenkung und Unterhaltung an:

Dieter Buschkämper, Uwe Kliewer, King Curtis, Karen Hollihan, Teja Schwaner, Caro Tollenaar, Abi Wallenstein, John Peel, Aretha Franklin, Michael Schlüter, Steve Winwood, Laura Trapani, The Beach Boys, Sigi Schmidt-Joos, Klaus Urban, Yen Cao, Eric Clapton, Richard Williams, Michael Naura, Barbara Albert, Stevie Wonder, Mavis Staples, Jon Landau, Hunter S. Thompson, Bruder Elpidius, Gaby Urban, Mike and Dot, Joe Cocker, Lester Bangs, Hans Krüger, Maggie Bell, Atzen Wehmeyer, David Sanborn, Paul Simon, Ralph Gleason, Jimi Hendrix, Uli Wittmann, Günter Scheding, Hans Diego Klinkicht, Jörg Gülden, John Frerichs, Marvin Gaye, Reinhard Wendland, Rodolfo de la Cruz, The Crusaders, Greil Marcus, Mary McCusker, Cannonball Adderly,

William Shakespeare, Lewis Carroll, Franz Beckenbauer, Rosi Mittermaier, Mr. Wurlitzer, Otis Redding
und an John, Paul, George und Ringo für den ersten Anstoß.

Hamburg, Januar 1977 *Peter Urban*

Moss does not cling to a rolling stone
Sprichwort, zitiert von Joe Hill
in seinem *Testament*, 1915

Well, my mother told my father just before I was born
I got a boy child comin' gonna be a rollin' stone
Rollin' Stone
Muddy Waters, geb. 1915

How does it feel, how does it feel
To be on your own
With no direction home
Like a complete unknown
Like a rolling stone?
Bob Dylan, 1965

My Daddy rocks me with one steady roll
New Yorker Blues,
um 1920

Einführung

> Populäre Songs beschreiben als einzige Kunstform die Zeitstimmung. Etwas los ist nur im Radio und auf Platten. Da sind die Leute. Nicht in Büchern, nicht auf der Bühne, nicht in den Galerien. All die Kunst, über die sie immer reden, bleibt nur im Regal. Sie macht niemanden glücklicher.
>
> *Bob Dylan, 1965*[1]

Gegenstand dieses Buches ist im weiteren Sinne die populäre Musik Großbritanniens und Nordamerikas, im engeren Sinne die anglo-amerikanische Popmusik der fünfziger, sechziger und siebziger Jahre unseres Jahrhunderts, vielfach und weitgehend bedeutungsgleich auch Rockmusik oder Rock genannt.

Der Begriff »Popmusik« kennzeichnet die hauptsächlich aus der Musik der Afro-Amerikaner in den USA hervorgegangene jugendorientierte Populärmusik seit etwa 1955. Diese Musik ist die wichtigste und verbreiteste Ausdrucksform jugendlicher »Kultur«[2], und das nicht nur in ihren Herkunftsländern USA und Großbritannien. In allen Teilen der Welt – vor allem der westlichen – bestimmt anglo-amerikanische Popmusik einen großen, wenn nicht den größten Teil populärer Musik.

Popmusik und ihre Begleiterscheinungen (z. B. Mode, Frisuren, Tanzstile, Drogen) wurden anfänglich von Kritikern fast ausschließlich als rein soziologische Phänomene betrachtet. Untersuchungen über Ursprünge, Inhalte und Aussagen dieser Musik sind erst in den letzten Jahren häufiger geworden; oft sind solche Arbeiten jedoch erzählender, feuilletonistischer, porträtierender Natur, sorgfältige Analysen haben selbst in den USA und in England Seltenheitswert. Rühmliche und für jeden, der sich ausführlicher mit Popmusik beschäftigt, unentbehrliche Ausnahmen sind Charlie Gilletts *The Sound of the City*, Michael Grays *Song and Dance Man: The Art of Bob Dylan*, Jon Landaus *It's Too Late To Stop Now*, Greil Marcus' *Mystery Train* und die *Geschichte der Pop-Musik* von Kuhnke/Miller/Schulze[3]; dazu gehören weiter Artikel und Besprechungen in den zahlreichen Magazinen und Fachzeitschriften über Popmusik, allen voran *Rolling Stone* (USA), in dem seit 1967 Kultur, Gesellschaft und Politik der USA manchmal beispielhaft dargestellt und kritisch betrachtet werden.[4]

In der akademischen Anglistik werden Produkte der Populärkultur (z. B. Straßenlieder, Folk-Songs, Protestlieder, Music-Hall und Vaudeville, Musicals und Shows, Film, Fernsehen, Comics, Magazine etc.) oft, wenn nicht »verpönt« dann wenigstens übersehen.[5] Eine solche Vernachlässigung läßt sich am Beispiel der britischen *street ballads* zeigen:

»Obgleich viele unserer größten Dichter Songs und Balladen der Straße kannten, gebrauchten und imitierten, sind es heute hauptsächlich die Politikwissenschaftler, Sozialhistoriker und Altertumsforscher, die sie bislang ernsthaft beachtet haben. Literaturkritiker und Literaturgeschichtler erwähnen sie, wenn überhaupt, nur, um sie als ›Knittelverse‹ oder ›Journalismus in Versform‹ abzutun. Was für Shakespeare gut genug war, ist für uns offenbar nicht mehr gut genug.«[6]
Im Schwerpunkt dieser Arbeit geht es mir allerdings weniger um den Einfluß, den Erzeugnisse der Populärkultur auf die »klassische« Literatur ausgeübt haben, als mehr um die Beziehungen solcher Erzeugnisse zu ihrem Publikum. Mich interessieren Thematik, Sprache und Form, in denen Texte populärer Musik Sorgen, Freuden und Wünsche des »Volkes« mitteilen.
Ich möchte untersuchen, durch welche Inhalte und auf welche Weise gesellschaftliche Wirklichkeit[7] und persönliche Erfahrung in der populären Kunstform Pop-Song ausgedrückt werden. Gerade zum besseren Verständnis dieser Aspekte von Popmusik erscheint mir die Kenntnis populärer Musiktraditionen Großbritanniens und Nordamerikas sinnvoll und notwendig – ein Gesichtspunkt, der bei der Betrachtung von Popmusik bisher nicht ausreichend beachtet worden ist. Daher werde ich zunächst darstellen, daß gesellschaftsbezogene Pop-Songs des 20. Jahrhunderts auf einer Tradition aufbauen, die mehrere Jahrhunderte zurückgeht: in *street ballads*, Folk- und Country-Songs, *industrial-* und *work songs*, Spirituals und Blues etc.
Weiterhin gilt es, die historische Entwicklung populärer Musikformen vergangener Jahrhunderte zu massenhaft verbreiteter kommerzieller Musik im 20. Jahrhundert aufzuzeigen, denn die heutige Popmusik ist keine populäre Musik im älteren Sinne, das heißt sie wird nicht, lokal begrenzt, »vom Volk für das Volk gemacht«, sondern zum größten Teil als Massenprodukt über Medien »vermittelt«. Dazu ist sie in hohem Maße nicht nur sozial-, sondern auch altersspezifisch bestimmt. Die ursprünglichen, »unverfälschten« Ströme und Entwicklungen, die die Popmusik immer wieder von unten – aus dem Publikum – beeinflußt und verändert haben (z. B. Mersey Beat, Folk, Soul), sollen in ihren gesellschaftlichen Zusammenhang gestellt und inhaltlich und formal untersucht werden.
Dieses Buch erhebt nicht den Anspruch, einen Überblick über sämtliche Formen anglo-amerikanischer Populärmusik zu bieten; vielmehr geht es darum, die Tradition von persönlichem und gruppentypischem Ausdruck und gesellschaftlicher Relevanz in populären Musikformen bis zum Pop-Song zu verdeutlichen.

Yippee, I'm a poet, and I know it, hope I don't blow it

Bob Dylan: *I shall be free*, No. 10, 1964

Warum ›Die Poesie des Rock‹? Warum ein Begriff, der im allgemeinen Sprachgebrauch eher mit »zarten«, »feinfühligen« Gedichten als mit »ungehobelten«, »gewöhnlichen« Songs[8] in Verbindung gebracht würde?

Das griechische *poiein* bedeutet machen, herstellen, verfertigen – Poesie umschreibt also eigentlich »das Machen, das Verfertigen«, die Qualität der Herstellung. Ausgehend von dieser ursprünglichen Bedeutung des Wortes steht für die Zwecke meiner Betrachtung »Poesie« als Oberbegriff, der alle Aspekte »des Machens« von Pop-Songs und ihrer Vorläufer – Inhalt, Absicht, Form, Funktion, Ausdruck – einschließt. Das englische *poetry* erfaßt im offiziellen Gebrauch ähnlich seinen deutschen Entsprechungen Lyrik und Poesie fast ausschließlich »hohe« geschriebene Dichtkunst mit dem Anspruch von Erhabenheit und Tiefsinn.

Das *Concise Oxford Dictionary* zum Beispiel definiert »poetry« u. a. als »elevated expression of elevated thought or feeling in metrical form« (erhabener Ausdruck erhabenen Denkens oder Fühlens in metrischer Form).

In älteren Kulturen wie der afrikanischen wurden poetische Produkte bis in unsere Zeit in direkter Beziehung zum Publikum vorgetragen, und zwar überwiegend in Form von Gesängen.[9]

Barden und Minnesänger des europäischen Mittelalters deklamierten und sangen Liebes- und Unterhaltungsdichtung, Abenteuer und Nachrichten für Hof und Volk, auch Shakespeare schöpfte in den Songs seiner Stücke aus der poetischen Kraft der Volksballaden.[10]

Im Laufe der folgenden Jahrhunderte jedoch betrafen – besonders in Europa – Literatur und Künste einer hochstehenden Kultur immer weniger die breite Masse der Bevölkerung, als eine privilegierte Minderheit. Die »schönen Künste« lösten sich von der Populärkultur: »Seitdem die Industrielle Revolution die Kunst aus dem Hauptstrom vertrieb und die künstlerischen Rebellen schuf, deren avantgardistische Kunst praktisch alle guten Werke dieses Jahrhunderts und viele des letzten umfaßt, haben sich die Künste traurig und langsam über die Köpfe der gewöhnlichen Leute hinweg bewegt . . . Proust, Yeats, Pollock, Stravinsky und all die anderen haben Werke hervorgebracht, die nicht nur technisch wunderbar, sondern auch sehr emotional sind – für solche, die die Sprache kennen.«[11]

Die Songs, von denen diese Arbeit handelt, sprechen wahrscheinlich eher die Sprache, die »gewöhnliche Leute« verstehen – Street Ballads, Folk-Songs, Blues oder Pop-Songs verwenden hauptsächlich Umgangssprache und Slang.

Aber gerade die Umwandlung alltäglicher Wendungen und umgangssprachlicher Klischees in selbständigen Ausdruck persönlicher und gemeinsamer Gefühle, Gedanken und Erfahrungen macht die Poesie solcher Songs aus – wie in dieser Folk-Ballade:[12]

There's not a swish goes round my waist
Not a comb goes in my hair
Neither fire light nor candle light
Can ease my heart's despair.

Oder wie in diesem Blues von Robert Johnson aus den dreißiger Jahren dieses Jahrhunderts:[13]

I got stones in my passway, and my road seem dark as night,
I got stones in my passway, and my road seem dark as night,
I have pains in my heart, they have taken my appetite.

Oder wie in diesem Rock 'n' Roll-Song von Chuck Berry aus dem Jahr 1965:

Workin' in the fillin' station, – too many tasks,
»Wipe the windows, check the tires, check the oil, dollar gas«
Arrgh, too much monkey bus'ness, too much monkey bus'ness
too much monkey bus'ness for me to be involved in.

Derartige Songs weichen oft von der offiziellen Grammatik ab und halten sich wenig an Regeln der Rhetorik, Konversation, Logik, Diktion, Poetik oder Metrik; sie können nur selten sinnvoll nach strengen kritischen Methoden der Literaturwissenschaft untersucht werden. Doch vielleicht spiegeln die Songs der Populärkultur gerade deswegen ihre Zeit in den Erlebnissen, Bedürfnissen, Träumen, Klagen und Hoffnungen von Autoren und Publikum um so deutlicher und unverblümter wider: »Da gibt es vieles, was eintönig, langweilig, unbeholfen ausgedrückt ist; aber darin spiegelt es das Leben gewöhnlicher Leute wider, in dem es auch etwas gibt, das sich aufschwingt, bewegt und aufrüttelt.«[14]

Ich habe schon von der Verschiedenartigkeit der Literatur auf diesem Gebiet gesprochen, verbindliche Kriterien der Betrachtungsweise gibt es nicht. Mir haben sich zwei Fragen gestellt: Was sagen diese Songs, und wie sagen sie es. Ich will ihre Themen und Inhalte untersuchen sowie die sprachlichen und formalen Mittel, mit denen jene ausgedrückt werden.

Das Buch besteht aus zwei Teilen; der erste Block beschreibt mit Hilfe von Beispielen die Tradition der anglo-amerikanischen Populärmusik und ihre Entwicklung bis zur Popmusik unserer Tage; der zweite gilt der ausführlicheren Interpretation von Popmusiktexten, wobei auch auf populäre Musiktradition, Populärkultur allgemein, sozialen Hintergrund und literarische Vorbilder oder Parallelen Bezug genommen wird.

Es gibt sicherlich Tausende von gesammelten und veröffentlichten Straßenballaden, Folk- und Country-Songs, Blues usw.; die Popmusik, mittlerweile ein internationaler Industriezweig mit Umsätzen, die in die Milliarden gehen, bringt Jahr für Jahr über 10000 Songs hervor. Es ist also unmöglich, einen einigermaßen vollständigen Überblick über alle Inhalte und Erscheinungsformen der Populärmusik zu geben. Daher wird mancher vielleicht gewisse Songs und Autoren vermissen oder einige Aspekte als zu kurz behandelt ansehen, aber bei einer derartigen Fülle von Material bleibt jede Auswahl subjektiv. Mein Ziel war es, wichtige Themen und Formen der Populärmusik vorzustellen und solche Songs auszusuchen, die persönliche Erfahrungen, Eindrücke der Umwelt und Phantasie überzeugend mitteilen.

1. Zur Tradition der Populärmusik in Großbritannien und Nordamerika

Dieses Kapitel soll weder eine vollständige Darstellung der Geschichte der *popular culture* sein, noch soll es Antwort auf die Frage nach einer Abgrenzung von niederer und hoher Kultur geben. Ich möchte einige wichtige Erscheinungsformen anglo-amerikanischer Populärkultur herausstellen – *street ballads*, *industrial folk songs*, *music hall*, Spirituals, Work-Songs, Country-Songs –, um zu zeigen, daß Pop-Songs des 20. Jahrhunderts in einer Tradition stehen, die bis in das 16. Jahrhundert und wahrscheinlich noch weiter zurückreicht.
Damit will ich nicht behaupten, daß Erzeugnisse zeitgenössischer Populärmusik, wie Songs von Bob Dylan, John Lennon, Chuck Berry oder Ray Davies, die auf privater und gesellschaftlicher Erfahrung fußen, direkt von der Volksdichtung früherer Zeit beeinflußt wären. Es ist aber dennoch wichtig, darauf hinzuweisen, daß in der Populärkultur vergangener Jahrhunderte in großem Ausmaß Formen herausgebildet wurden, die Ereignisse und Situationen aus dem Leben des Volkes beschrieben. Diese Beschreibungen hatten politischen, sozialkritischen, dramatisierenden, ironisierenden und unterhaltenden Charakter; ihre Ausdrucksformen waren einfach und direkt, oft in der Umgangssprache und in Dialekten gehalten; sie waren an die breite Masse der Bevölkerung, nicht an eine kleine »gebildete« Minderheit, gerichtet. Matthew Hodgart hat Volksballaden so gekennzeichnet: ». . . , sie gehören nicht zur Großen Tradition unserer Zivilisation, aber sie sprechen für ›das Volk‹.«[1]
Das wichtigste an dem Zitat steht im Nebensatz: *ballads* waren Ausdruck des Volkes für das Volk. Unter dem Begriff »Volk« sind hier die unteren und mittleren Schichten[2] zu verstehen, die bis ins 20. Jahrhundert den weitaus größten Teil der Bevölkerung ausmachten und die aus Gründen der Klassenzugehörigkeit, des Geldes und der Erziehung von der Kultur der Aristokratie und des Besitzbürgertums ausgeschlossen waren.
Davon ausgehend ist *popular culture* der zusammenfassende Begriff, der alle kulturellen Aktivitäten des »Volkes« einschließt. Das *Oxford English Dictionary* definiert »popular« u. a. so: »Of, pertaining to, or consisting of the common people, or the people as a whole as distinguished from any particular class; constituted or carried on by the people [. . .] Finding favour with or approved by the people, or by people generally« (aus, bestehend aus der allgemeinen Bevölkerung, auf sie bezogen, oder auf das Volk als Ganzes im Unterschied zu einer bestimmten Klasse; gebildet oder ausgeführt vom Volk . . . Anklang findend oder anerkannt

beim Volk oder bei der Bevölkerung im allgemeinen); *popular culture* wäre demnach die Kultur einer breiten Allgemeinheit, nicht auf eine bestimmte Schicht beschränkt, aber mit der Betonung auf *common people*. Teil der Populärkultur ist die populäre Musik. Edward Lee hat für eine historische Untersuchung der englischen Populärmusik den Begriff *popular music* unter anderem wie folgt charakterisiert: »1. Sie muß in streng numerischem Sinn populär sein, d. h. sie ist die Musik, die von der Mehrheit der Bevölkerung am häufigsten gehört wird. 2. Sie ist nicht die Musik des Hofes, der Aristokratie, der Kirche oder der reichen Mittelschicht.«[3]

Damit ist nicht ausgeschlossen, daß auch die oberen Schichten mit Volksliedern und -balladen vertraut waren.[4] Als Gesichtspunkt bei der Definition von *popular culture* ist diese Tatsache jedoch unerheblich.

Zur älteren Tradition der Populärkultur gehören in Großbritannien mittelalterliche Verse, *Miracle* und *Mystery Plays* und andere Formen des Volkstheaters, Tänze und Spiele, *nursery rhymes*, *tavern songs*, ländliche Folk-Songs, städtische *broadside ballads* und Straßenlieder, *work songs* und *songs of protest*.[5]

Viele dieser Formen wurden von britischen Einwanderern nach Nordamerika gebracht, wo sie verändert, den neuen Lebensbedingungen angepaßt weiterbestanden und auf die kulturellen Produkte anderer nationaler Gruppen trafen. Dabei übten die Songs und Tänze der afro-amerikanischen Sklaven den stärksten und nachhaltigsten Einfluß auf die Entwicklung amerikanischer Populärkultur aus.

Die street ballad

Das Wort Ballade stammt vom lateinischen *ballare* (tanzen) ab, die provenzalische Form *ballada* wurde im frühen Mittelalter für Tanzlieder und verwandte Versformen gebraucht. Davon abgeleitet wurden die italienische *ballata*, eine Gedichtform mit kunstvollem Reimschema, und die französische *ballade*, die im 14. und 15. Jahrhundert eine bestimmte komplizierte Versform bedeutete. Der Ausdruck wurde ins Englische übernommen, die Versform imitiert – hauptsächlich für politische und gesellschaftskritische Themen. Nach Einführung des Buchdrucks in England im frühen 16. Jahrhundert erschienen solche *ballades* als Propagandamittel auf einfach bedruckten Blättern, den *broadsheets* oder *broadsides*. Daraufhin galt der Name auch bald für andere Verse, die auf derartigen Flugblättern gedruckt waren, jedoch nicht die *ballade*-Form hatten. Von der Mitte des 16. Jahrhunderts an wurden *broadside ballads* allgemein im Vierzeiler der Folk-Songs verfaßt, denn die *broadsides* sollten nach bekannten Melodien gesungen werden. Dieser Vierzeiler – später *ballad quatrain* genannt – bestand aus einem alternierenden vier- und dreifüßigen Jambus mit dem Reimschema a b c b, von dem

aber oft abgewichen wurde. Da die erzählenden Country-Songs meist diese Form hatten und einige davon auf *broadsides* erschienen, galt die Bezeichnung *ballad* auch für sie.[6]
Die Straßenballade existierte in England seit dem 16. Jahrhundert; sie war das Erzeugnis des immer stärker anwachsenden Proletariats in den großen Städten, vor allem in London. 1615 hatte z. B. Sheffield 2207 Einwohner, davon waren über ein Drittel ›bettelarm‹.[7] In London lebten zu dieser Zeit schon über 200000 Menschen. Ende des 17. Jahrhunderts beherbergte die Hauptstadt über ein Zehntel der fünfeinhalb Millionen Engländer; 1700 hatte Greater London ca. 670000 Bewohner, die nächstgrößten Städte Bristol und Norwich nur jeweils 30000.[8] Bis zur Mitte des 18. Jahrhunderts stagnierte die Bevölkerungszahl Englands, nahm aber in der zweiten Hälfte stark zu: von 7,8 Millionen 1750 auf 14,3 Millionen 1820.[9]
Die vorher nur in und um London beobachtete Masseneinwanderung vom Lande setzte nach Beginn der Industriellen Revolution auch in den neuen Industriezentren ein. Manchester vergrößerte sich zwischen 1760 und 1830 um das Zehnfache von 17000 auf 180000 Einwohner[10], Birmingham zwischen 1801 und 1901 von 71000 auf 523000, London in derselben Periode von 957000 auf 4,5 Millionen Menschen.[11]
In diesem Zeitraum sank der Anteil der Landbevölkerung an der Gesamtbevölkerung von ca. 70% (1801) auf ca. 25% (1901). Vom 18. Jahrhundert an nahmen im Vergleich zur Gesamtbevölkerung besonders stark die allgemeine Arbeiterschaft und die untere Mittelschicht zu.[12]
Die unteren Schichten der englischen Großstädte stellten das Stammpublikum der Straßenballade dar. Eine *ballad* ist nach Hodgarts Definition ›ein Lied, welches das Leben kommentiert, indem es eine Geschichte volkstümlich erzählt‹.[13]
Die *street ballad* handelte von Verbrechen, Morden, politischen Ereignissen, Schlachten und Kriegen, Skandalen, sozialen Ungerechtigkeiten, Liebe und Sex, Seemannserlebnissen und von vielem mehr, das für die städtische Bevölkerung von Interesse war. Straßenballaden lieferten Neuigkeiten, Kommentare, Satiren und Geschichten und erfüllten bis ins 19. Jahrhundert Funktionen, die heute Presse, Rundfunk, Fernsehen und Kino übernommen haben: »Nur ein sehr geringer Teil der arbeitenden Bevölkerung kann gut genug lesen, um eine Zeitung zu lesen, obgleich Zeitungen beim Schmied, beim Frisör und in zahlreichen Wirtshäusern gehalten (und laut vorgelesen) werden. Ein Großteil der Nachrichten kommt aber immer noch über Flugblattverkäufer und Straßensänger.«[14]
Straßenballaden wurden mündlich weitergegeben und auf *broadsides* gedruckt in großer Zahl verbreitet. 1849 erzielte die Ballade von *Rush's Murder* eine Auflage von 2½ Millionen. Die *broadside ballads* wurden meist von anonymen Autoren geschrieben und von *hawkers* und *balladmongers* auf Straßen und Märkten verkauft.

Shakespeare hat in *Das Wintermärchen* (IV, iv) mit Autolycus das Porträt eines fahrenden, feilschenden, singenden und scherzenden Balladenhändlers des elisabethanischen England gezeichnet. Doch schon zu dieser Zeit trafen *ballad-mongers*, ähnlich wie Landstreicher, Bettler und anderes »fahrendes Volk« auf Kritik, Verachtung oder sogar auf Strafen[15] von seiten der Obrigkeit und des »fleißigen« Bürgertums. Henry Chettle, ein Zeitgenosse Shakespeares, beklagte sich 1592 über »eine Gesellschaft nichtsnutziger Jugendlicher, die ehrliche Arbeit verabscheuen und das rechtmäßige Handwerk verachten, die sich in ein unstetes lasterhaftes Leben flüchten und an allen Ecken der Städte und Marktflecken des Reiches Balladen singen und verkaufen«.[16]

Song sellers gehörten bis ins 19. Jahrhundert zum täglichen Erscheinungsbild englischer Städte, wie hier in der Schilderung eines Journalisten im *National Review* von 1861:[17] »Diese beiden recht heruntergekommenen Gesellen mit metallisch klingenden Stimmen gehen langsam die Seite einer ruhigen, aber nicht abgelegenen Durchfahrt hinunter, die Hände voll mit Flugblättern, ihre scharfen Augen spähen herum nach jedem möglichen Besitzer eines überflüssigen half-penny; sie lassen die ganze Gegend erschallen mit den abwechselnden Zeilen und dem gemeinsamen Refrain irgendeines scheußlichen Liedchens, das sie zu einer beliebten Weise singen und nach plötzlichen Einfällen variieren.«

Das von den *ballad-mongers* verbreitete Material stammte aus einer Vielzahl von unterschiedlichen Quellen, aus Gedichten, Trink- und Liebesliedern, althergebrachten Folk-Songs, *glees* und *community songs*. Auch traditionelle Balladen[18] wurden auf *broadsheets* überliefert; den größten Teil der *broadsides* machten jedoch zeitgenössische *street ballads* aus. Die *broadside ballads* bedeuteten vom 16. bis in das 19. Jahrhundert eine der wichtigsten Möglichkeiten der unteren Schichten zu Selbstdarstellungen und öffentlichem Protest: »Für alle englischen Schriftsteller von Shakespeare bis Wordsworth bedeutete das Wort ›ballad‹ eine ›broadside‹: etwas, das zum Volk und besonders zur Bevölkerung Londons gehörte, ›niedrig‹ oder ›vulgär‹, wenn man so wollte, aber ein Ausdruck freier Rede und demokratischen Protests.«[19]

Ich möchte diese Funktion der *broadsides* mit Auszügen aus einigen *street ballads* belegen.

Sally in our Alley[20] von Henry Carey aus dem 18. Jahrhundert erzählt ironisch eine Liebesgeschichte vor dem konkreten Hintergrund der Straße:

> Her father he makes cabbage-nets,
> And thro' the streets does cry 'em;
> Her mother she sells laces long
> To such as please to buy 'em;
> But sure such folks could ne'er beget
> So sweet a girl as Sally;

She is the darling of my heart,
And she lives in our alley.

Die Ballade von den *Street Cries of London*[21] schildert lebhaft und voll poetischer Kraft Eindrücke von Londons Straßen am Ende des 17. Jahrhunderts:

Ripe Chery ripe,
  the Coster-monger cries,
Pippins fine, or Peares,
  another after hies,
With basket on his head,
  his living to advance,
And in his purse a paire of deice
  for to play at Mumchance.

Hot Pippin pies,
  to sell unto my friends:
Or puding pies in pans,
  well stuft with Candles ends,
Will you buy any Milke?
  I hear a wench that cries,
With a paile of fresh Cheese and creame,
  another after hies.

The Poore Man Payes for All[22], eine *broadside*, wahrscheinlich aus dem frühen 18. Jahrhundert, klagt die Ausbeutung der unteren Schichten an:

Me thought I saw how wealthy men
did grind the poormen's faces,
And greedily did prey on them,
not pitying their cases:
They make them toyle and labour sore
for wages too too small;
The rich men in the taverns rore,
but poore men pay for all.

Eine bittere Parodie eines im 19. Jahrhundert sehr erfolgreichen Lobliedes auf die viktorianische Zeit ist *Happy Land.*[23] Der Song zeigt die Kehrseite britischer Kolonialmacht, industriellen Fortschritts und nationalen Ruhms – Armut, Hunger, Arbeitshäuser:

Happy land! Happy land!
Exclaims the swell, reduced in pelf;

To the parish workhouse goes,
Where the official elf
Who no humanity e'er owns,
commands him to depart,
Gives him a ticket to break stones
Or drag a water cart.

Happy land! Happy land!
Thy fame resounds from shore to shore;
Happy land! where 'tis a crime,
They tell us, to be poor.
If you shelter cannot find,
Of you they'll soon take care:
Most likely send you grind wind
For sleeping in the air.

St. James's and St. Giles's[24] stammt ebenfalls aus dem viktorianischen Zeitalter und ist eine beißende Satire über soziale Gegensätze, dargestellt an zwei Londoner Stadtteilen:

In St. James's there is but one Palace, I swear,
In St. Giles's Gin Palaces everywhere,
At the Court of St. James's they hang out the flags,
Up a Court at St. Giles's they hang out the rags [. . .]
In St. James's in calling the morning is spent,
In St. Giles's the landlord calls for his rent,
In St. James's the Queen holds a drawing-room gay.
In St. Giles's Mr. Smith holds a garret all day.

Sozialkritische Balladen kamen nicht nur aus der Stadt. *The Map of Mock-Beggar Hall*[25] aus dem 16. Jahrhundert hat den Konflikt zwischen Landbesitzern und Pächtern zum Thema. Grundeigentümer vergrößerten ihren Besitz durch Einfriedung *(enclosure)* von Gemeinschaftsland auf Kosten der kleinen Farmer und forderten von diesen zudem bei der Erneuerung der Pachtverträge stark erhöhte Abgaben:

Young landlords when to age they come,
  Their rents they will be racking;
The tenant must give a golden sum,
  Or else is turned out packing;
Great fines and double rent beside,
  Or else they'll not content be,
It is to maintain their monstrous pride
  While Mock-Beggar Hall stands empty.

Und hier ist das Beispiel eines Landarbeiterliedes aus dem 18. Jahrhundert, das die Klassengegensätze auf dem Land anprangert:[26]

On cabbage cold and taters
They'll feed you like the pigs
While they sit at their tea and roast
And ride about in gigs.
The mistress must get »Ma'am« and you
Must lift your cap to her
And before you find an entrance
The masters must get »Sir«.

Eine Reihe der beliebtesten *street ballads* beschäftigten sich mit Verbrechen und Justiz. Oft dokumentierten sie die Unterschiede zwischen staatlichem Rechtskodex und der »öffentlichen« Einstellung zu Recht und Gesetz: »Straßenräuber und Piraten gehörten zu populären Balladen, teils als heroischer Mythos, teils als Ermahnung an die Jugend. Aber andere Verbrechen wurden von ganzen Bevölkerungsgruppen aktiv entschuldigt – Falschmünzen, Wildern, Steuerhinterziehung und das Hintergehen der Presspatrouille.«[27]

Balladen beklagten die Strafverfolgung von Wilderei *(The Poacher's Fate)*, die Verschleppung von Gefangenen in die Sklaverei der Strafkolonien Nordamerikas und Australiens *(Van Dieman's Land, Botany Bay, Jim Jones)* oder die Zustände in den Gefängnissen *(Goal Song, Wakefield Goal, New Bailey Tread-Mill)*. Balladen berichteten von spektakulären Mordfällen *(Rush's Murder, The Mannings)* und von den – besonders im 19. Jahrhundert – sehr zahlreichen Hinrichtungen. Die *Ballad of Sam Hall* ist der bittere, haßerfüllte »Abschiedsgesang« des Einbrechers Sam Hall, der 1701 in Tyburn vor den Toren Londons gehängt wurde:[28]

Oh, I killed a man, 'tis said, so 'tis said,
Yes I killed a man, 'tis said, so 'tis said',
Oh I killed a man 'tis said
And I left him there for dead,
I split his bloody head, God damn his eyes!

So it's up the rope I go, up I go,
Yes, it's up the rope I go, up I go;
Yes, It's up the rope I go,
And the crowd all down below,
They'll say, »Sam, we told you so!«
God damn their eyes!

Hinrichtungen hatten einen zentralen Platz im öffentlichen Leben Londons, sie waren Massenveranstaltungen mit dem Charakter von Volksfesten: »Die Prozession nach Tyburn (später zum Schafott von Newgate) war eine wichtige Zeremonie im London des 18. Jahrhunderts. Die Verurteilten in den Karren – die Männer farbenprächtig aufgeputzt, die Frauen in Weiß mit Körben voll Blumen und Orangen, die sie in die Menge warfen – die Balladensänger und Straßenhändler mit ihren ›letzten Reden‹ (die verkauft wurden, bevor die Opfer mit dem Fallenlassen des Taschentuches dem Henker das Zeichen gegeben hatten, seine Arbeit zu tun): all die Symbolik der ›Tyburn Fair‹ war ein Ritual im Herzen von Londons Populärkultur.«[29]

Im 18. Jahrhundert machten Verbrechen und Gaunerei auch als literarische Themen Mode, Defoes *Moll Flanders*, Gays *Beggar's Opera* oder Fieldings *Jonathan Wild* zeugen davon. Dazu kam auf »tieferer« Ebene eine Flut von Romanen und Geschichten über Piraten, Straßenräuber und Mörder. Sie alle spiegelten wie die Straßenballaden die Stimmung ihrer Zeit: »Diese Literatur der unteren Klasse spiegelt eine aufrichtige soziale Reaktion wider: die Sympathie für Schmuggler und Straßenräuber und die moralische Unterstützung für zum Tode Verurteilte in Tyburn bezeugen einen verbreiteten Haß auf den Staat und seine Gesetze.«[30]

Der industrial folk song

Gegen Ende des 18. Jahrhunderts begann in England die bis ins Mittelalter zurückreichende Tradition des mündlich überlieferten ländlichen Folks-Songs auszusterben.[31] Diese Entwicklung fiel mit der industriellen Revolution und der tiefgreifenden Veränderung der Lebensbedingungen in jener Zeit zusammen. In den Jahren zwischen 1780 und 1840 erfuhr die britische Bevölkerung trotz des enormen technischen und ökonomischen Fortschritts eine Verelendung, die viele verschiedene Auswirkungen hatte: ». . . für den Feldarbeiter den Verlust von allgemeinen Rechten und der Überreste von Dorfdemokratie; für den Handwerker den Verlust seines Status; für den Weber den Verlust des Lebensunterhalts und der Unabhängigkeit; für das Kind den Verlust von Arbeit und Spiel zu Hause; für viele Gruppen von Arbeitern, deren reale Einkommen stiegen, den Verlust von Sicherheit und Freizeit und den Verfall der städtischen Umwelt.«[32]

Die Landbevölkerung zog es in großer Zahl aus Hoffnung auf Arbeit und höhere Löhne in die neuen Industriestädte; auf der anderen Seite blieb ihr kaum eine andere Wahl, da die dörfliche Wirtschaftsform durch äußeren Druck (Einfriedungen öffentlichen Landes, Gesetze gegen Wilderei, Kriege, Armengesetze, Niedergang des ländlichen Handwerks) am Zerbrechen war.[33] Die Industrialisierung zerstörte traditionelle Verhaltensweisen und Lebensregeln. Aus der ländlichen Folklore bildete sich eine eigenständige Kultur des neuen Industrieproletariats heran; vor allem im Bereich der Songs: »Als die alte ländliche Volkslyrik zerbröckelte, entstand eine neue Lyrik der Industriestädte, zunächst schwach, aber immer stärker werdend. Sie reflektierte das Leben und Bestreben einer erst entstehenden Klasse von Menschen, die neumodische Werkzeuge in den Händen hielten, die neue Gedanken dachten, die in einem neuen Verhältnis zueinander und zu ihren Herren standen.«[34]

Die Songs, in denen die Arbeiter ihren eigenen Erfahrungen, ihren Interessen und Wünschen in der Umgangssprache Ausdruck gaben, nennt Lloyd *industrial folk songs*. Sie wurden von den Arbeitern in ihrer kurzen Freizeit selbst gemacht und mündlich, aber auch als *broadside* gedruckt, weitergegeben. Zu ihren Standardthemen wurden die schweren Arbeits- und Lebensbedingungen, außergewöhnliche Ereignisse, Katastrophen, Streiks, Entlassungen und der Kampf für ein besseres Leben.

Die meisten heute bekannten *industrial folk songs* kamen aus den beiden ältesten Industrien Bergbau[35] und Textilindustrie. Hier ist ein Beispiel aus dem frühen 19. Jahrhundert, ein Song, der in verschiedenen Versionen unter anderem *The poor cotton weaver*, am häufigsten aber einfach *Jone o'Grinfield (John of Greenfield)* genannt wurde. Er ist in kräftigem Lancashire-Dialekt gehalten:

I'am a poor cotton weaver as many one knows.
I've nowt to eat i' th' house an' I've wore out my cloas.
You'd hardly give sixpence for all I have on.
My clugs they are brossen an' stockings I've none.
You'd think it wur hard to be sent into th' world
To clem an' do th' best ot you con. [clem-starve][36]

In dem Song *Poverty knock* beschreibt ein Weber die Arbeit in einer der großen mechanischen Webereien Nordenglands in der Form eines Limericks:[37]

Up every mornin' at five.
Ah wonder that we keep alive.
Tired an' yawnin' in the cold mornin',
It's back to the dreary old drive.
[. . .]
Oh dear, me poor 'ead it sings.
Ah should have woven three strings,
But threads are breakin' and my back is achin',
Oh dear, ah wish ah had wings.

Sometimes a shuttle flies out,
Gives some poor woman a clout.
Ther she lies bleedin', but nobody's ›eedin‹.
Who's goin't' carry her out?

In dem Song *The Handloom versus the Powerloom*[38] werden die Auswirkungen der Mechanisierung des Webens für die Handweber angeprangert – Verlust der Unabhängigkeit und Freiheit, lange Arbeitsstunden in Fabriken, verkürzte Freizeit:

Come all you cotton weavers, your looms you may pull down.
You must get employed in factories, in country or in town,
For our cotton masters have found out a wonderful scheme,
These calico goods now wove by hand they're going to weave by steam. [. . .]
So come all you cotton-weavers, you must rise up very soon,
For you must work in factories from morning, night and noon.
You mustn't walk in your garden for two or three hours a day,
For you must stand at their command and keep your shuttles in play.

Die Zeit des Umbruchs von manueller zu mechanischer Weberei spiegelt ebenfalls *The Weaver and the Factory Maid*[39] wider; allerdings bilden hier die Gegensätze von alten und neuen Produktionsmethoden, der industrielle und soziale Wandel, die Grundlage und Umgebung für ein Liebeslied:

I am a hand weaver to my trade,
I fell in love with a factory maid;
And if I could but her favour win,
I'd stand beside her and weave by steam.

Der Handwerksstolz des Vaters will keine Verbindung seines Sohnes mit einer Fabrikarbeiterin zulassen; der Sohn geht jedoch mit den Veränderungen seiner Zeit. Die letzte Strophe spielt ironisch auf die Tatsache an, daß in der Frühzeit der Maschinenweberei sehr viele Frauen in den Fabriken beschäftigt waren, weil die Männer meist zu Hause an Handwebstühlen arbeiteten und sich nicht umstellen wollten und natürlich auch, weil Frauen und Jugendliche niedrigere Löhne erhielten. 1834 waren 54% aller in der englischen Textilindustrie Beschäftigten Frauen:[40]

Where are the girls? I'll tell you plain,
The girls have gone to weave by steam;
And if you'd find'em you must rise at dawn
And trudge to the mill in the early morn.

Fourpence a day[41] berichtet über eine der schwärzesten Seiten des frühen Industriezeitalters – von Kindern, die in Fabriken und Minen mitarbeiten mußten und deren Eltern keine Schulausbildung bezahlen konnten. Der Song erzählt in autobiographischer Form von Kinderarbeit im Bleibergbau und erhebt in seiner Situationsbeschreibung Klage gegen soziale Ungerechtigkeiten:

My father was a miner and lived down in the town,
'Twas hard work and poverty that always kept him down.
He aimed for me to go to school but brass he couldn't pay,
So I had to go to the washing rig for fourpence a day.

Industrial folk songs sprechen von Arbeit, von der Hoffnungslosigkeit eines Arbeitslosen (No Work) oder von der Ware »Arbeitskraft«, mit der Überschuß produziert wird – manchmal zuviel, wie in der Geschichte des *William Brown*[42], einer Satire auf das kapitalistische Wirtschaftssystem aus dem frühen 20. Jahrhundert. William Brown, ein junger Mann aus Nordengland, arbeitet zwölf Stunden am Tag »turning a wheel from left to right«. Er wird von seinem Vorgesetzten angehalten, mehr zu leisten. Daraufhin steigert er die Produktion in einem solchen Ausmaß, daß er im ganzen Land als Musterarbeiter gepriesen wird:

So William turned and he made her run
Three times round in the place of one.
He turned so hard he soon was made
The Lord High Turner of the trade.

Aber William fällt dem kapitalistischen Wirtschaftsablauf zum Opfer – seine Firma kann die Überproduktion nicht verkaufen; wegen des gestiegenen Angebots sinken die Preise, und William Brown wird entlassen:

But sad the sequel is to tell,
He turned out more than the boss could sell,
The market slumped and the price went down:
Seven more days and they sacked young Brown.

Eine große Zahl der *industrial songs* entstand aus konkreten Erlebnissen der Arbeiter, aus Arbeitskämpfen und Streiks (z. B. *Striking Times, The Cotton Lords of Preston, The Durham Lock-Out*); diese Songs dienten als Aufruf zu moralischer und finanzieller Unterstützung und als politische Agitation in der Gewerkschaftsbewegung.
Im 19. Jahrhundert gab es neben den *industrial folk songs* eine Vielzahl von sozialkritischen, politischen und agitatorischen Songs, die von »außenstehenden« Autoren für und über die *working class* geschrieben wur-

den. Besonders in der zweiten Hälfte des 19. Jahrhunderts waren diese »professionell« gefertigten Songs den Arbeitern vertraut, ebenso wie die *anthems* und Kampflieder der Arbeiterbewegung.[43]
Ebenso wie die Industriearbeiter beschrieben auch die Landarbeiter weiterhin in Songs ihre Sorgen und Forderungen. Der folgende Werbe-Song der Landarbeitergewerkschaft[44] verknüpft die Aufzählung früherer Mißstände in Arbeitszeit, Bezahlung, Ernährung und Erziehung in Farmarbeiterfamilien mit dem Appell zur Selbsthilfe in der Gewerkschaft:

He used to take whatever wage the farmer used to pay,
And work as hard as any horse for eighteen pence a day;
And if he grumbled at the nine and dared to ask for ten,
The angry farmer cursed and swore, and sacked hin three and then.
That fine old English labourer,
One of the present time.
[. . .]
But now he's wide awake, and doing all he can,
At last for honest labour's rights he's fighting like a man;
Since squires and landlords will not help, to help himself he'll try,
And if he doesn't get fair wage he'll know the reason why.
That fine [. . .]

Folk- und Country-Songs in Nordamerika

Millionen von Engländern, Schotten, Walisern und Iren verließen vom 17. Jahrhundert an ihre Heimat und wanderten in die »Neue Welt«, vor allem nach Nordamerika, aus, in der Hoffnung, Armut, Überbevölkerung, Hunger und soziale Ungerechtigkeit zu überwinden und wirtschaftliche, geistige und schließlich politische Unabhängigkeit zu suchen. Welche idealistischen Vorstellungen die Emigration nach Amerika weckte, zeigt der Song *The Buffalo*[45] aus dem frühen 18. Jahrhundert:

Come all you young fellows that have a mind to range
Into some foreign country, your station for to change;
Into some foreign country away from home to go,
We lay down on the banks of the pleasant Ohio,
We'll wander through the wild woods and we'll chase the buffalo
There are fishes in the river that are fitting for our use,
And high and lofty sugar canes that yield us pleasant juice,
And all sorts of game, my boy, besides the buck and doe,
We lay down [. . .]

Die Zeile »And all sorts . . .« kann auch auf erotische Abenteuer anspielen, denn »game«, »buck« und »doe« standen im Slang des 18. Jahrhunderts für Prostitution und Sexualität.[46]
Die Auswanderungsbewegung erreichte im 19. Jahrhundert ihren Höhepunkt. In den dreißiger Jahren verließen jährlich etwa 50000 Menschen die britischen Inseln, in den fünfziger Jahren waren es durchschnittlich 120000 im Jahr. Zur Zeit der Hungersnöte zwischen 1847 und 1849 betrug die Zahl der Auswanderer sogar eine Viertelmillion im Jahr.[47]
Die Fahrt über den Atlantik wurde für viele keineswegs zu einer Reise ins Paradies, wie in *Weary of the Railway*[48], dem Song eines irischen Eisenbahnarbeiters, dessen Leben auch in Amerika keine Besserung erfährt, deutlich wird:

O – in eighteen hundred and forty-one
My corduroy breeches I put on,
My corduroy breeches I put on
  To work upon the railway, the railway,
  I'm weary of the railway,
  O poor Paddy works on the railway [. . .]

O – in eighteen hundred and forty-four
I landed in Columbia's shore [. . .] (chorus)

O – in eighteen hundred and forty-seven
Poor Paddy was thinking of going to Heaven [. . .] (chorus)

Mit den Einwanderern aus Großbritannien gelangte auch deren Kultur nach Nordamerika; klassische englische, schottische und irische Balladen wie *Edward*, *The Cruel Mother*, *Barbara Allen* oder *Lord Lovell* formten vom 17. bis ins 19. Jahrhundert den Grundstock nordamerikanischer Folk- und Country-Songs. Besonders lange und ungebrochen hielten sich traditionelle britische Songs in den abgelegenen Berggegenden der südlichen Appalachen.
Dorthin waren Siedler gezogen, auch deutsche Einwanderer, für die unter den aristokratischen sklavenhaltenden Plantagenbesitzern der Küstengebiete Virginias und North Carolinas kein Platz war. Viele der Siedler waren unfreiwillig als Waisenkinder, Arbeitslose, Verschuldete oder Kriminelle nach Amerika gebracht worden, wo sie als *indentured servants* eine meist siebenjährige Sklavenzeit auf den Tabak- und Baumwollplantagen Virginias, Georgias und Carolinas, deren Arbeitskräftebedarf selbst durch die zahlreichen Sklavenimporte aus Afrika nicht gedeckt war, ableisten mußten. Weiße Sklaven flüchteten entweder aus der Sklaverei in die Wildnis der Appalachen oder siedelten sich nach ihrer Sklavenzeit dort zusammen mit landsuchenden Farmern, Jägern und Abenteurern in kleinen Gemeinschaften an. Etwa 200 Jahre lang führten die Bergbewohner ein von der Außenwelt relativ abgeschlossenes

Leben, wobei sie überlieferte Sprach-, Tanz- und Liedtraditionen bewahrten.[49] Zu Beginn des 20. Jahrhunderts bereiste der englische Folklorist Cecil J. Sharp die südlichen Appalachen und berichtete über die Bedeutung des Gesanges im Leben der Bergbevölkerung: »Ich erlebte zum erstenmal eine Gemeinschaft, in der das Singen genauso üblich und verbreitet war wie das Sprechen. Bei uns ist Gesang Unterhaltung, etwas, das von anderen zu unserer Freude getan wird, ein ritualisiertes abgeschlossenes Reservat einer berufsmäßigen Kaste von Spezialisten. Wir haben vergessen, daß Gesang die Form künstlerischen Ausdrucks ist, die ohne jedes Studium und ohne besondere Ausbildung ausgeübt werden kann; daß jedes normale menschliche Wesen singen und sprechen kann; und daß es demnach genauso lächerlich ist, das Singen auf ein paar Auserwählte zu beschränken, wie es albern wäre, die Kunst des Sprechens auf die Redner, Rhetorikprofessoren und andere Spezialisten begrenzen zu wollen. [. . .] Die Ausübung dieser Kunst ist so eng mit dem alltäglichen Leben verbunden, daß die Sänger, wenn sie sich an ein Lied, nach dem ich sie gefragt hatte, nicht erinnern konnten, oft Bemerkungen machten wie: ›Oh, wenn ich nur die Kühe nach Hause treiben würde, dann wüßte ich es sofort‹.«[50]
Sharp fand noch über hundert britische Balladen in »täglichem« Gebrauch, die im Laufe der Zeit natürlich den geänderten Verhältnissen angepaßt worden waren. Eine amerikanische Version von *Lord Randal* macht aus dem Lord einen herumziehenden Spieler namens Willie Ransome:[51]

Where have you been, Willie Ransome, Willie Ransome,
Where have you been, my own darlin' one?
Been a-ramblin' an a-gamblin', mother, make my bed soon,
For I'am sick at the heart and I'd fancy lie down.

Zum Vergleich das mittelalterliche Original:[52]

O where ha you been, Lord Randal, my son?
And where ha you been, my handsome young man?
I ha been at the greenwood; mother, mak my bed soon,
For I'm wearied wi hunting, and fain wad lie down.

Aus dem Handwerksgesellen der beliebten englischen Ballade *The Roving Journeyman* ist in der amerikanischen Fassung *The Rovin Gambler* ebenfalls ein Spieler geworden:

She took me in her parlour, she cooled me with her fan,
She whispered low in her mother's ear, I love this gamblin' man.
Oh, daughter, oh dear daughter, why do you treat me so?
To leave your dear old mother and with a gambler go.[53]

In der britischen Urform verliebt sich die Tochter des Meisters in den *Roving Journeyman*, auch hier stößt die Liebe des Mädchens auf den Widerstand der Mutter, wobei die Ablehnung des Gesellen vom Lande auf Standesdenken und städtischem Hochmut zu beruhen scheint:

She asked me to dine with her
She took me by the hand
She slyly told her mammy
She liked the journeyman.
No, hold your tongue dear daughter
How can you say so?
To fall in love with a country lad
You never seen before.[54]

Neben britischen Balladen und deren Nachbildungen sangen Pioniere und Siedler auch eigene Songs, in denen sie ihre Erlebnisse und Sorgen festhielten. *Pretty Saro*[55], ein Liebeslied mit sozialem Hintergrund, verbindet das persönliche Erlebnis von Einsamkeit und Sehnsucht mit der Suche nach neuen Existenzmöglichkeiten, mit dem Aufbruch zur *frontier*. Das Mädchen in dem Song möchte keinen armen Siedler ohne Land – zur Zeit der Amerikanischen Revolution war das gute Land der Küstenbenen vergeben – und die *poor whites*, die ihre Lage verbessern wollten, waren gezwungen, nach Westen zu ziehen:

Way down in the lone valley, in some lonesome place,
I wish no better pasttime than to be with my sweet,
But she says she won't have me so that I understand
She wants some freeholder, where I have no land.

I cannot maintain her with silver and gold,
Nor buy her all the fine things that a big house can hold.
So farewell, pretty Saro, I bid thee adieu,
I'am going to ramble this whole world all through.

Der Song *My Government Claim*[56] beklagt die Situation von Siedlern in Oklahoma, die nach dem Bürgerkrieg Land von der Bundesregierung erhalten hatten – mit der Verpflichtung, fünf Jahre darauf zu leben:

My name is Tom Hight, an old bach'lor I am,
You'll find me out west in the county of fame,
You'll find me out west on an elegant plan,
A-starvin' to death on my government claim.

Das Vordringen der Pioniere, Jäger, Abenteurer, Cowboys und Siedler begleiteten Songs, die von den Erfahrungen im Westen handelten. Country-, Folk-, Western- und Cowboy-Songs berichteten, klagten, priesen, mythologisierten, kommentierten und ironisierten; sie erzählten von Viehzügen *(The Old Chisolm Trail, Buffalo Skinners)*, Indianerkämpfen *(The Sioux Indians)*, Goldsuchern *(The Days of '49)*, Verbrechern und Volkshelden *(Jesse James)*, Cowboyabenteuern *(The Dying Cowboy, Little Joe Wrangler)*, Alkohol *(Rye Whiskey, Wake Up Darlin' Corey)*, Verzweiflung und Einsamkeit *(East Virginia, Bury me out in the prairie)*, von komischen und fantastischen Figuren und Geschichten *(The Ram of Derby, Ground-Hog, Oh! My Darling Clementine, The Farmer's Curst Wife)*.
Folk-Humor sprüht auch aus dem Western-Song *Sweet Betsy from Pike*[57], einer farbigen, derb-realistischen Szenenfolge vom *trail* eines Paares ins Kalifornien der *gold-rush*-Zeit. Die komisch-abenteuerliche Odyssee von Long Ike und Sweet Betsy aus Pike Country zeichnet ein lustiges, fast sorgloses Bild der Eroberung des amerikanischen Westens, das aber durchaus die Schwierigkeiten, Entbehrungen und Härten jener Zeit hervorscheinen läßt:

Did you ever hear tell of sweet Betsy from Pike,
Who cross'd the wide prairies with her lover, Ike?
With two yoke of cattle and one spotted hog,
A tall Shanghai rooster and an old yaller dog.

They swam the wild rivers and climbed the tall peaks,
And camped on the prairies for weeks upon weeks,
Starvation and cholers, hard work and slaughter,
They reached Californy, spite of hell and high water.

They soon reached the desert where Betsy gave out,
And down in the sand she lay rolling about,
While Ike in great wonder looked on in surprise,
Sayin', ›Get up now, Betsy, you'll get sand in your eyes‹.
[. . .]

A miner said, ›Betsy, will you dance with me?‹
›I will that, Old Hoss, if you don't make too free,
But don't dance me hard, do you want to know why?
Doggone ye, I'am chock full of strong alkali!‹

Long Ike and sweet Betsy got married, of course,
But Ike, getting jealous, obtained a divorce,
While Betsy, well satisfied, said with a shout,
›Goodbye, you big lummox, I'm glad you backed out.‹

Work-Songs und Spirituals der Afro-Amerikaner

Die Bevölkerungsgruppe, die am nachhaltigsten amerikanische Populärmusik bis heute geprägt hat, gelangte unfreiwillig unter Zwang, Mißhandlungen, Erniedrigungen nach Amerika: Die afrikanischen Sklaven und ihre afro-amerikanischen Nachkommen. Die Sklaverei entsprang in der »neuen« Welt aus dem Mangel an geeigneten Arbeitskräften für die Plantagen und Bergwerke der Kolonien. Vom 16. Jahrhundert an wurden Sklaven aus Westafrika über den Dreieckshandel Europa – Afrika – Westindische Inseln nach Amerika eingeführt; nach Schätzungen wurden im 16. Jahrhundert 900000 Sklaven nach Amerika gebracht; 2,75 Millionen im 17. Jahrhundert, 7 Millionen im 18. Jahrhundert und noch 4 Millionen im 19. Jahrhundert (obwohl z. B. die USA 1808 die Einfuhr von Sklaven offiziell verboten hatten, wurden zwischen 1808 und 1860 noch etwa 300000 Sklaven illegal ins Land geschmuggelt).[58]

Die ersten zwanzig afrikanischen Sklaven Nordamerikas gingen 1619 in Jamestown (Virginia) an Land; von der zweiten Hälfte des 17. Jahrhunderts an nahm ihre Zahl stark zu, die Sklaverei wurde zu einer Institution. Sklaven erhielten den Status einer Sache, sie wurden zu *chattel* erklärt, waren Eigentum des Sklavenhalters und konnten jederzeit weiterverkauft werden; sie hatten kein Recht auf Familienleben und Erziehung. Afrikanische Sklaven hatten gegenüber *indentured servants* aus Europa den »Vorzug«, daß sie wegen ihrer Hautfarbe nach einer Flucht kaum untertauchen konnten. Die Sklaverei breitete sich hauptsächlich in der monokulturellen Plantagenwirtschaft der südlichen Kolonien aus. Durch den Aufschwung der Baumwollproduktion im Süden nach Erfindung der Baumwollentkernungsmaschine (1793) stieg die Zahl der Sklaven im 19. Jahrhundert noch einmal beträchtlich. 1979 gab es in den USA etwa 700000, 1830: 2 Millionen und 1860: 3,95 Millionen Sklaven.[59]

Die aus ihrer heimatlichen Umgebung gerissenen Afrikaner mußten in Nordamerika ihre Sprache, ihre Religionen und ihre Kulte, ihre Stammestraditionen (wie Trommeln und Hornblasen)[60], ihre Kultur aufgeben: »Seine (des Afrikaners) Kultur wurde rigoros unterdrückt – es sei denn, sie unterstützte seine Arbeit. Seine Stammesidentität war zerstört worden, aber seine Fähigkeiten blieben erhalten, wenn sie dem Sklavenhalter Vorteile brachten. Das traf auf die traditionellen Vorsänger- und Chor-Lieder zu, die in Afrika die Gruppenarbeit begleiteten.«[61]

Afrikanische Musik ist eine funktionale Musik, die einem bestimmten Zweck dient und nicht nur – als Kunst im europäischen Sinne – rein ästhetischem Genuß.[62] Ernest Borneman führt einige in Westafrika gebräuchliche Liedtypen an: Lieder junger Männer zur Werbung von Mädchen, Lieder zur Vorbereitung der Jungen auf das Mannesalter, Lieder zur Arbeitserleichterung.[63] Fast alle Tätigkeiten und Lebensbereiche werden von Gesang und Tänzen erfaßt: »Afrika ist ein Kontinent, in dem Musik, Tanz und Lied überwiegen. Dort sind Barden Helden,

und jedes Ereignis im Leben wird von einem Lied begleitet und in einem Tanz dargestellt.«[64]
Work-Songs sind nahezu überall in Westafrika verbreitet; dazu der afrikanische Musikwissenschaftler Nicholas Ballanta-Taylor: »Musik wird in Afrika nicht um ihretwillen gepflegt. Sie wird immer in Verbindung mit Tänzen gebraucht, oder um die Leute bei der Arbeit zu begleiten. Der rhythmische Reiz der Songs treibt die Arbeiter an und nimmt ihnen das Gefühl der Plackerei.«[65]
In Nordamerika wurden Work-Songs wahrscheinlich seit der Ankunft der ersten afrikanischen Slaven gesungen. LeRoi Jones weist darauf hin, daß Work-Songs in Amerika eigene Qualitäten annahmen, da die Arbeit auf eigenem Land sich von erzwungener Arbeit auf einem fremden Kontinent unterschied: »... die Begleitumstände der Arbeit änderten sich radikal.«[66]
Zudem verboten die weißen Herren Anrufungen und Bezüge auf afrikanische Götter und Kulte. Also mußten die in Amerika entstehenden Work-Songs sich von rein afrikanischen Ritualen lösen und auf die neue Umgebung beziehen.[67] Dennoch, viele afrikanische Elemente blieben erhalten, so das Ruf-Antwort-Schema, die Rhythmisierung der Worte, die unterschiedliche Tonalität. Work-Songs wurden bei jeglicher Arbeit gesungen: in Wäldern, auf Feldern und Schiffen – zumeist in Gruppen, wie dem extremen Beispiel der *chain gangs*, zusammengeketteter Sklaven- oder Gefangenentruppen. Stearns beschreibt diese so: »Aneinandergekettet mußten sich die Männer bewegen, der Work-Song lieferte das rhythmische Stichwort. In einer solchen Lage war der Plantagenaufseher kaum an der Gesangsart interessiert, durch dieses Versäumnis sind viele afrikanische Merkmale erhalten geblieben.«[68]
Ein *song-leader* sang einen Vers vor, dann antwortete die *gang* mit dem Refrain – alles im Takt der Arbeit. Folgender Song wurde auf Mississippidampfern gesungen:

Way down South where I was born,
  Roll the cotton down:
I worked in the cotton and the corn,
  Oh, roll the cotton down.
When I was young and in my prime,
  Roll the cotton down:
I thought I'd go and join the Line,
  Oh, roll the cotton down.
And for a sailor caught a shine.
  Roll the cotton down:
I joined on a ship of the Black Ball line,
  Oh, roll the cotton down.[69]

Die auf den Plantagen des Südens arbeitenden Sklaven riefen sich *shouts* und *field hollers* zu, die Wehklagen oder simple persönliche Erlebnisberichte sein konnten. Der emotional und körperlich unfreie Sklave besaß im Work-Song begrenzte soziale Äußerungsmöglichkeiten. In *Go Down, Old Hannah*[70] wird die Sonne (Old Hannah) gebeten, die Feldarbeit durch ihre quälende Hitze nicht noch schwerer zu machen:

Go down, old Hannah,
Doncha rise no mo',
If you rise in the mornin',
Bring Judgement Day.
[. . .]
Well, I looked at old Hannah,
She was turnin' red,
And I looked at my partner,
He was almost dead.
[. . .]
So go down, old Hannah,
Doncha rise no mo',
If you rise in the mornin',
Set the world on fire.

Work-Songs waren auch Ausdruck des Widerstandes und der Feindschaft der Sklaven gegen die weißen Sklavenhalter: »Der Work-Song war auch ein die Moral stärkendes Mittel des nicht-passiven Widerstands, der durch die Notwendigkeit, offene Feindschaft zu verbergen, den Impuls verstärkte, afrikanische Ausdrücke zu gebrauchen.«[71]
Von Selbstbewußtsein und Widerstandskraft zeugen solche Songs, in denen sich Sklaven mit beißender Ironie in der Tradition afrikanischer Spottlieder mit der eigenen Lage und dem Verhältnis zu ihren »Eigentümern« auseinandersetzen:

My ol' massa say to me,
Raise a rukus tonight,
When I die, gonna set you free,
Raise a rukus tonight.
Lived so long till his head got bald,
Raise a rukus tonight,
Got out the notion of dyin' at all,
Raise a rukus tonight.
Come along, little children, come along,
While the moon is shinin' bright, shinin' bright,
Get on bord, down the river flow,
We gonna raise a rukus tonight.[72]

Das Tanzlied *Run, Boys, Run*[73] sieht die harte Realität der Pflanzerpatrouillen von einer beinahe übermütigen Seite; die Patrouillen wachten darüber, daß kein Sklave nach Einbruch der Dunkelheit seine Plantage verließ. Sklaven drohte bei einer Entdeckung die Auspeitschung; daher mußten sie auf oft abenteuerliche Weise den Wachen entwischen, um Frauen, Geliebte und Freunde auf Nachbarplantagen besuchen zu können:

Run, boys, run,
The patterol ul catch you,
Run, boys, run,
You better get away.
  Charley run, Charley flew,
  Charley tore his shirt in two.
Run . . .
  Marthy run, Marthy flew,
  Marthy lost her Sunday shoe.
Run . . .
  Booker dashed behind the gate,
  But he didn't escape that old black snake.
Run . . .
  He run to the east, he run to the west,
  He run straight into a hornet's nest.
Run . . .
  But some of these days his time will come,
  He'll hear the bugle and the drum,
  See them armies marchin' along,
  Lift his head and sing their song.
Run . . .

Die letzte Strophe bricht mit den vorhergehenden kurzen komischen Szenenbeschreibungen – sie spricht von dem Willen, die Verhältnisse, die diese tragikomischen Situationen ausgelöst haben, zu überwinden; sie singt von der Hoffnung auf die Befreiung aus der Sklaverei.

Die Tanzlieder der Afro-Amerikaner wurden im 19. Jahrhundert nach den Tänzen der britischen und irischen Einwanderer *reels* genannt. *Run, Boys, Run* ist ein *reel*, der zudem noch auf einer alten schottischen Melodie beruht. Die Afro-Amerikaner nahmen in der Umgebung europäischer Einwanderer deren Liedformen, Melodien und Geschichten auf – einige der bekanntesten amerikanischen Folk-Balladen, wie die Eisenbahn-Songs *John Henry* und *Casey Jones*, stammen von schwarzen Autoren.

Ein schönes Beispiel für die Verquickung europäischer und afrikanischer Folklore ist *Fare Thee Well, O Honey (Dink's Song)*[74], das eine schwarze Texanerin Anfang des 20. Jahrhunderts dem Folk-Song-Pionier John Lomax in der Art eines *country holler* vortrug:

When I wo' my apron low,
Couldn't keep you from my do'.
Fare thee well, O honey,
Fare thee well.

When I wo' my apron high,
Sca'sely ever seed you passin' by.
Fare . . .

. . .
If I had wings like Noah's dove,
I'd fly up the river to the man I love.
Fare . . .

Das Bild der tiefgetragenen Schürze als Ausdruck von Sexualität ist einer britischen Ballade entnommen, mit dem Unterschied, daß in dem Song der schwarzen Frau die Zeile »my love followed me through frost and snow« ersetzt ist – Frost und Schnee sind in Texas selten:

When I wore my apron low
My love followed me through frost and snow
When I wore it up my chin
My love passed by and never looked in[75]

Und der Wunsch, wie eine Taube zum Geliebten fliegen zu können, ist ein in der Populärliteratur oft gebrauchter Vergleich. Er findet sich nicht nur im deutschen Volkslied *Wenn ich ein Vöglein wär*, sondern auch in dem Southern-Mountain-Song *Pretty Saro*, der wiederum von britischen Siedlern stammt:

I wish I were a dove and had wings and could fly
This night to my love's window I would draw nigh.[76]

Gottesdienste boten den Sklaven Nordamerikas oft die einzige von ihren weißen Herren genehmigte Form gemeinsamer Aktivität: Dort durften die Afro-Amerikaner als Gruppe solidarisch handeln – beten, singen, manchmal tanzen. Ihre Spirituals, die sie von *hymns* der Methodisten und Baptisten ableiteten, waren langsam und traurig oder in den schnellen *shouts* freudig, überschäumend und berauschend nach dem Vorbild der afrikanischen *praise songs*. Wie in den Work-Songs dominierte auch im religiösen Gesang der Sklaven das Ruf-Antwort-Prinzip mit einem Vorsänger und dem antwortenden Chor: ». . . die Spirituals überschnitten sich mit den Work-Songs, die von den Arbeitstrupps auf den Feldern gesungen wurden. So nahm der Neger-Song bei der Arbeit und im Gottesdienst das Vorsänger- und Antwort-Schema an – der Truppführer oder der Prediger umreißt das Thema, und die gesamte Versammlung antwortet einstimmig.«[77] In Spirituals wurden Gott und der Teufel als Personen angesprochen und Geschichten und Zitate aus der Bibel in der Sprache des Alltags nacherzählt. Hier ein Beispiel:

I wrestled wid Satan, I wrestled wid sin
Stepped over hell, an' come back agin.

Isaiah mounted on de wheel of time
Spoke to God A-mighty 'way down the line.

O hear dat lumberin' thunder
A-roll f'om door to door,
A-callin' de people home to God,
Dey'll git home bime-by.

O see dat forked lightenin'
A-jump f'om cloud to cloud,
A-pickin' up God's chillun
Dey'll git home bime-by.[78]

Die Afro-Amerikaner identifizierten sich in den Spirituals mit dem Volk Israel – die biblischen Bilder von der Überquerung des Jordan und dem Zug ins Gelobte Land standen für die Hoffnung auf Erlösung von ihrem Joch:

When Israel was in Egypt land,
Let my people go,
Oppressed so hard they could not stand,
Let my people go.

Go down, Moses,
Way down in Egypt land,
Tell old Pharaoh
To let my people go.

[. . .]
Your foes shall not before you stand,
Let my people go,
And you'll possess fair Canaan's land,
Let my people go.

Go down . . .[79]

Der Abolitionistenführer Frederick Douglas, ein entlaufener Sklave, schrieb: «. . . ein aufmerksamer Beobachter hätte in unserem wiederholten Singen von: ›O Canaan, sweet Canaan, I am bound for the land of Canaan‹, etwas mehr entdecken können als die Hoffnung, in den Himmel zu kommen. Wir wollten in den Norden und der Norden war unser Canaan.«[80]

Songs wie *Go down, Moses* und *Wade in the Water* enthielten sogar verschlüsselte Hinweise auf Befreiungsaktionen der *Underground Railroad*, einer Organisation, die von 1830 bis 1860 Tausenden von Sklaven zur Flucht in die Nordstaaten verhalf.

Wade in the Water[81] erinnert an die berühmteste Freiheitskämpferin der *Underground Railroad*, die Ex-Sklavin Harriet Tubman, die bei einem nächtlichen Befreiungsunternehmen mit einem Marsch durch kalte Bäche und Flüsse die Spürhunde der Sklavenhalter abschüttelte und dabei mit den Flüchtlingen diesen Song gesungen haben soll:

Wade in the water, wade in the water, children,
Wade in the water, God's a gonna trouble the water.

If Jordan's water is chilly and cold,
God's gonna trouble the water,
It chills the body but lifts the soul,
God's gonna trouble the water.

If you get there before I do,
God's gonna trouble the water,
Tell all my friends I'm comin' too,
God's gonna trouble the water.

Bezeichnenderweise waren die kirchlichen Vereinigungen Ausgangspunkt der Abolitionistenbewegung und der politischen Organisation der Afro-Amerikaner.

Music-Hall, Minstrel-Shows, Vaudeville

In der zweiten Phase des industriellen Zeitalters (nach 1840) entstand aus den *communities* der städtischen Unterschicht Englands die Music-Hall, eine Art populäres Musiktheater. Ihre Blütezeit erlebte sie in den letzten Jahrzehnten des 19. Jahrhunderts bis zum kommerziellen Höhepunkt als Unterhaltungsform zu Beginn des 20. Jahrhunderts. Die Music-Hall hatte ihren Ursprung in der Kultur der neuen *industrial working-class*, sie ging hervor aus populären Schaustücken, die auf Märkten und *fairs* aufgeführt wurden, aus *gin-palaces* und *pleasure gardens*, aus der musikalischen Unterhaltung in Tavernen und *song-and-supper rooms*. Die erste große Music-Hall wurde 1848 von Charles Morton, dem Besitzer der Taverne Canterbury Arms in Lambeth im Südosten

Londons gegründet. Music-Halls wie die »Canterbury« wurden zu zentralen Treffpunkten der unteren Schichten. Ein typisches Programm enthielt Songs, musikalische und tänzerische Darbietungen, komische Einlagen, Humor und Witze, dargeboten von Sängern (und Sängerinnen) und Darstellern aus der eigenen Schicht. Die Music-Hall spiegelte das Leben der *urban working class* wider: »Sie stellte durch Spektakel, Song und Komödie eine ganze Reihe vertrauter Erfahrungen dar, die eingerahmt wurden durch allgemeine Bezüge und Verhaltensweisen. Diese Verhaltensweisen waren Publikum und Künstlern in starkem Maße gemeinsam, und die Verbindung war daher eng.«[82]
Die Music-Hall war keine anonyme Volkskunst, sie wurde von professionellen »Künstlern« gemacht, deren Namen bald in ganz England bekannt waren. Die Music-Hall war ein Geschäft und in vielem Vorläufer für das *show business* und die kommerzielle »Unterhaltungskultur« des 20. Jahrhunderts. Aber »Stars« wie Dan Leno, George Robey, W. G. Ross und Marie Lloyd teilten mit ihrem Publikum dieselben Gefühle und Einstellungen, denselben Humor: »Marie Lloyd und ihre Zeitgenossen sangen für Leute aus der Arbeiterklasse, die über sich selbst, über ihre Eigenarten und ihre Sorgen lachen konnten.«[83]
Die Songs, um die es uns vor allem geht, handelten ironisch und selbstbewußt von vertrauten Erfahrungen – hier ein Beispiel eines Love-Songs, der Komik durch den Gegensatz einer »edlen« Liebeswerbung zur eher nüchternen Umgebung von Katzen und Kellern erzeugt:

I am the right man
Be then my bride;
A regular nightman,
And dustman beside.
While cats'-meat calling,
You look so smart,
I, in love falling,
Then lost my heart,
Rouse, Blowsa bella,
Get up my dear;
Come from your cellar,
Bob Dusty is here.[84]

Oder in der Geschichte des getäuschten Ehemannes, dessen egoistische Erwartungen von der Ehe nicht aufgehen:

Twelve months ago with decent chances,
Prospects of success in life,
Through foolish love of ballroom dances,
Trouble came, – I met my wife;
Such a noble buxom creature

She in my eyes then appeared,
False she was, though fair of feature,
Like to salmon I was spread.

She told me her age was five-and-twenty,
Cash in the bank of course she'd plenty
I like a lamb believed it all, I was an M-U-G.
At Trinity church I met my doom,
Now we live in a top back room,
Up to my eyes in debt for ›renty‹,
That's what she's done for me.[85]

We all go to work but father[86] porträtiert einen Vater aus der Unterschicht, der das Arbeiten seiner Familie überläßt:

We all go to work but father
And he stays at home all day.
He sits by the fire with a quart of beer
And he smokes a ten-inch clay.
Mother works at the wash-tub,
So does my sister Fan;
I've met lazy men in my time, now and then,
But a champion is our old man.

Aber nicht alle Songs der Music-Hall betrachteten das Leben von seiner komischen Seite, der Ton einer Reihe von Songs war rührend-melodramatisch, ja fast tragisch. Der folgende Appell an einen Vater, auf Trinken und Kneipenvergnügen zu verzichten und bei seiner sterbenden Frau zu bleiben, kommt aus der Temperance-Bewegung gegen den Alkohol und wurde auch in Music-Halls vorgetragen:

Don't go out tonight, dear father;
Think, oh think, how sad 'twill be,
When the angels come to take her,
Papa won't be there to see.

Tell me that you love dear mamma,
Lying in that cold, cold room,
That you don't love your comrades better,
Cursing there in that saloon.
Oh dear father, do not leave us,
Think, oh think, how sad 'twill be,
When the angels come to take her,
Papa won't be there to see.[87]

Der Witz vieler Music-Hall-Songs entsprang dem Vergnügen am Spiel mit der Sprache, sie strotzten vor Wortspielen, guten und schlechten *puns*, Andeutungen, *malapropisms*, Alliterationen, Wortverfremdungen und Neuschöpfungen: ». . . Sprache ist wieder ein eigenständiges Spiel geworden, wie sie es im Zeitalter Shakespeares war. Ihre Ausgelassenheit behagt dabei oft nicht den konventionellen Kritikern, aber man kann nicht übersehen, daß sie bei Darsteller und Publikum für höchste Freude an der Sprache sorgt – [. . .] In Music Halls und im populären Drama hat die Sprache eine eigene Kraft entwickelt. Sie ist nicht nur Mittel zur Kommunikation, sondern eine eigenständige Form.«[88]
Ein Beispiel für den Spaß an Wort- und Klangspielen bietet *A little bit of cucumber*[89], ein komischer Song über die Eßgewohnheiten der Unter- und Oberschicht:

To the Lord Mayor's Banquet I got in one foggy day.
When I saw the grub it took my appetite away:
›Sparrowgrass‹ and chaffinches, and pigs-head stuffed with jam!
I said to the waiter there, You don't know who I am!

I like pickled onions,
I like piccalilli.
Pickled cabbage is alright
With a bit of cold meat on Sunday night.
I can go termatoes,
But what I do prefer,
Is a little bit of cu-cum-cu-cum-cu-cum,
Little bit of cucumber.

In der Music-Hall wurden auch *topical songs* mit sozialkritischem oder politischem Charakter gesungen. Die ironische Klage des Stadtstreichers in *I live in Trafalgar Square*[90] zeigt mit selbstbewußtem Humor die Schattenseite des herrschaftlichen London und macht sich dazu noch über die Aristokratie lustig:

When I think of those unlucky bounders,
the Morgans and Clarence de Clares,
Who are forced to put up at the ›Cecil‹,
My tenderest sympathy's theirs!
And to show I'm not selfish or greedy,
I just tell each aristocrat,
That I don't mind exchanging apartments,
Now, I can't say fairer than that!
But the soft-headed sillies won't hear what I say,
They still go on suff'ring, while I'm all O. K.
I live in Trafalgar Square

With four lions to guard me.
Fountains and statues all over the place,
And the ›Metropole‹ staring me right in the face!
I'll own it's a trifle draughty,
But I look at it this way you see,
If it's good enough for Nelson,
It's quite good enough for me!

On The Day King Edward Gets His Crown On von Harry Pleon aus dem Jahre 1902 ist ein satirischer Angriff auf die Monarchie und auf die durch »Loyalität« verdrängten sozialen Gegensätze:

On the day King Edward gets his crown on.
Auntie'll be dress'd in khaki, ribbons all down her back,
We can't afford to buy new clothes, but in loyalty will not lack,
Ma's going to patch up father's pants with a piece of Union Jack,
On the day King Edward gets his crown on.[91]

Es muß hinzugefügt werden, daß ein großer Teil der Music-Hall-Songs von anderer Qualität war, denn darunter befanden sich viele sentimentale Liebeslieder sowie Geselligkeits- und Trinklieder.
In den USA entstanden eigene Formen des populären Musiktheaters. Negersklaven hatten schon im 18. Jahrhundert ihre Tanzlieder auf den Gesellschaften und Festen weißer Plantagenbesitzer aufgeführt. Weiße Schauspieler und Sänger begannen, Tänze und Songs, Sprache, Gestik und Aussehen der Schwarzen zu imitieren und karikieren. Aus solchen *impersonations* entwickelten sich die Minstrel-Shows. Die erste derartige Show basierte auf dem Tanz *Jump Jim Crow*, den Thomas Rice 1828 einem verkrüppelten schwarzen Hafenarbeiter abgeschaut hatte, der zu einigen Versen nach afrikanischer Tradition wie eine Krähe auf und ab hüpfte:

Wheel about, an' turn about
An' do jis so;
E'bry time I wheel about
I jump Jim Crow.[92]

Die Minstrel-Shows von Rice, Dan Emmett oder Ed Christy mit echten und falschen Neger-Songs und Tänzen wurden Riesenerfolge, aber es dauerte fast einhundert Jahre, bis schwarze Künstler die Rassentrennung der Jim Crow-Gesetze (Jim Crow war ein Begriff für Segregation geworden) überwinden konnten. Viele der frühen Minstrel-Songs schilderten die schwarzen Sklaven als zufriedene, fröhliche Diener und Arbeiter, ihre Herren als noble, großzügige Patriarchen, die in Eintracht auf den »idyllischen« Plantagen des Südens lebten. In den fünfziger Jahren mehrten sich im Norden Minstrel-Songs, die die *peculiar institution* der Sklaverei in kritischerem Licht sahen. Die folgenden Verse des Plantagen-Songs *Blue-Tail Fly*[93] waren auch bei Abolitionisten und Unionisten sehr beliebt:

When I was young I used to wait
On massa, and hand him the plate,
And pass the bottle when he got dry,
And brush away the blue-tail fly.

Jimmie, crack corn, and I don't care,
Jimmie, crack corn, and I don't care,
Jimmie, crack corn, and I don't care,
My massa's gone away.

Eines Tages sticht eine Fliege das Pony, auf dem der »massa« sitzt:

The pony ran, he jump, he kick,
He throwed old massa in the ditch,
He died and the jury wondered why,
The verdick was – the blue-tail fly.

Jimmie, crack corn . . .

Nach dem Vorbild der Minstrel-Shows entwickelten sich populäre Unterhaltungsprogramme mit Songs, Parodien, komischen und akrobatischen Einlagen, ohne speziell auf die Imitation von Schwarzen zurückzugreifen: *variety shows*, ab etwa 1870 unter dem Namen *vaudeville* (eine Bezeichnung für Musiktheater in Frankreich) bekannt. Amerikanische Vaudeville-Shows hatten viel mit der britischen Music-Hall gemeinsam – eine Reihe von Minstrel- und Vaudeville-Songs wurden auch in England über die Music-Halls sehr populär –, jedoch fehlte in Vaudeville-Shows oft der direkte Bezug zum Leben einer bestimmten Schicht, wie ihn die Music-Hall im kleineren England mit seinen klareren Klassenunterschieden lange Zeit aufwies. Music-Hall, Minstrel-Shows und Vaudeville mit ihren professionellen Künstlern, Verwaltern, Songschreibern, Unternehmern und Verlegern sind die Vorfahren des *show business* unseres Jahrhunderts.
Das Musical und der frühe komische Film haben viele Ideen und Darsteller – unter anderem Charlie Chaplin – vom englischen und amerikanischen populären Musiktheater übernommen.

2. ›Produzierte‹ Populärmusik

Das Verschwinden ›proletarischer‹[1] Formen populärer Musik im 19. und 20. Jahrhundert

Formen populärer Musik, wie im vorigen Kapitel beschrieben, sind im 20. Jahrhundert in England und in den stärker besiedelten Gebieten Nordamerikas fast völlig ausgestorben.
Die *broadside ballads* verschwanden in der zweiten Hälfte des 19. Jahrhunderts nach der Einführung von billigen Zeitungen für die unteren Schichten[2], außerdem wegen der Auflösung von festen *working class communities* durch die Ausbreitung in die Vorstädte und nicht zuletzt aufgrund der zunehmenden »Professionalisierung« von populärer Musik in den Music-Halls.[3]
Zudem waren Erscheinungen der Populärkultur schon seit Jahrhunderten bürgerlich-puritanischer Kritik ausgesetzt,[4] weil sie offen vom Leben der Bevölkerung mit allen Sorgen und Freuden handelten und bürgerliche Prinzipien vernachlässigten. 1796 beklagten Arbeitgeber in Mittelengland den »verderblichen« Einfluß von *broadside ballads* auf ihre Arbeitskräfte: »Die vorsichtigen Arbeitgeber fürchteten die Scharen von Balladensängern, die die Gedanken derer zerstreuten, die nach den Prinzipien von Fleiß und Besonnenheit hätten erzogen werden müssen.«[5]
Derartige Kritik traf auch Jahrmärkte und Volksfeste, auf denen sich ein leuchtendes Kaleidoskop der verschiedensten Formen populärer Unterhaltung darbot und die u. a. als wichtigste Umschlagplätze von *broadsides* und anderer volkstümlicher Literatur galten. 1817 vermutete die Obrigkeit in der *Bartholomew Fair*, dem größten Festival Londons, Anzeichen für »den allgemeinen Sammelplatz für Empörung und das Signal zum Aufruhr.«[6]
Auch in späteren Phasen des Industriezeitalters wurden zwar noch Folk-Songs gemacht und gesungen, aber die Mehrheit der städtischen Unterschicht wurde von Erzeugnissen bürgerlichen Ursprungs beeinflußt: ». . . in der städtischen Gesellschaft, vor allem unter den Halbgebildeten, wie die Mehrheit des Proletariats im 19. Jahrhundert, verbreiteten sich banale sentimentale Verse bürgerlichen Ursprungs schnell unter der arbeitenden Bevölkerung. Und das besonders, weil Unterhaltung immer mehr ein großes Geschäft wurde, was dazu beitrug, die eigenen Songschöpfungen zurückzudrängen oder zu verfälschen.«[7]
Die Beeinflussung der *working class* durch bürgerliche Kultur geschah gezielt, oft mit »moralisch-pädagogischem« Anspruch: »Schuldbewußte Arbeitgeber, die die Unmenschlichkeiten des industriellen Lebens, die sie ihren Arbeitern aufgezwungen hatten, eifrig verbessern wollten,

drängten die Arbeiter aus den Kneipen in musikalische Tee-Parties und ›Konzerte für die arbeitenden Klassen‹.«[8]
Solche Versuche, über Musik bürgerliche Werte als »Beruhigungsmittel« zu liefern, weisen auf den Charakter eines großen Teils der industriell gefertigten und vertriebenen populären Musik des 20. Jahrhunderts hin: »der Ersatz organischer Musik, die Leben und Arbeit reflektierte, durch Musik, die besänftigen sollte.«[9]
Auch die Music-Hall, die als musikalisches Volkstheater entstanden war, orientierte sich mit Anwachsen des kommerziellen Erfolgs mehr und mehr an mittelständischen Idealen wie sentimentaler Liebe und einer romantisierenden Vorstellung von »Zuhause«.[10] Das puritanische Bürgertum der viktorianischen Zeit hatte die Music-Halls der unteren Schichten lange als »vulgär« und »unchristlich« abgelehnt. Gegen Ende des 19. Jahrhunderts wurden im Londoner Westend Halls wie das »Pavilion«, »Palace« und »Empire« errichtet, deren Programme vor allem auch die oberen Schichten anlocken sollten.[11]
Das bewirkte, daß der ursprüngliche Inhalt der Music-Hall, Unterhaltung mit Bezug auf Leben und Kultur der *working-class*, langsam verlorenging. Ein typisches Beispiel bürgerlich-puritanischer Beeinflussung, ja eher Zensur, bot Oswald Stoll, der Besitzer der »vornehmsten« Londoner Hall, des »Coliseum«: »Marie Lloyd durfte nie in seinen Wänden auftreten, und sogar weniger offene Vulgarität wurde von Stoll, der jede Nummer sah und überprüfte, zensiert!«[12]
Elemente der Music-Hall und der Minstrel- und Vaudeville-Shows gingen in das englische und vor allem das amerikanische Show-Theater (Musicals, Revuen) und den komischen Unterhaltungsfilm des 20. Jahrhunderts ein. Als Institutionen volkstümlicher Unterhaltung verschwanden Music-Hall, Minstrel- und Vaudeville-Shows jedoch; der Aufstieg neuer Medien, wie Schallplatte (bzw. Walze), Radio und Film verursachte ihren Untergang. In England zum Beispiel wurden viele der großen Halls in Filmtheater oder *bingo halls* (Spielhallen) umgewandelt.[13]

Der Ersatz durch die kommerzielle ›Massenkultur‹

Die Massenproduktion populärer Musik setzte schon im 19. Jahrhundert ein. In England wurden aktuelle Straßenballaden – aus der Feder bei großen Druckhäusern angestellter Schreiber – in Millionenauflage gedruckt und verkauft. Von der Mitte des 19. Jahrhunderts an verfaßten in den USA vertraglich an Musikverleger gebundene Songschreiber für die stetig anwachsende Stadtbevölkerung des Nordens und Ostens populäre Songs nach dem »allgemeinen Geschmack«, *Songs written to order (Songs nach Auftrag)*[14], Minstrel-Songs, sentimentale Balladen, Coon-Songs (Songs im Dialekt der Schwarzen) etc.

Um die Jahrhundertwende veröffentlichte Charles K. Harris, von dessen 1892 entstandener Ballade *After the ball* innerhalb weniger Jahre über fünf Millionen Notenblattkopien verkauft worden waren, in dem Büchlein *How to Write a Popular Song* einige Anleitungen zur Herstellung erfolgreicher Songs:
»Suche dir die Idee zu deiner Geschichte aus Zeitungen.
Mache dich vertraut mit dem Stil, der in Mode ist.
Vermeide Slang.
Lerne die Copyright-Gesetze kennen.«[15]
Hier geht es nicht mehr um den Ausdruck privater und gemeinschaftlicher Erlebnisse und Gefühle; die kommerziellen und mittelständisch-universellen Hintergründe (*style in vogue, avoid slang*) derartiger Songproduktionen treten deutlich hervor.
Von 1890 bis nach 1930 beherrschten in den USA *Tin Pan Alley*-Erzeugnisse – so genannt, weil die Büros der meisten Musikverlage in einer bestimmten Gegend New Yorks, der 28th Street (Tin Pan Alley), lagen – das schnell expandierende Geschäft mit populärer Musik: »Tin Pan Alley war eine bestimmte Art, Songs nach festgesetzten Regeln zu schreiben, und die Kunst, diese zu vermarkten und populär zu machen.«[16]
Die kommerzielle Nutzung von Edinsons Phonograph seit dem Jahre 1892 verhieß den Beginn einer groß angelegten industriellen Produktion und noch effektiveren Verbreiterung von populärer Musik. Ihre weitere Entwicklung muß in Verbindung mit den Musikmonopolen[17] der großen Schallplattengesellschaften und Musikverlage und deren Kapitaleigner gesehen werden: die massenhaft vertriebene Ware »Musik« war weitgehend mittelschichtskonform.[18] Ihre Ausrichtung auf die Charakteristiken des auf »Bildung« und »Stil« bedachten amerikanischen Bürgertums äußerte sich in gefühlvollen Melodien mit »süßen«, »harmonischen« Klängen und symphonischen, pseudo-klassischen Arrangements, durch die auch »vulgäre« afro-amerikanische Formen wie Ragtime und Jazz für das weiße Publikum »verfeinert« wurden.[19] Der Mittelschichtscharakter der Tin Pan Alley-Songs sprach natürlich auch aus ihren Texten. Hier einige Beispiele aus der Zeit von 1930 bis 1940, in denen Liebe als romantisches Ur-Erlebnis, als besonnene Affäre aufgeklärter Weltenbummler und mit den melancholischen Augen eines Theaterkenners besungen wird:[20]

I recall a story of love in all its glory
A night that left my heart romantic scars
When I reached up to heaven . . .
And gathered you a handful of stars.
[. . .]
Thanks for the memory
Of your lips next to mine
Castles on the Rhine
The Hudson river line . . .

Remember the night that we parted
When I got as high as a steeple
But we were intelligent people
– No tears, no fuss, Hooray for us!
[. . .]
With love to lead the way
I've found more skies of grey
Than any Russian play could guarantee.

Eine »universalierte Kulturindustrie« löste im 20. Jahrhundert traditionelle Lebensregeln und die eigenständige Kultur der Unterschicht in hohem Maße auf.[21]

Der Einfluß der Massenmedien half, sowohl schichtenspezifische Verhaltensweisen als auch lokale und regionale Eigenheiten zu verwischen. John Steinbeck führte Anfang der 60er Jahre unseres Jahrhunderts das Abnehmen regionaler Sprachfärbung in den USA auf Radio und Fernsehen zurück: ». . . lokaler Dialekt verschwindet allmählich, er ist noch nicht ganz weg, aber bald. Vierzig Jahre Radio und zwanzig Jahre Fernsehen müssen das bewirkt haben. Kommunikation muß lokale Eigenart zerstören [. . .] Sprache wird standardisiert, vielleicht zu einem besseren Englisch, als wir es je gesprochen haben. So wie unser Brot, das geknetet, gebacken, verpackt und verkauft wird, ohne den Einflüssen des Zufalls oder menschlicher Unzulänglichkeit ausgesetzt zu sein, einheitlich gut und einheitlich geschmacklos ist, so wird auch unsere Sprache werden. [. . .] Keine Region kann lange dem Highway, der Hochspannungsleitung und dem nationalen Fernsehen widerstehen.«[22]

In *Uses of Literacy* beschreibt Richard Hoggart die Auswirkungen der kommerziellen »Massenkultur« auf die britische *working class*.[23] Zusammenfassend beurteilt er die neue kulturelle Unterordnung der Unterschicht schwerwiegender als die rein ökonomische Unterordnung früherer Zeiten: »Durch die Sicherstellung der wirtschaftlichen Degradierung der Massen eingeschüchtert, sorgen die logischen Prozesse der Wettbewerbswirtschaft, begünstigt von außen vom Klima der Zeit, unterstützt von innen durch die Richtungslosigkeit, die Zweifel und die Unsicherheit der arbeitenden Bevölkerung selbst vor ihrer eigenen Freiheit (von ehemaligen Autoren der Arbeiterklasse genauso betont wie von anderen), dafür, daß die arbeitende Bevölkerung kulturell beraubt wird. Da diese Prozesse niemals ruhen können, werden das Niederhalten, der ständige Druck, nicht nach außen und oben zu sehen, eine positive Sache, werden zu einer neuen und stärkeren Form der Unterwerfung; diese Unterwerfung verspricht stärker als die alte zu werden, weil die Ketten kultureller Unterordnung zugleich leichter zu tragen und schwerer zu zerschlagen sind als die wirtschaftlicher Unterordnung.«[24]

3. Die Erhaltung und Ausprägung ›proletarischer‹ Musikformen in Subkulturen

Neben Produkten der »Kulturindustrie« konnten sich proletarische Ausdrucksformen mit alternativen, von denen der Mittelschicht abweichenden Werten nur in »Subkulturen«[1] erhalten und ausprägen und mußten auf »Sub-Märkten« vertrieben werden. Im Bereich der Musik waren das politische Lieder, *topical songs*, *strike ballads*, Work-Songs, obszöne Lieder, Trinklieder und andere Arten von Songs, die der Tradition der *folk* und *popular music* entsprachen. In England lebten aus der alten *working class culture* zahlreiche Music-Hall-Songs und Straßenballaden in *working-men's clubs* und *pubs* sowie in einigen Radioprogrammen weiter.[2]

Ich möchte hier näher auf subkulturelle Musikformen in Nordamerika eingehen, deren Entwicklung direkt zur Rock- und Popmusik unserer Zeit geführt hat.

Blues und Jazz

Ein typisches Beispiel für die Entstehung subkultureller Musik und ihrer Verbreitung auf Sub-Märkten stellen Blues und Jazz dar. Der ursprünglich ländliche Blues und seine instrumentale städtische Weiterentwicklung, der Jazz, gingen aus der Subkultur der Afro-Amerikaner im Süden der USA hervor.[3]

Der amerikanische Bürgerkrieg, die Sklavenemanzipation und die damit verbundenen sozialen und wirtschaftlichen Veränderungen wirkten sich auch auf die Musik der Afro-Amerikaner aus. Ihr Dasein war, verglichen mit dem der weißen Amerikaner, zwar auch nach 1865 viel stärker in wirtschaftlichen und persönlichen Bereichen eingeengt, aber der Großteil der Schwarzen hatte wenigstens erstmals ein »gesetzmäßiges« Anrecht auf eine freie Existenz: »Die Befreiung der Sklaven ermöglichte ihnen eine normale menschliche Existenz, eine Menschlichkeit, die während der Sklaverei unmöglich war.«[4] Zum erstenmal hatten die ehemaligen Sklaven Gelegenheit, sich frei zu bewegen, unbeaufsichtigt zu sein, die Erfahrung von *leisure time* (Freizeit) zu machen. Neben *shouts* und *hollers*, die weiterhin die Begleitung zur Feldarbeit blieben, entstanden Lieder, die nicht notwendigerweise mit Arbeit zu tun hatten. Schon früher hatten Schwarze begonnen, Imitationen weißer Balladen, *ballits*, zu singen – vor allem auf kleinen Farmen, wo, anders als in großen Sklavenkolonien, die Tradition afrikanischer Gemeinschaftsgesänge eher ausgestorben war.[5]

Außer der neugefundenen *leisure* brachte die Sklavenbefreiung weitere Veränderungen: die ehemaligen Sklaven mußten sich Arbeit suchen, um leben zu können, mußten für sich selbst sorgen und waren – eine neue Erfahrung – vom Geld abhängig. Davon handelt dieser Vers aus der Reconstruction-Periode:

I never had to have no money befo'
And now they want it ev'rywhere I go[6]

Die Struktur der Plantagenwirtschaft blieb bestehen, die Abhängigkeit der Afro-Amerikaner von den Plantagen- und Landbesitzern nahm nur andere Formen an. Die ehemaligen Sklaven arbeiteten als Landarbeiter oder waren als Kleinpächter, sogenannte *sharecroppers*, ihren früheren Herren ausgeliefert. Die *sharecroppers* mußten einen Anteil der Ernte abgeben, auf dem Land des Besitzers leben, Güter von ihm zu überhöhten Preisen kaufen und schließlich oft genug Schulden bei ihm machen. Außerdem wurden den Afro-Amerikanern die Bürgerrechte verwehrt oder nach und nach wieder abgenommen. Statt dessen errichtete der Süden durch die *Jim-Crow*-Gesetze ein bis in die fünfziger Jahre des 20. Jahrhunderts wirksames System der Segregation. Zudem sahen sich die Schwarzen der Lynchjustiz des schon 1865 gegründeten Ku-Klux-Klan gegenüber.[7]
Viele Sklaven waren zuvor nie aus einer Gegend oder einem Staat herausgekommen; nach 1865 zogen Tausende von arbeitssuchenden Schwarzen durch den Süden der USA, darunter viele, die Blues oder *ballits* sangen: »Die Tausende schwarzer Blues-Shouter und Ballit-Sänger, die um die Jahrhundertwende durch den Süden zogen, wanderten von Ort zu Ort, nicht nur weil die Afro-Amerikaner nach dem Bürgerkrieg reisen durften, sondern weil die Befreiung für viele Schwarze eine ständige verzweifelte Suche nach Arbeit zur Folge hatte.«[8]
Die neue soziale Situation spiegelte sich in der Musik der Schwarzen wider: ». . . der Eintritt der Afro-Amerikaner in die kompliziertere soziale Situation der Selbstverantwortung stellte sie vor zahlreiche soziale und kulturelle Probleme, mit denen sie als Sklaven nie zu tun gehabt hatten. Ihre Musik begann, diese sozialen und kulturellen Verwicklungen und Veränderungen zu reflektieren.«[9]
Die Selbstverantwortlichkeit der Afro-Amerikaner, ihre Bewegungsfreiheit, die Notwendigkeit der Arbeitssuche, die Mobilität und die *leisure time* bestimmten in hohem Maße die Entwicklung des Blues.
Der frühe Blues war nicht mehr wie der Work-Song eine funktionale Musik. Er drückte die Probleme, Sorgen, neue Erfahrungen der ehemaligen Sklaven aus oder wurde einfach zum Vergnügen gespielt. Die weite Verbreitung durch wandernde Sänger bewirkte eine gewisse formale Standardisierung, der überregionale Austausch brachte die Entstehung ›klassischer‹ Bluesverse und -techniken,[10] jedoch behielt jeder Blues die persönliche Eigenart des Sängers.

Gesungen zu Banjo- oder später Gitarren-, Klavier- und Mundharmonikabegleitung wurde Blues zur dominierenden Form afro-amerikanischer Folklore. Professionelle Unterhaltungskünstler, wie Gertrude ›Ma‹ Rainey, Sängerin in Minstrel-Shows, und der Tanzkapellenleiter und Komponist W. C. Handy, entdeckten Anfang des 20. Jahrhunderts die ›eingeborene‹, ländliche Musikform, nahmen sie in ihr Bühnenrepertoire auf und sorgten für ihre kommerzielle Verwertung beim rapide anwachsenden afro-amerikanischen Proletariat in den Industriestädten.[11]

Was bedeutet nun eigentlich *Blues*? Die englische Etymologie des Wortes (von *to be blue* – schwermütig, melancholisch sein, seit dem 16. Jahrhundert) hilft bei der Definition nicht viel, sie hat eher zum europäischen Mißverständnis des Blues als »wehmütige Klage« beigetragen.[12] Zunächst ist Blues, wie Dauer sagt, ein »volkstümlicher Stegreifgesang, bei dem sowohl die Melodie wie der Text spontan zu erfinden sind.«[13] Musikalische Ausdrucksmittel des Blues (wie *blue notes*, schwebende Intonation etc.) und bestimmte Harmonieabfolgen werden instrumental im Jazz übernommen. Aber der Begriff *Blues* erfaßt eben nicht nur eine – wenn auch noch so breite – musikalische Form, er steht für Stimmungen und Gefühle, für den Wunsch auf Bedürfnisbefriedigung. *I got the blues* ist ein stehender Ausdruck afro-amerikanischer Subkultur; nur wer ›den Blues hat‹, kann Blues richtig singen oder spielen. Ich glaube, Äußerungen von Bluesmusikern lassen die Bedeutung von *I got the blues* klarer werden. Zuerst Albert King, der einem weißen Publikum den Blues in typischen Bildern zu erläutern versucht: »Ich sag, jeder versteht den Blues, [. . .] da ist das kleine Baby, das in der Krippe liegt, es kriegt die Milchflasche nicht schnell genug, fängt an zu schreien und zu treten, nimmt das kleine Babybett auseinander – das hat den Blues. Alles klar? Nimm das Mädchen, das diesen festen Typen hat, ihren Freund, ihr wißt, und der hat gerade einen brandneuen GTO gekauft, sie will bei ihm sein, wenn er den aufdreht, um die Ecke zur Milchbar, da will sie hin, wo alle Jungs und Mädchen sind. Sie macht sich fertig zum Ausgehen an diesem Abend, und ihre Mutter sagt: ›Tochter, du warst gestern aus, du darfst heute nicht, das sind zu viele Abende hintereinander.‹ Sie geht in ihr Zimmer, macht die Tür zu, geht nicht ans Telefon, ißt nicht, redet mit niemandem, sie hat den Blues, das ist, was ihr fehlt. [. . .] Also ich hab meine feste Dame seit zehn Wochen nicht gesehen, wißt ihr, ich hab den Blues. Alles klar?«[14]

Aber der Blues bedeutet nicht nur die passive Reaktion auf ein Frustrationserlebnis, er beinhaltet ebenso Auseinandersetzungen.

Der Bluessänger Huddie Ledbetter (Leadbelly):[15] »Nie gab es einen weißen Mann, der den Blues hatte, denn der hat keine Sorgen. Du legst dich abends hin. Du drehst dich die ganze Nacht lang im Bett von einer Seite auf die andere. Du kannst nicht schlafen. Was ist los? Der Blues hat dich. Morgens stehst du auf und setzt dich auf's Bett. Vielleicht hast du Geschwister oder Mutter und Vater in der Nähe, aber du willst nicht

mit ihnen reden. Was ist los? Der Blues hat dich. Du setzt deine Füße unter den Tisch, schaust in deinen Teller, hast alles, was du willst, zu essen, aber du schüttelst den Kopf, stehst auf. Du sagst, ›Gott, ich kann nicht essen, kann nicht schlafen.‹
Was ist los? Der Blues hat dich. Will mit dir reden.
Hier ist, was du ihm sagst:

> Guten Morgen Blues, Blues wie geht's dir?
> Guten Morgen Blues, Blues wie geht's dir?
> Mir geht's gut, guten Morgen, wie geht's dir?
> Ich legte mich gestern hin, drehte mich von einer Seite auf die andere,
> Ohhhhhhhhhhhhhhhhhhhhhhhh, drehte mich von einer Seite auf die [andere,
> Ich war nicht krank, ich war nur unzufrieden.

Unter der Überschrift »Die Klage, die nicht traurig ist« hat Dauer nachgewiesen, daß die Annahme, der Blues müsse melancholisch und traurig sein, eine weiße Romantisierung ist und daß die Blues eher in die Tradition der afrikanischen Verspottungs- und Anprangerungsgesänge passen.[16]
Der Bluesmusiker Willie Dixon:[17] »Der Blues muß nicht traurig sein [. . .] der Blues kann lustig und fröhlich sein. Das hängt nur von deinem Gefühl ab, was dich wohlfühlen läßt. [. . .] Ein Mann hat den Blues, weil er einsam ist, ein anderer kann den Blues haben, weil er an was denkt, was ihm Spaß macht, und ein dritter kann den Blues haben, weil er etwas sieht, was er bewundert und woran er Spaß haben möchte.«
Blues handelt von tatsächlichen Erfahrungen und Wünschen oder wie es LeRoi Jones ausdrückt: »Diese Musik kam direkt aus dem Leben der beteiligten Leute.«[18]
Das meistverbreitete Bluesthema ist der Bereich Liebe/Sexualität, wobei man vergeblich Idealisierung oder Romantisierung europäischen Stils sucht. Die Sexualität wird nicht verdrängt, fast nie wird im Blues die Beziehung der Geschlechter ohne den Bestandteil der Sexualität angesprochen.[19]
Als Beispiel ein Blues von B. B. King, *Sweet Little Angel.* Die Phrase *spreads her wings* ist eine eindeutige Sexualmetapher:

> I've got a sweet little angel
> I love the way she spreads her wings
> Yes, when she spreads her wings around me
> I get joy in every thing.
>
> You know, I asked my baby for a nickel
> And she gave me a twenty-dollar bill
> You know, I asked her for a little drink of liquor
> And she gave me a whiskey still.

If my baby should quit me
I believe I would die
If you don't love me, little angel
Please tell me the reason.

Ich werde auf S. 129ff. ausführlicher auf die Bildsprache der Bluestexte zum Thema Liebe – Sex eingehen. Neben den *topical blues*, die über außergewöhnliche Tagesgeschehen wie Katastrophen, Brände usw. berichten, bildet die soziale Lage, besonders die Lage des Getto-Proletariats, einen weiteren großen Themenkreis.[20]
Hier als Beispiel drei Strophen des *Poor Man's Blues*[21] von Bessie Smith:

Mr. Rich Man, Mr. Rich Man, open up your heart and mind.
Mr. Rich Man, Mr. Rich Man, open up your heart and mind.
Give the poor man a chance, help stop these hard, hard times.

While you're living in your mansion you don't know what hard times means.
While you're living in your mansion you don't know what hard times means.
Poor working man's wife is starving while your wife is living like a queen.

When the war is over all men must live the same as you.
And the war is over all men must live the same as you.
If it wasn't for the poor man, Mr. Rich Man, what would you do?

Häufig werden konkrete Situationen dargestellt, z. B. die der Arbeitslosigkeit:

I went down to the factory where I worked for years
I went down to the factory where I worked for years
And the boss man told me I ain't comin' here no mo'[22]

Oder wie in dieser sarkastischen Anklage von Baumwollspinnern aus North Carolina:

I got the Winnsboro Cotton Mill Blues,
Lordy, Lordy, spoolin' 's hard,
You know and I know, I don't have to tell,
You work for Tom Watson, got to work like hell . . .

When I die don't bury me at all,
Just hang me up on the spool room wall,

Place a knotter in my hand,
So I can spool in the promised land.[23]

Oder wie in diesem Blues über den Kriegsdienst:

Got my questionaire, baby,
You know I'm headed off to war
If I wanna kill somebody
Won't have to break no kind of law.

Uncle Sam ain't no woman,
But he sure can take your man . . .[24]

Blues spricht von persönlich erlebter Wirklichkeit, von Gefühlen – guten und schlechten, von Ängsten, Schwierigkeiten und Versagungen, von Glück und dem Verlangen danach – und das in einfachen und bildreichen Tönen, mit Bitterkeit, Übermut und Ironie:

What you going do, Mama,
When your troubles get like mine?
Take a mouthful of sugar,
And drink a bottle of turpentine.
I can't stand it.
I can't stand it.
Drop down, Mama,
Sweet as the showers of rain.[25]

Oder:

I was born under a bad sign
I've down since I began to crawl
If it wasn't for bad luck
I wouldn't have not luck at all.[26]

Jedoch jedes noch so persönliche *statement* schließt die gemeinsame geschichtliche Erfahrung der Schwarzen in den USA ein: »Rassenbewußtsein liegt sogar dem persönlichen Blues zugrunde; der eigenartige Reiz der Musik ersteht aus etwas, das mehr ist als individuelle Empfindungen über Liebesaffairen, Hunger, Arbeitslosigkeit und Einsamkeit.«[27]
In seinem *Crossroads Blues*[28] schreit Robert Johnson Angst, Verzweiflung und Hoffnungslosigkeit hinaus, deren Ursprung in seiner sozialen Situation als Schwarzer liegt. Er steht an einer Straßenkreuzung in einem Bezirk von Mississippi, in dem jeder Schwarze, der nach Einbruch der Dunkelheit an Landstraßen aufgegriffen wird, ins Gefängnis kommt – der Song stammt aus den dreißiger Jahren. Er hat keine Geliebte in

der Gegend, die ihn retten könnte, er kann nur verzweifelt bitten, daß ihn ein Auto mitnimmt, bevor es dunkel wird oder daß wenigstens sein Freund von seiner ausweglosen Lage erfährt:

I went to the crossroads, fell down on my knees.
I asked the lord above, have mercy, save poor Bob if you please.
Uumh, standing at the crossroads I tried to flag a ride.
Ain't nobody seem to know me, everybody pass me by.

And the sun going down, boys, dark gone catch me here.
I haven't got no loving sweet woman, that love will be near
You can run, you can run, tell my friend poor Willie Brown,
Lord, that I'm standing at the crossroads, babe, I believe I'm sinking down.

Why I sing the blues[29] von B. B. King ist ein Blues, der geschichtliches Bewußtsein klar ausspricht:

When I first got the blues, they brought me over on a ship
Men was standing over me and a lot more with a whip
And everybody wanna know why I sing the blues
Well I've been around a long time, uum, I really paid my dues.
Laid in the Ghetto Flats cold and numb
I heard the rats tell the bedbugs to give the roaches some
And everybody . . .

Der Bluesmusiker John Lee Hooker sagt: »Wenn ich den Blues singe, [. . .] es ist nicht so, daß ich solche Not erlitten habe wie viele Leute im Süden und in anderen Städten des Landes, aber ich weiß, was sie durchgemacht haben [. . .] es ist nicht nur das, was du erlebt hast – es ist das, was deinen Vorfahren und anderen Leuten passiert ist. Daher kommt der Blues.«[30]
Bluesmusiker artikulieren gemeinsame Frustrationen und drücken die Bereitschaft zu ihrer Überwindung aus. Die Sängerin Nina Simone und der Schriftsteller Langston Hughes haben das im *Blacklash Blues*[31] auf die folgende Weise eindrucksvoll getan:

Mister Backlash, Mister Backlash, just who do you think I am
You raise my taxes, freeze my wages, and send my son to Vietnam
You give me second-class houses and second-class schools
Do you think that all colored folks are just second-class fools
Mister Backlash, I'm going to leave you with the Backlash Blues.
[. . .]
Mister Backlash, Mister Backlash, just whatta ya think I gotta lose
I'm going to leave you with the Backlash Blues.

You're the one who'll have the blues, not me
Just wait and see.

Die weitverbreitete Behauptung, der Jazz[32] sei in New Orleans geboren, ist in dieser Ausschließlichkeit sicherlich unrichtig. Es ist nachträglich einfach unmöglich, genau zu bestimmen, wo zum erstenmal Afro-Amerikaner instrumentalen Blues und Ragtime auf europäischen Instrumenten – sei es auf Saiteninstrumenten in *string bands*, auf Blasinstrumenten in *brass bands* oder auf dem Piano in *ragtime bands* – gespielt haben: »Die massenhaften Wanderungen der Afro-Amerikaner durch den Süden und die allgemein befreiende Wirkung der Emanzipation machen es extrem schwierig genau zu sagen, wo und wann Jazz oder rein instrumentaler Blues entstanden sind.«[33]

Dauer erklärt die ›New-Orleans-Legende‹ folgendermaßen: »Da seine (des Jazz) Wurzeln lange Zeit nicht erkennbar waren, wurde es üblich, seine Entstehung dort anzunehmen, wo er zum erstenmal in der Öffentlichkeit erschien: in New Orleans.«[34]

Obwohl der erste Jazz also nicht unbedingt in New Orleans gespielt worden ist, kann man am Beispiel dieser Stadt bestimmte soziale und kulturelle Erscheinungen aufzeigen, die für die Entstehung des Jazz notwendig waren:

New Orleans wurde 1718 von französischen Siedlern gegründet. Erst 1803 stieß es zu den USA, als die Amerikaner Frankreich die Gebiete westlich des Mississippi abkauften. Auf Grund ihrer Geschichte entwikkelte sich die Hafenstadt im Mississippidelta stärker als andere Teile der USA zu einem *melting pot* (Schmelztiegel) verschiedener Nationalitäten und Rassen. Auf dem Congo Square der Stadt trafen sich schon seit der Frühzeit der Sklaverei Afrikaner, um ihre Musik zu spielen. M. W. Stearns zitiert eine Beschreibung der Szenerie auf dem Congo Square aus dem Jahre 1819.[35] Hier bot sich Sklaven, die von ihren Herren gebracht und wieder abgeholt wurden, eine der wenigen Gelegenheiten, nach afrikanischer Tradition zu tanzen und zu singen; dort wurden jedoch auch europäische Tänze, wie die französische Quadrille, von den schwarzen Sklaven vorgetragen.[36]

Der französische Einfluß war in Louisiana durch die vielen Siedler seit dem 18. Jahrhundert besonders stark. Französische Kultur herrschte in New Orleans vor. Nicht nur europäische Tänze, sondern auch Blaskapellen, die europäische Marschmusik spielten, hatten große Wirkung auf die schwarze Bevölkerung, die begann, europäische Einflüsse in ihre Musik einzubauen. Die Mulatten in New Orleans nannten sich ›Creolen‹ – ehemals eine Bezeichnung für französische oder spanische Siedler –, um sich von den übrigen Schwarzen zu unterscheiden. Die hellhäutigen Creolen hatten, da sie meist Hausklaven oder Freie waren, schon früher Zugang zu europäischer Musik und versuchten, die französische Kultur so weitgehend wie möglich zu übernehmen.

Eine Abgrenzung der Creolen von der dunkleren Bevölkerung zeigt sich auch in den *brass bands*, den Blaskapellen, die Afro-Amerikaner als Imitation französischer Marschkapellen gründeten und die in zwei Gruppen zerfielen: »Da gab es die vergleichsweise gut geschulten Bands der Creolen und die ungeübten, ungehobelten Bands der dunkleren Uptown New Orleans Neger (die aber erst lange nach Abschaffung der Sklaverei anfingen).«[37]

Die Segregationsgesetzgebung hatte beträchtliche Auswirkungen auf die Musik in New Orleans. 1894 traten dort die *Jim Crow Laws* in Kraft, die die Creolen am härtesten trafen. Bis dahin hatten sie einen selbständigen Status und auf gesellschaftlicher und wirtschaftlicher Ebene fast die gleichen Vorzüge wie die Weißen besessen. Viele Creolen gehörten zu den reichsten Familien der Stadt und nahmen am Leben in der *Downtown* mit den Weißen zusammen teil. Die Segregationsgesetze änderten das: »Die Creolen verloren allmählich die Stellungen, bei denen sie mit Weißen gearbeitet hatten, sie durften nicht mehr in der Downtown spielen, weder in den Häusern der reichen Weißen noch bei den Militärparaden.«[38]

Nachdem die Creolen ihre Beschäftigungen in der *Downtown* verloren hatten, gingen viele von ihnen in die Lokale, Bars und Clubs der *Uptown*, um mit ihren schwarzen ›Halbbrüdern‹ zu spielen. Das Zusammentreffen von creolischen und schwarzen Einflüssen war eine wichtige Station in der Entwicklung des Jazz in New Orleans. LeRoi Jones beschreibt diesen Schritt so: »Um die Jahrhundertwende gab es einen deutlichen Unterschied im Spiel und in der Musik der Uptown und Downtown Neger. Die Creolen hatten richtigen Musikunterricht erhalten, manchmal unter der Ägide weißer französischer Lehrer. Sie beherrschten die europäischen Instrumentaltechniken, und sie spielten europäische Musik. Die Uptown Neger, die meistens nach ihrem Gehör spielten und nie formalen und technischen Unterricht erhalten hatten, entwickelten eine eigene Instrumentaltechnik und eine eigene Musik, eine Musik, die stark auf der nichteuropäischen Vokaltradition des Blues beruhte. Viele Creolen, die dieser ›dunkleren‹ Tradition den Rücken gekehrt hatten, fingen nun an, sie wieder zu erlernen.«[39]

Die Entstehung des Jazz ist also in einem großen Maße von sozialen, ökonomischen und historischen Entwicklungen bestimmt gewesen: »Der Jazz in New Orleans spiegelte die verschiedene kulturelle und rassische Herkunft der Stadtbevölkerung wider.«[40]

Ich möchte die weitere Ausbreitung des Jazz nach 1915 nur kurz behandeln.

Erstaunlicherweise waren es weiße Musiker aus New Orleans, die die ersten Schallplattenaufnahmen von Jazzmusik machten, und zwar 1917 die *Original Dixieland Jass Band*.[41] Erst 1921 folgten schwarze Kapellen, wie die des Posaunisten Kid Ory. Die Platten der O.D.J.B. wurden mil-

lionenfach verkauft; hauptsächlich wohl, weil Jazz für das große weiße Publikum etwas ganz Ausgefallenes, eine *novelty* war.
Ganz so erstaunlich ist die Tatsache, daß Weiße den ersten kommerziellen Erfolg mit Jazz hatten, nicht. Auch in den zwanziger und dreißiger Jahren waren es weiße Bands, wie die Paul Whitemans und Benny Goodmans, die beim weißen Massenpublikum den größten Anklang fanden.
Schwarze Musiker wurden von der amerikanischen Unterhaltungsindustrie und deren hauptsächlich weißem Publikum nur sehr zögernd akzeptiert.
Ein weiterer Grund war, daß Whiteman zum Beispiel eine glattere, der weißen Unterhaltungsmusik näherstehende Musik spielte; Goodman beschäftigte dagegen einen schwarzen Arrangeur (Fletcher Henderson), um mehr Authentizität zu erreichen.
Etwa seit 1910 wurden Tausende von arbeitssuchenden Afro-Amerikanern aus dem Süden von den Industriestädten des Mittleren Westens und des Nordens angelockt. So wuchs z. B. die Negerbevölkerung der vier Großstädte Chicago, New York, Detroit und Philadelphia durch die Zuwanderung aus dem Süden zwischen 1910 und 1930 von 226000 auf 902000 an.[42]
Die Automobilfirma Ford war eine der ersten Gesellschaften, die eine größere Zahl Schwarzer anwarb: ». . . der Name Ford stand für die Möglichkeiten des Nordens . . .«.[43]
Paul Oliver erläutert, wie die aufstrebende Automobilindustrie nach 1914 neue Arbeiterreserven mobilisieren mußte und zu diesem Zweck das noch nicht ausgeschöpfte Potential der schwarzen Bevölkerung erschloß: »1914 hörte der ständige Einwanderungsstrom aus Europa in die USA auf, und die Industrialisten des Nordens, deren Aufträge sich durch die Anforderungen des drohenden Krieges ausweiteten, benötigten billige Arbeitskräfte in großer Menge. Begrenzte Einwanderung gibt es auch heute noch, sie hat aber keinen Einfluß auf die Volkswirtschaft; zur Zeit des 1. Weltkrieges, als der Zustrom ungelernter Arbeiter aus Europa stoppte, hatte der industrielle Norden akuten Arbeitskräftemangel. Anwerber wurden in den Süden geschickt, um Afro-Amerikaner von den Plantagen abzuziehen, spezielle Lastzüge wurden organisiert, um sie in den Norden zu bringen. [. . .] Das Ende des europäischen Einwanderungsstroms traf 1914 mit Henry Fords Ankündigung zusammen, daß keiner seiner Arbeiter weniger als fünf Dollar am Tag verdienen würde, und in demselben Jahr begann er damit, Afro-Amerikaner an seinen Montagebändern zu beschäftigen. Da sich seine riesigen Fabriken in Detroit weiter vergrößerten und mehr farbige Arbeiter angenommen wurden, erreichte die Nachricht davon auch die entlegenste Ecke des Südens und lockte Menschen an, die bis dahin in Armut gelebt hatten.«[44]
Der folgende Blues dokumentiert diese Periode amerikanischer Sozialgeschichte:

I'm goin' to Detroit, get myself a good job,
Tried to stay around here with the starvation mob

I'm goin' to get me a job, up there in Mr. Ford's place,
Stop these eatless days from starin me in the face [. . .]

Say, I'm goin' to Detroit, I'm gonna get myself a job,
I'm tired of layin' around here workin' on this starvation farm . . .[45]

Auch Jazzmusiker verließen in großer Zahl den Süden. In New Orleans nahm 1917 die Schließung des Vergnügungsviertels Storyville durch die Behörden vielen Musikern die Arbeitsmöglichkeit. Der Jazzmusiker Spencer Williams kommentierte das in seinem *Farewell to Storyville*[46] so:

All you old time queens from New Orleans
Who lived in Storyville,
You sang the blues, tried to amuse,
Here's how they paid the bill.
The law stepped in and called it sin
To have a little fun,
The police cop has made us stop
And Storyville's all done.

Die großen Industriestädte des Nordens mit ihrer wachsenden schwarzen Bevölkerung lockten die Jazz- und Bluesmusiker an, neue Zentren entstanden: Chicago, Detroit, Cleveland, St. Louis. Auf *house rent parties* (öffentlichen Festen in Wohnblocks), in Cafés, Cabarets, Gartenlokalen (wie den Lincoln Gardens oder dem Royal Garden) und den *speak-easies*, den heimlichen Kneipen der Prohibitionszeit, wurde die schwarze Musik gespielt: »Die Zeit um den Ersten Weltkrieg bis etwa 1928 ist angefüllt von einer nie gekannten Aktivität der Bluessänger, Boogie Woogie-Pianisten, Skifflegruppen, Ragtimespieler und Jazzmusiker.«[47]
Auf speziellen Schallplattenmarken, den *race labels*, wurde eine große Anzahl von Schallplatten eigens für die schwarze Bevölkerung produziert. Unter den Hunderten von Aufnahmen, die Jazzmusiker und Bluessänger ab 1923 für die *race labels* machten, befinden sich die meisten der klassischen Jazz- und Bluesaufnahmen der zwanziger Jahre.
Chicago wurde in der Zeit von 1922 bis 1928, dem *jazz age*, zum zentralen Ort der Jazzentwicklung: Dort traten u. a. die beste kollektiv improvisierende Jazzkapelle (King Oliver's Creole Jazz Band), der erste große Solist des Jazz (Louis Armstrong) und die größte der klassischen Bluessängerinnen (Bessie Smith) hervor.
Der gewandelte wirtschaftliche und soziale Status der Afro-Amerikaner

im Norden verursachte notwendigerweise eine Veränderung ihrer Kultur. In Chicago machte der Jazz eine *sophistication*, eine europäisierende Verfeinerung durch.[48] Virtuoses Solospiel und gegen Ende der zwanziger Jahre feste Arrangements (gleich: Einschränkung der Improvisation) wurden vorherrschend. Gleichfalls machte sich ökonomischer Druck der amerikanischen Musik- und Unterhaltungsindustrie auf Jazz und Blues bemerkbar; die Entstehung des Swing wurde davon beeinflußt.[49] Der amerikanische Soziologe Neil Leonard hat in einer Untersuchung von Jazztexten[50], gesungen von Bessie Smith, Louis Armstrong und Billie Holiday vor und nach 1928, einen deutlichen Zug zur weißen Unterhaltungsmusik festgestellt: »Vor 1928 spiegelten die Jazztexte das Leben der afro-amerikanischen Subkultur wider. Das waren gewöhnlich offene Aussagen zu fundamentalen menschlichen Problemen und Gefühlen, ungehemmte Äußerungen von Freude, Witz, Liebe, Sinnlichkeit, Zorn, Kummer und Schmerz. Sie fanden ihren Ausdruck in einfacher, gepfefferter Sprache, konkreten Metaphern und starken Rhythmen. Solche Texte machten es den Jazzsängern leicht zu improvisieren und tiefe Empfindungen bei einigen Zuhörern auszulösen. Nach 1928 jedoch belegten Jazztexte die traditionelle Neigung der Amerikaner, Musik von praktischen Dingen zu trennen. Seichter Idealismus ersetzte den Realismus früherer Texte. Tin Pan Alley-Texte waren voll von oberflächlicher Philosophiererei und offener Realitätsflucht. Bezeichnenderweise ignorierten Jazztexte nach 1928 generell wirtschaftliche Probleme, trotz der Schwierigkeiten, die die Depression mit sich brachte. Im schlimmsten Fall stellten die Texte dieser Songs Klischeesammlungen dar, die Parodien schlechter romantischer Dichtung des 19. Jahrhunderts ähnelten.«[51]
Trotz der Verbreitung von Jazz und Swing (allerdings meist in verwässerten Formen) beim weißen Publikum, bedeutete erst die Entstehung des Rock 'n' Roll in den fünfziger Jahren aus dem Rhythm-and-Blues der Schwarzen das Vordringen genuin ›proletarischer‹ Musikformen auf den mittelschichtskonformen Markt. Echte Ausdrucksformen der Getto-Bevölkerung, wie der städtische Blues und der Rhythm-and-Blues, wurden bis dahin nur über ›Sub-Märkte‹ vertrieben.

Country-and-Western

Die Tradition der amerikanischen Country- und Folk-Songs, die ich auf S. 27ff. beschrieben habe, lebte im 20. Jahrhundert verhältnismäßig ungebrochen in der Musik der ländlichen weißen Unterschicht der Südstaaten weiter. Abseits vom stark bevölkerten industrialisierten Nordosten bewahrten sich in den abgelegenen dünn besiedelten Berggegenden von West Virginia, Kentucky und Tennessee und in den weiten Ebenen von Arkansas, Alabama, Mississippi, Oklahoma oder Texas traditionelle

Lebensgewohnheiten leichter. Zu den Gewohnheiten der *rural working class* zählten Musizieren und Singen. Gewachsen aus der Volksmusik ihrer europäischen Vorfahren, nahm die Musik der weißen Landbewohner im Laufe der Zeit immer mehr Einflüsse aus ihrer Umgebung auf: Gospel, Blues und die Musiziertechniken der Schwarzen und so ›exotische‹ Folklore wie die Musik Schweizer Jodler und hawaiianischer Kapellen, die mit *medicine shows*, fahrenden Unterhaltungs-, Verkaufs- und Gesundbetungstheatern durch den Süden zogen.[52]
Die musikalisch gemischten Country-Songs – nach ihren Verfassern aus den Bergregionen auch Hillbilly-Songs genannt – schöpften aus der Erfahrung der Landbevölkerung, sie erzählen in ihren Texten gewöhnliche und außergewöhnliche Erlebnisse und Geschichten:

I went across the river, and I laid down to sleep,
When I woke up, I had shackles on my feet.

It takes a worried man to sing a worried song,
I'm worried now but I won't be worried long.

Twenty-nine links of chain around my leg,
And on each link, the initials of my name.

It takes a worried man to sing a worried song,
I'm worried now but I won't be worried long.

Worried Man[53] ist das Lied eines Gefangenen, aber der Refrain »It takes . . .« spricht über das persönliche Erlebnis hinaus Allgemeineres aus: man muß Erfahrungen gemacht haben, um darüber singen zu können.
Worried Songs, Songs über Unglück, Enttäuschung und Einsamkeit, nehmen in der Country-Musik einen breiten Raum ein. *Poor Boy*[54], die amerikanische Version einer anglo-irischen Ballade, ist ein weiteres Beispiel:

My mammy's in the cold, cold ground,
My daddy's gone away,
My sister's married a gambling man
And I have gone astray,
  And I have gone astray, poor boy . . .

I sit here in my prison cell,
A-doin' the best I can,
A-thinkin' about that woman I loved,
She ran away with another man,
  She ran away with another man, poor boy . . .

In diese Gruppe gehören auch die vielen Eisenbahn- und Straßen-Songs, Songs von Außenseitern – *hobos* –, die in der Weite des Landes nach Arbeit, Freiheit, Glück oder nach Vergessen suchen:[55]

I been wanderin' early,
I been wanderin' late,
From New York City
To the Golden Gate.
  And it looks like
  I ain't never gonna cease my wanderin'.
. . .
Whales in the ocean,
Fish in the sea,
A blond-headed woman
Made a monkey outa me . . .[56]

Besonders die bitter-komische letzte Strophe spiegelt den volkstümlichen Charakter dieses Songs; die im Zusammenhang der Geschichte unsinnigen Zeilen »Whales in the ocean,/Fish in the sea« könnten aus einem Kindervers stammen.
Neben autobiographischen Darstellungen enthalten viele Country-Songs Szenenbeschreibungen aus der Erfahrungswelt der Autoren in berichtenden, kritisierenden oder unterhaltenden Tönen. Dafür zwei Beispiele, die ein Standardthema des Alltags aufgreifen – Alkohol und seine Folgen. *Wake Up, Darlin' Corey*[57] handelt von der illegalen Whiskeyproduktion, die manchenorts scharfe Auseinandersetzungen zwischen Steuerbeamten und der Landbevölkerung auslöste und in einigen Berggegenden von Kentucky und Tennessee bis in unsere Tage betrieben wurde. Der Song richtet sich in der Form eines mahnenden Appells direkt an eine Person:

Wake up, wake up, darlin' Corey,
What makes you sleep so sound?
When the revenue officers are comin'
For to tear your still-house down.

In den folgenden Strophen wird der Grund ihres tiefen Schlafs deutlich – »that cold pizen liquour«; »pizen« ist wahrscheinlich eine Dialektform von »poison«.

The first time I saw darlin' Corey,
She had a wine glass in her hand,
Drinkin' that cold pizen liquor
With a lowdown, sorry man.

The next time I saw darlin' Corey
She was standin' in her door,
With her shoes and stockin's in her hand
And her feet all over the floor.

Sehr genau wird hier der Zustand des Verfalls und der schwindenden Selbstkontrolle erfaßt – einmal in nüchterner Schilderung (»She was standin' . . .«) und dann in einem eindrucksvollen, greifbaren Bild (»her feet all over the floor«).
Das zweite Beispiel skizziert mit leichterer Hand die Umgebung, in der Alkohol oft konsumiert wurde – *honkey-tonks*, Kneipen und Spielhöllen. *Brady and Duncan*[58] ist eine Schauerballade mit Situationskomik:

Duncan, Duncan was tendin' bar,
When in walked Brady with a shinin' star,
›Duncan, Duncan, you under arrest,‹
And Duncan shot a hole in Brady's breast.
. . .
Mrs. Brady come in with a mighty flirt,
Wiped up the blood with her underskirt,
Says, ›Quit cryin‹, children, and hold your breath,
You'll all draw a pension at your daddy's death.

Komik und volkstümlicher Humor sind feste Bestandteile der Country-Musik. Sie beziehen ihre Quellen oft aus dem Landleben, so wie im folgenden Song, der in lebhaften Versen die Jagd und den anschließenden Genuß von Maulwürfen feiert:

Whet up yer knife and whistle up yer dogs,
Away to the hills to catch ground-hogs.
[. . .]
Run here, Johnny, with a great long pole,
And roust this ground-hog outer his hole.
[. . .]
Scrape him down to his head and feet,
Lordy, boys, there's a fine pile o' meat.
[. . .]
Up stepped Sal with a snigger and a grin,
Ground-hog grease all over her chin.
[. . .]
Run here, Mama, run here, quick,
I think that ground-hog's makin' me sick.[59]

Mit der Abwanderung großer Teile der Landbevölkerung in die Städte und Industriezentren, in die texanischen Ölfelder und in das angebliche

Paradies Kalifornien breitete sich im 20. Jahrhundert die Country-Musik auch außerhalb der Subkultur der *hillbillies* national über die gesamten USA aus. Gleichzeitig setzten eine Professionalisierung und Kommerzialisierung ein, die jedoch nicht die ländlichen Wurzeln der Musik abschwächte: »Zunächst nicht-kommerzialisierte, ›reine‹ Folklore, da ihre Anhänger wenig finanzielle Möglichkeiten hatten und von Einflüssen außerhalb ihrer einheimischen Kultur relativ unberührt waren, wurde die Musik ›kommerziell‹, als Unternehmer der Unterhaltungsbranche in den zwanziger Jahren erfuhren, daß ein Markt dafür bestand. Während einige Landjungen fort in die Stadt zogen und Vertreter, Lastwagenfahrer oder Industriearbeiter wurden, wurden andere, angezogen von den Reizen des Radios, des Fernsehens und der Schallplatte, professionelle Country-Musiker. Und in jedem Fall blieben die ländlichen Einflüsse, egal in welchem Beruf.«[60]

Tatsächlich spielten die regionalen Radiostationen (1922 existierten 510 Stationen in den USA, davon 89 im Süden) eine bedeutende Rolle bei der Popularisierung der Country-Musik, ebenso wie die ersten Schallplattenaufnahmen, die 1927 in Tennessee mit der Carter Family und mit Jimmie Rodgers entstanden. Mit ihren traditionsreichen, von südstaatlicher Kirchenmusik geprägten Songs schuf die Carter Family einen bis heute gültigen Standard für *hillbilly mountain music*, und der ehemalige Eisenbahnarbeiter Jimmie Rodgers war bis zu seinem Tod (1933) mit seinen klagenden Songs über Eisenbahnen, Kneipen und Frauen der erste kommerziell erfolgreiche Country-›Star‹.[61]

Die Verknüpfung der Country-Musik mit Wildwest-Romantik setzte erst in den dreißiger Jahren ein, als Country-Sänger – vornehmlich aus Texas und Oklahoma – im Zuge der Idolisierung des Cowboy in Romanen, Filmen und Shows auch in Cowboy-Kleidung auftraten. Für die gestiegene Bedeutung der Western-Songs zeugt die Bezeichnung *Country-and-Western*, die sich nach dem Zweiten Weltkrieg allgemein durchsetzte.[62] Den kommerziellen Aufstieg der Country-and-Western-Musik zur Massenunterhaltung förderte nicht unerheblich ein Streit der amerikanischen Rundfunkstationen mit der Urheberrechtsgesellschaft der »offiziellen« Populärmusikkomponisten (ASCAP) um höhere Tantiemen. Der Konflikt von 1940/41 resultierte in einem Boykott der Rundfunksender gegen alle ASCAP-Produkte und in einer verstärkten Beschäftigung bisher nicht gebundener und nicht beachteter Songschreiber (vor allem Country- und Western-, aber auch Blues- und Jazzmusiker), die in einer schon 1939 gegründeten eigenen Urheberrechtsgesellschaft der Sender (BMI) organisiert wurden.[63] Der aufgrund der weiten Verbreitung im Rundfunk national einsetzende Erfolg der C.+W.-Musik machte nach Beilegung des Streits nicht halt; die großen Musikverlage und Schallplattenfirmen paßten sich dem Publikumsgeschmack an. Nashville, Tennessee, in der Heimat der *hillbillies*, entwickelte sich zu einem der großen Zentren der amerikanischen Musikindustrie.

When you step up to a juke box and you slip a nickel in,
You can bet your bottom dollar when that record starts to spin,
You'll hear a fiddle and a guitar with that honky-tonkin' sound,
It's that hillbilly breakdown that's spreading all around.[64]

Der politische Folk-Song

Wie wir gesehen haben, setzten sich zahlreiche Folk-, Country-and-Western-Songs und Blues mit sozialen Themen auseinander. In den zwanziger und dreißiger Jahren boten Arbeitslosigkeit, Depression und New Deal genug Anlaß zu Protest und Kommentar. Aber gerade in dieser Zeit besaßen die meisten Pop-Songs aus der Tin-Pan-Alley-Produktion einen sehr persönlichen, zurückgezogenen, resignierenden, passiven Charakter.[65] Den Erfahrungen und Problemen der Bevölkerung, besonders denen der armen Landbevölkerung, standen Country-Songs wie *Blowin' Down The Road*[66] näher:

Well, I'm blowin' down that old dusty road, Lawd, Lawd,
An' I ain't a-gonna be treated this-a-way.

Well, I'm goin' where the climate suits my clothes,
I'm goin' where them chilly winds don't blow.

Well, I'm goin' where the water tastes like wine,
Lord this New York (give the name of any place) water tastes like turpentine.

Who'll stir your gravy when I'm gone,
When I'm gone down that long lonesome road?
I'm goin' where the orange blossoms blow,
An' I ain't a-gonna be treated this-a-way.

Der Song spricht von Unzufriedenheit, Hoffnung und Aufbruch zu einem besseren Dasein, das sich gerade während der Depression viele arme Südstaatler von einer Abwanderung nach Kalifornien (»where the orange blossoms blow«) erhofften.
Sozialkritische Songs – *topical songs*, *protest songs*, *work songs* oder *strike ballads* – nahmen oft Anstoß an bestimmten Ereignissen und wurden gezielt als politische Agitation geschrieben. Mit der aufstrebenden Gewerkschaftsbewegung wuchs in den USA die Zahl der Union-Songs: Lieder, die soziale Ungerechtigkeiten anprangerten und zum Eintritt in die Gewerkschaften aufriefen. Der erste bekanntgewordene politische Sänger dieser Bewegung war der schwedische Einwanderer Joe Hill, der in seinen Songs, die er auf Plätzen und Versammlungen vortrug, Mei-

nungs-, Rede-, Organisationsfreiheit und Gleichberechtigung propagierte und darin besonders die *Industrial Workers of the World*, eine unabhängige Gewerkschaft ungelernter und eingewanderter Arbeiter, unterstützte. Hill wurde 1915 wegen eines angeblichen Mordes in Utah hingerichtet. Selbst sein Testament ist noch voller Aufmunterung und poetischer Kraft:

My will is easy to decide,
For there is nothing to divide.
My kin don't need to fuss and moan –
›Moss does not cling to a rolling stone‹.
My body? – Oh! – If I could choose,
I would to ashes it reduce,
And let the merry breezes blow
My dust to where some flowers grow.
Perhaps some fading flower then
Would come to life and bloom again.
This is my last and final will,
Good luck to all of you,
Joe Hill.[67]

Die bekanntesten Union-Songs entstanden aus Arbeitskämpfen. Die Auseinandersetzungen zwischen Bergleuten und Grubenbesitzern in Harlan Country, Kentucky, brachten das später in den ganzen USA verbreitete *Which Side Are You On?*[68] hervor:

Come all of you good workers,
Good news to you I'll tell,
Of how the good old union
Has come in here to dwell.
  Which side are you on,
  Tell me, which side are you on?

My daddy was a miner,
He's now in the air and sun,
Stick with him, brother miners,
Until this battle's won.
Don't scab for the bosses,
Don't listen to their lies,
Us workers haven't got a chance,
Unless we organize.

Woody Guthries *Union Maid*[69] bezieht sich weniger auf einen bestimmten Streik, sondern wirbt im Porträt einer ›aufrechten‹ Gewerkschaftlerin für Vertrauen in die Gewerkschaften unter den Frauen:

›This union maid was wise
To the tricks of the company spies;
She couldn't be fooled by a company stool,
She'd always organize the guys.
She'd always get her way
When she asked for better pay;
She'd show her card to the company guard,
And this is what she'd say:
  Oh, you can't scare me,
  I'm sticking to the union,
  I'm sticking to the union
  'Till the day I die.

Now, you gals who want to be free,
Just take a little tip from me;
Get you a man who's a union man,
And fight together for liberty.
Married life ain't hard
When you got a union card,
And a union man leads a happy life
When he's got a union wife . . .

Guthrie war die zentrale Figur der politischen Folk-Song-Bewegung in den USA. Er begann als Gelegenheitsarbeiter und Hillbilly-Sänger in Oklahoma und erlebte und besang den Öl-Boom und die Sandstürme von Texas. Er zog als *hobo* (›Mitfahrer‹ auf Güterzügen), Landarbeiter, Journalist, Gewerkschaftler und Sänger durchs Land und beschrieb die Lage der nordamerikanischen Unterschicht in den dreißiger und vierziger Jahren, wie im folgenden *No home in this world anymore*:

Well I ain't got no home, I'm just rambling around,
Just a rambling worker, go from town to town,
Police makes it hard wherever I may go,
I ain't got no home in this world anymore.

All my brothers and my sisters have stranded on this road,
That's a hard, dusty old road that a million feet have trod,
Rich men took our home and drove us from our door,
Man can't frame his home in this world anymore.

In seiner Autobiographie *Bound For Glory* schrieb Guthrie: »Ich habe mir nie viele Songs über Viehzüge und den Mond, der über den Himmel hüpft, ausgedacht, sondern zuerst waren es lustige Songs über das, was alles falsch ist und wie es besser oder schlechter wird. Dann wurde ich ein wenig mutiger und habe Songs gemacht, die erzählten, was ich für

falsch hielt und wie man es richtig machen könnte, Songs, die aussprachen, was jeder in diesem Land dachte.«[70]
Guthrie kommentierte, klagte an und agierte, doch seine optimistisch-patriotische Grundhaltung und sein Glaube an die soziale Gerechtigkeit blieben. Das zeigt sich in einigen seiner bekanntesten Lieder wie *This land is your land* oder *Pastures of Plenty*. *Pastures* schildert das Leben und den Kampf wandernder Obstpflücker in Kalifornien:

I work in your orchards of peaches and prunes
Sleep on the ground 'neath the light of the moon
On the edge of your city you see us and then
We come with the dust and we go with the wind,

Green pastures of plenty from dry desert ground
From the Grand Coulee Dam where the waters come down
Every state in this Union us migrants has seen
We will work in your fight and we'll fight till we win!

Der Song schließt auf einer bestärkenden Note voller Zuversicht:

It's always we've rambled, that river and I
All along your green valley I'll work till I die
My land I'll defend with my life if it be,
For my pastures of plenty must always be free.[71]

Der auf ländlicher Country-Musik fußende Guthrie wurde in den vierziger Jahren zum Idol der politischen, links-intellektuellen Folk-Song-Bewegung in den Städten und an den Universitäten des Nordens. Er wies den Weg für die Folk- und Protest-Sänger der fünfziger und sechziger Jahre von Pete Seeger, Jack Elliott, Phil Ochs bis Bob Dylan. Die Verwendung neuer und alter Folk-Songs bei Protestmärschen, Demonstrationen oder Versammlungen der Kampagne für atomare Abrüstung und der Bürgerrechtsbewegung (z. B. *We shall overcome*) unterstreichen die Bedeutung von Songs als politisches Mittel; Songs beschworen die Gefahren des Atomkriegs (*What have they done to the rain*) und prangerten Rassendiskriminierung und Lynchmorde an (*The Death of Emmet Till*, *Hezekiah Jones*). Politische Folk-Songs blieben nach 1945 keineswegs auf die Aktivitäten der akademischen Jugend beschränkt. Das gesellschaftskritische, agitatorische *Banks of Marble*[72] wurde 1950 von Les Rice, einem Obstbauern aus dem Staate New York, geschrieben:

I've travelled around this country,
From shore to shining shore;
It really made me wonder,
The things I heard and saw.

I saw the weary farmer
Plowing sod and loam;
I saw the auction hammer
A-knocking down his home.

But the banks are made of marble,
With a guard at ev'ry door,
And the vaults are stuffed with silver
That the farmer sweated for.

I saw the weary miner
Scrubbing coal dust from his back,
I heard the children crying,
›Got no coal to heat the shack‹.

But the banks . . .

I've seen my brothers working
Throughout this mighty land,
I prayed we'd get together,
And together make a stand.

Then we'd own those banks of marble,
Whith a guard at every door,
And we'd share those vaults of silver
That the workers sweated for!

4. Die Entwicklung einer jugendorientierten Popmusik seit 1955[1]

Bei der Betrachtung der jugendorientierten Populärmusik der letzten beiden Jahrzehnte, der Pop- oder Rockmusik, müssen drei grundlegende Unterschiede zu dem, was vorher über kommerzielle populäre Musik gesagt worden ist, bedacht werden.
Zum ersten war und ist die Popmusik keine populäre Musik im älteren Sinne, das heißt sie war nicht, lokal begrenzt, unmittelbar vom Volk für das Volk gemacht; sie wurde als Massenprodukt über Schallplatten, Radio und später in begrenztem Ausmaß über das Fernsehen von der Musik- und Unterhaltungsindustrie (zunächst der amerikanischen) ›vermittelt‹; dieser Tatsache verdankt sie ihre nationale und später internationale Popularität. Zum zweiten zeigt die Entstehung des Rock, daß trotz der Vermittlung über Massenmedien, die sich im Besitz anderer befinden, Publikum oder Autoren den Inhalt populärer Musik bestimmen können.[2]
Zum dritten ging die Popmusik stärker als frühere populäre Musikformen aus einer nicht nur sozial-, sondern auch altersspezifischen Gruppe, nämlich der Jugend der unteren Schichten hervor. Popmusik blieb aber nicht auf diese Gruppe beschränkt, sondern wurde bald von Jugendlichen aller Schichten aufgenommen. Diese Entwicklung stand im Zusammenhang mit der Entdeckung der potentiellen Kaufkraft jugendlicher Konsumenten und der Ausprägung einer speziellen ›Jugendkultur‹ nach dem Zweiten Weltkrieg.[3] Die zuerst in den USA beobachtete *adolescent* oder *youth culture* äußerte sich in Verhaltensweisen, Moden, Jugendfilmen aus Hollywood und eben in Popmusik.

Die Entstehung des Rock 'n' Roll in den USA

Die erste Ausprägung jugendorientierter Popmusik hieß Rock 'n' Roll[4] und war eine Variante des Rhythm-and-Blues (R+B), der Musik der schwarzen Gettobevölkerung, mit Einflüssen aus der Country-and-Western-Musik (C+W), der Volksmusik der weißen Landbevölkerung im Süden der USA.
Schon seit Anfang der fünfziger Jahre hatte sich eine immer größer werdende Anzahl weißer Jugendlicher dem R+B zugewandt, der in krassem Gegensatz zu den sentimentalen und melodramatischen *love songs* stand, die die damalige populäre Musik fast ausschließlich bestimmten: »In fast jeder Beziehung widersprachen die Klänge des Rhythm-and-Blues denen der Populärmusik. Die Vokalstile waren schroff, die Songs

deutlich, die dominierenden Instrumente – Saxophon, Piano, Gitarre, Schlagzeug – wurden laut mit einem emphatischen Tanzrhythmus gespielt, die Produktion der Aufnahmen war rauh. Das vorherrschende Gefühl war Erregung.«[5]

R+B wurde zu der Zeit nur lokal oder regional über spezialisierte unabhängige Schallplattenmarken und einzelne Radiostationen verbreitet.[6] Die Abkehr des jugendlichen weißen Publikums von der Populärmusik alten Stils und seine Umorientierung zum rhythmisch erregenden und inhaltlich wirklichkeitsbezogenen R+B verursachten den Einbruch schwarzer ›proletarischer‹ Musikformen in den weißen Musikmarkt. Die Musikindustrie sah sich gezwungen, den veränderten Bedürfnissen nachzukommen; sie sorgte für den kommerziellen Erfolg des Rock 'n' Roll. Ab 1955/56 machte sich dieser Wechsel in den nationalen Schallplattenverkaufslisten, den Hitparaden, bemerkbar.[7] Weiße und schwarze Interpreten stellten unterschiedliche Stilrichtungen des Rock 'n' Roll dar, verschieden nach örtlichen R+B-Stilen und dem Grad der Beeinflussung durch C+W. Die ersten erfolgreichen weißen Rock'n'Roll-Sänger der Jahre 1955/56 waren Bill Haley, Pat Boone und der ›größte‹ Rock'n'Roll-Star Elvis Presley, der von allen weißen Sängern am deutlichsten Ausdrucksformen schwarzer Musik benutzte; die ersten erfolgreichen schwarzen Rock'n'Roll-Sänger waren Fats Domino, Little Richard und Chuck Berry. Dieser und andere Interpreten machten ihre ersten Aufnahmen alle bei kleinen unabhängigen Schallplattenfirmen, die später von großen Konzernen übernommen wurden oder selbst zu marktbestimmenden Gesellschaften aufstiegen (z. B. Atlantic).[8] Bis zum Durchbruch einer jugendorientierten Popmusik in Gestalt des Rock 'n' Roll hatten die Inhalte der industriell produzierten und vertriebenen Populärmusik aus realitätsfremden Wunsch- und Traumerlebnissen bestanden, die Ersatz für die Darstellung echter Erfahrungen sein sollten: »Populärmusik, so war vorausgesetzt worden, war Unterhaltung, und Unterhaltung war Flucht, was notwendigerweise den Ersatz von sentimentalen Freundlichkeiten oder Sensationseffekten bedeutete, für eine authentischere Berücksichtigung von Beziehungen und Erfahrungen.«[9]

Diese Vorstellung von populärer Musik ist keineswegs verschwunden, sondern ist immer noch besonders stark ausgeprägt in der deutschen Schlagermusik sowie in Teilen der anglo-amerikanischen kommerziellen Unterhaltungsmusik.[10]

Durch Rock 'n' Roll drangen jedoch wieder persönlicher Ausdruck und Wirklichkeitsbezug in die populäre Musik ein: »Für die Rock 'n' Roll-Sänger war Populärmusik ein Mittel sich auszudrücken – und Rock 'n' Roll-Komponisten richteten ihre Texte auf bestimmte Situationen aus, anstatt auf anonyme Allgemeinplätze.«[11]

Situationsbezogene Pop-Songs aus früheren Jahrzehnten hatten sich fast ausschließlich nach den Problemen und Wünschen des vornehmlich erwachsenen Mittelschichtspublikums gerichtet, wie im folgenden Beispiel aus dem Jahre 1935, *Mad about the boy*:[12]

Lord knows I'm not a schoolgirl in the flurry of her first affair [. . .]
I'm hardly sentimental [. . .]
I've got to pay my rental and I can't afford
To waste much time.

Rock'n'Roll-Songs beschrieben die jugendliche Erfahrungswelt, sie handelten von Liebe (aber nicht unbedingt von ewiger) und Vergnügen in Beziehung zur tatsächlichen sozialen Umgebung von Autos, der Stadt, Motels, Landstraßen, Eltern, Arbeit, Schule, Kleidung, Musikboxen, Parties, Tanz und der Rock 'n' Roll-Musik selbst.
Rip It Up (1956), geschrieben von J. Marascalco und R. Blackwell, gesungen vom ›wildesten‹ aller Rock-Sänger, Little Richard, zeigt in einfacher, direkter Ausdrucksweise den ungestümen Spaß der Jugendlichen am Rock 'n' Roll – nachdem man sich das Geld zum Ausgeben verdient hat:

Well, it's Saturday night and I just got paid,
A fool about my money, don't try to save [. . .]
Gonna rock it up, Gonna rip it up,
Gonna shake it up, Gonna ball it up,
Gonna rock it up, and ball tonight.

Blue Suede Shoes (1956) von Carl Perkins beschreibt unter Verwendung von Armee-Slang jugendliches Selbstbewußtsein, das sich in narzißtischen Posen und Symbolen, wie z. B. in der Kleidung äußert – hier in der brüsken Aufforderung, nicht auf die blauen Wildlederschuhe zu treten:

Steal my car,
Drink my liquor from an old fruit jar,
Do anything you want to do,
But uh-huh honey, lay off a them shoes,
Don't you step on my blue suede shoes,
You can do anything,
But lay off a them blue suede shoes.

In *Schoolday* (1957) besingt Chuck Berry typische Gefühle Heranwachsender zum Gegensatz Schule – Freizeit:

Up in the morning and out to school,
The teacher is teaching the golden rule [. . .]
Working your fingers right down the bone,
And the guy behind you won't leave you alone [. . .]

Back in the classroom, open your books,
Gee, but the teacher don't know how mean she looks [. . .]
Soon as three o'clock rolls around,
You finally throw your burden down,
Close your books, get out of your seat,
Out of the classroom into the street,
Up to the corner and round the bend,
Right to the juke joint you go in.
Drop the coin right into the slot,
You've got to hear somethin that's really hot,
With the one you love you're makin' romance,
All day long you've been wanting to dance.

In *Sweet Little Sixteen* (1958) behandelt Berry ein ähnliches Thema, die Musik- und Modebegeisterung eines Teenagers, der aber von Eltern und Schule abhängig ist:

Sweet Little Sixteen,
She's just got to have
About half-a-million
Signed photographs;
Her wallet's filled with pictures,
She gets them one by one,
Becomes so excited,
Won't you look at her run!

Oh Mommie, mommie
Please may I go?
It's such a sight to see,
Somebody steal the show.
Oh daddy, daddy,
I beg of you,
Whisper to mommie,
It's all right with you.

Sweet Little Sixteen,
She's got the grown up blues,
Tight dresses and lipstick,
She's sporting high heel shoes,
Oh but tomorrow morning,
She'll have to change her trend,
And be sweet sixteen
And back in class again.

In *Yakety Yak* (1958), geschrieben von Jerry Leiber und Mike Stoller und gesungen von den Coasters, bleibt die Abhängigkeit der Jugendlichen von ihren Eltern nicht auf die Erfüllung von Bitten beschränkt, sondern äußert sich in Zwängen und Drohungen:

Take out the papers and the trash,
Or you don't get no spending cash;
If you don't scrub that kitchen floor,
You ain't gonna rock 'n' roll no more.
Yakety yak, don't talk back.

Just finish cleaning up your room.
Let's see that dust fly with that broom,
Get all that garbage out of sight,
Or you don't go out Friday night.
Yakety yak, don't talk back.

Es ginge zu weit, hier die Entwicklung der Popmusik im einzelnen genauer darzulegen; es gab eine Vielzahl von Richtungen, Stilen, Modeerscheinungen. Bis Anfang der sechziger Jahre lassen sich jedoch zwei wesentliche Strömungen erkennen: Der rhythmisch betonte Rock 'n' Roll bestand weiter in Interpreten wie Jerry Lee Lewis, Eddie Cochran, den Coasters und in ›weicherer‹, von C+W geprägter Form in den Everly Brothers, Rick Nelson, Buddy Holly und anderen. Daneben zeigte sich eine ›Zersetzung‹ des Rock 'n' Roll durch die Unterhaltungsindustrie – zum Beispiel bei Elvis Presley – in der Zunahme von süßlichen Melodien und sentimentalen, realitätsfremden Inhalten im Stil weißer amerikanischer Populärmusik früherer Zeit.

Auswirkungen auf Großbritannien

Im zwanzigsten Jahrhundert war eine eigenständige Populärkultur in Großbritannien nur noch schwach ausgeprägt. Die unteren Schichten, denen die traditionelle ›hohe‹ Kultur wenig bedeutete, wandten sich zum großen Teil Erzeugnissen amerikanischer Populärkultur wie Wildwest- und Gangsterfilmen, Comic-Heften, Kriminalromanen zu. Auch die Produkte der amerikanischen Populärmusik wurden über die britischen Vertriebsknäle verbreitet, entweder im Original oder als englische Version.

Daher waren amerikanische Rock 'n' Roll-Hits auch in Großbritannien schon ab 1955 kommerzielle Erfolge: zunächst Aufnahmen von Bill Haley, dann von Elvis Presley und allen übrigen amerikanischen Rock 'n' Roll-Stars. Bald darauf wurden britische Elvis-Imitationen produziert, zuerst von Tommy Steele, der in einer *coffee-bar* in Soho entdeckt worden war, später (1958) von Cliff Richard; beide machten wie Presley in den folgenden Jahren eine Entwicklung zu sentimentaler Unterhaltungsmusik durch. Das *excitement* und der *beat* des Rock 'n' Roll wurden in Großbritannien zuerst von den Jugendlichen der Unterschicht aufgenommen: »Der frühe britische Pop beschränkte sich ganz auf weltoffene Jugendliche aus der ›working-class‹.«[13] Für sie bedeutete Rock 'n' Roll Bewegung, Freiheit, Selbstbewußtsein, Spaß, Rebellion gegen die Erwachsenen, Ausbruch aus der eigenen Situation: »Rock 'n' Roll, so rauh und emotional begrenzt er war, etablierte ein wichtiges Prinzip: das Recht unterprivilegierter Jugendlicher, sich selbst mit einer Freiheit und Direktheit auszudrücken, die bis dahin als das Vorrecht der Älteren und Reichen gegolten hatte.«[14]

Ich habe schon angedeutet, daß wie in den USA auch in Großbritannien ein großer Teil der Popmusik nach der ersten Blüte des Rock 'n' Roll zu oberflächlicher Massenunterhaltung gemacht wurde.

Anfang der sechziger Jahre kam eine neue Popmusik auf, und ihre wichtigsten Impulse wurden in England gesetzt: »Eine wichtige Quelle der neuen Musik war Großbritannien, das bis dahin zur Populärmusik des 20. Jahrhunderts nichts Bedeutendes beigetragen hatte. Aber in der Zeit um 1962 erfüllte Großbritannien die nützliche Funktion, Populärmusik wieder als Mittel persönlichen Ausdrucks einzuführen und nicht mehr als Rohmaterial für massenhaft produzierte Unterhaltung, zu der sie wieder einmal geworden war, zu betrachten.«[15]

Auf verschiedenen Einflüssen, wie dem Rock 'n' Roll aller Stilrichtungen, *Skiffle* (einer populären weißen Version des afro-amerikanischen Folk-Blues mit C+W-Elementen), instrumentaler Popmusik z. B. der Shadows und genuinem R+B schwarzer Solisten und Gesangsgruppen aufbauend, entwickelten Gruppen, deren jugendliche Musiker meist aus der Unterschicht stammten, in Tanzlokalen und Clubs der englischen Großstädte eigenständige Formen der Popmusik, die *beat* oder später *rock music* genannt wurden. Zentraler Ort dieser Entwicklung war neben London und Newcastle die nordwestenglische Hafenstadt Liverpool, die eine der höchsten Arbeitslosenquoten – besonders unter Jugendlichen – in ganz England besaß. 1960 spielten in und um Liverpool Hunderte von Beatgruppen, für deren Mitglieder die Musik eine Möglichkeit zur Bewältigung ihrer sozialen Lage darstellte.[16] Die erste dieser Gruppen, die überregionalen Erfolg hatte, waren 1962 die Beatles; dazu mußten sie aber nach London gehen, dem Sitz der Musikindustrie. 1963 folgte der Aufstieg der Beatles zu nationaler, 1964 zu internationaler Popularität in einem bis dahin nie gekannten Ausmaß.[17] Die unter Jugendlichen der unteren Schichten entstandene neue Popmusik breitete sich über alle Gesellschaftsschichten aus und zog – besonders in Großbritannien – Veränderungen im Sozialverhalten nach sich: »Denn während sich die alte Populärkultur sehr langsam veränderte und in ihrer langen Geschichte grundsätzlich dieselbe Schicht ansprach, hat Pop schnell alle

Gesellschaftsgruppen durchdrungen und zugleich erreicht, daß die Grenzen zwischen ihr selbst und der traditionellen oder hohen Kultur verwischen.«[18]

Durch den Erfolg der Beatles wurde der Weg für ähnliche Gruppen aus Lancashire frei, aber auch für Gruppen wie die Rolling Stones aus London und die Animals aus Newcastle, die sich unmittelbarer an schwarzem R+B orientierten.

Der Aufstieg der Beatles setzte sich ab 1964 in den USA fort und öffnete auch dort den Musikmarkt für britische Popmusik, deren Einfluß bis heute angehalten hat. Jugendkultur wurde in Gestalt von Musik, Mode und ›Pop Art‹ zum großen Geschäft.[19]

Neue Impulse aus alten Quellen

Die weitere Entwicklung der Popmusik verlief in einer Vielzahl von Stilrichtungen mit einigen durchgehenden Trends; bis zu ihrem Auseinanderbrechen gegen Ende der sechziger Jahre spielten die Beatles eine dominierende Rolle, indem sie Anregungen von innerhalb (z. B. Tamla-Motown, Beach Boys, Who, Yardbirds etc.) und außerhalb (elektronische, indische Musik) der Popmusik aufnahmen, sie mit eigenen Ideen verbanden und so neue Anstöße gaben.

Andere einflußreiche Richtungen und Namen waren:[20] Bob Dylan und die amerikanische Folk- und Folk-Rock-Bewegung (z. B. die Byrds, Simon and Garfunkel, Buffalo Springfield, Crosby, Stills, Nash and Young, Joni Mitchell, James Taylor, Eagles etc.); die aus der Gospelmusik und dem R+B der Schwarzen hervorgegangene Soul-Musik (Ray Charles, James Brown, Otis Redding, Aretha Franklin, Supremes, Temptations, Sly and the Family Stone, Stevie Wonder, Marvin Gaye etc.); der laute elektronische, verzerrte Rock und Blues der Yardbirds, der Who und der Cream aus London sowie des amerikanischen Mulatten Jimi Hendrix und der Allman Brothers aus Georgia; der aus der kalifornischen Hippie-Bewegung entstandene *psychedelic rock* von Gruppen wie Jefferson Airplane und Grateful Dead; der sogenannte Jazz-Rock von Miles Davis, John McLaughlin, Herbie Hancock, Chick Corea und anderen; Reggae-Musik aus Jamaica von Bob Marley and the Wailers, Toots and the Maytals etc.; Balladen und Soul-beeinflußte Rock-Songs der Weißen Elton John, Joe Cocker, Leo Sayer; Konzeptproduktionen mit Leitthemen, durchgehender Handlung und theaterhafter Präsentation von den Kinks, der Who, David Bowie, Genesis und anderen britischen Musikern sowie von Frank Zappa und den Mothers of Invention, Alice Cooper oder Dr. Hook and the Medicine Show aus den USA. Diese und viele andere – auch neue – Entwicklungen wirken heute noch weiter.

Es ist wichtig zu erwähnen, daß es neben den Pop- bzw. Rockmusikformen, die mehr oder weniger »echte« persönliche Äußerungen jugendlicher Kultur darstellten, weiterhin oberflächliche Produkte populärer Unterhaltungsmusik gab, die – dem Zeitgeschmack entsprechend – häufig einen »beat-Rhythmus« annahmen; die Grenzen waren oft fließend und schwer festzumachen, nicht zuletzt weil Produktion, Vertrieb und Vermittlung in jedem Fall über die Kanäle der Musik- und Unterhaltungsindustrie liefen.

Hauptgegenstand auch der Pop-Songs der sechziger Jahre war die Liebe. Die ersten Texte der Beatles entsprachen nicht der musikalischen Erneuerung, die durch diese Gruppe eingeleitet wurde – sie behandelten das Thema Liebe in den Klischees, die in der Populärmusik gültig waren oder sich wieder durchgesetzt hatten.

Den Vorbildern aus Rock 'n' Roll und R+B (viele britische Gruppen sangen anfänglich R+B-Songs nach), aber auch früheren Folk-Song-Traditionen folgend, befaßten sich Pop-Songs – auch durch die ekstatische Qualität ihres Vortrages – bald realistischer mit Aspekten menschlicher Beziehungen und Erfahrungen wie Sex, Bedürfnisbefriedigung, Liebe, dem Verlangen, frei und unabhängig zu sein, Unzufriedenheit, Enttäuschung, Zorn, Einsamkeit, der Suche nach Glück und Erfüllung und anderen mehr.[21]

Die Texte der Beatles[22] wurden seit Mitte der sechziger Jahre aufgrund verschiedener Einflüsse in ihrer persönlichen, sozialen und kulturellen Erfahrungswelt – allen voran die aufrührenden poetischen Songs voller Autobiographie und Sozialkritik des Amerikaners Bob Dylan – phantasievoller, nachdenklicher, geistreicher, »lyrischer«.

Dafür einige Beispiele:[23]

Here I stand with head in hand,
Turn my face to the wall.
If she's gone I can't go on,
Feeling two foot small.
Everywhere, people stare,
Each and every day,
I can see them laugh at me
And I hear them say –

Hey, you've got to hide your love away,
Hey, you've got to hide your love away.

Dieser Lennon/McCartney-Song aus dem Jahre 1965 spricht mit einfachen Mitteln überzeugend Gefühle der Verzweiflung, Niedergeschlagenheit (»feeling two foot small«) und Isolierung aus; »You've got to hide your love away« hält sich formal an die Balladenstrophe, wobei jeweils die vierhebige Zeile mit Binnenreimen versehen ist (stand/hand, gone/on, etc.).

Das ebenfalls 1965 entstandene *Norwegian Wood* schilderte eine für den Rahmen von Pop-Songs bis dahin recht ungewöhnliche Affaire:

> I once had a girl,
> Or should I say she once had me.
> She showed me her room,
> Isn't it good?
> Norwegian wood.

Man redet, trinkt, es passiert nicht viel, erotische Erwartungen bleiben unerfüllt:

> She told me she worked in the morning and started to laugh,
> I told her I didn't and crawled off to sleep in the bath.
> And when I awoke I was alone,
> This bird had flown,
> So I lit a fire,
> Isn't it good,
> Norwegian wood.

Die Reaktion des vermeintlichen Liebhabers auf den »Abflug« des Mädchens (»bird« hat im Slang die Bedeutung von Mädchen) ist für die unterschiedlichsten Interpretationen offen – vom Anzünden eines Kaminfeuers bis zur Brandstiftung an der Einrichtung aus norwegischem Holz. *Norwegian Wood* schafft in nüchternen Tönen eine Atmosphäre der Zufälligkeit und Unbestimmtheit, die fern von Idealen ›ewiger Liebe‹ über menschlichen Beziehungen liegt.

> Help me if you can, I'm feeling down,
> And I do appreciate you being around,
> Help me get my feet back on the ground,
> Won't you please please help me?

Help (1965) und *Strawberry Fields Forever* (1967) sind sehr persönliche Äußerungen der Angst und Verunsicherung, *Help* in der Form einer inständigen, aber doch leicht zurückhaltenden Bitte, *Strawberry Fields Forever* als Haufen hingeworfener Satzfetzen:

> Always, no sometimes, think it's me,
> But you know I know when it's a dream,
> I think I know I mean a ›yes‹
> But it's all wrong,
> That is I think I disagree.

Der Refrain knüpft Verbindungen zu John Lennons eigener Vergangenheit (Strawberry Fields ist eine Heilsarmee-Schule in Liverpool) und offenbart eine philosophische Grundhaltung, in der nichts als die Kindheitserinnerung Bestand und Bedeutung hat:

Let me take you down,
'Cos I'm going to Strawberry Fields.
Nothing is real and nothing to get hung about.
Strawberry Fields forever.
Strawberry Fields forever.

In my life (1965) ist von wärmeren, optimistischeren Gedanken an Personen und Erlebnissen aus der Vergangenheit erfüllt:

There are places I'll remember
all my life, though some have changed,
some forever, not for better,
some have gone and some remain.
All these places had their moments,
with lovers and friends I still can recall,
some are dead and some are living,
in my life I've lived them all.

Sinn dieser Huldigung an Vergangenes ist es, die Außergewöhnlichkeit einer neuen Liebesbeziehung zu unterstreichen:

But of all these friends and lovers,
there is no one compared to you,
and these mem'ries lose their meaning
when I think of love as something new.

Einige der bewegendsten Beatles-Texte zeichneten in überraschenden Wendungen und Bildern Porträts von Menschen und Szenen. *Eleanor Rigby* (1966) offenbart mitfühlende Einsicht in die Welt des Alterns und der Einsamkeit:

Eleanor Rigby picks up the rice in the church
where a wedding has been,
lives in a dream.
Waits at the window, wearing the face
that she keeps in a jar by the door,
who is it for?
All the lonely people, where do they all come from?
All the lonely people, where do they all belong?

Die Phrase »wearing the face that she keeps in a jar by the door« trägt fast surreale Züge, übermittelt aber im Zusammenhang des Songs ein Bild der Abkapselung und Gefühlskälte einer unerfüllten Existenz.
In *Penny Lane* (1967) zeigen Lennon/McCartney ein Kaleidoskop von Erinnerungen und phantastischen Eindrücken; »Penny Lane« – eine Liverpooler Bus-Endstation – als Szenenbild voller Geräusche, Gerüche und skurriler Typen aus ironischer Distanz gesehen:

In Penny Lane there is a fireman with an hourglass
and in his pocket is a portrait of the Queen,
he likes to keep his fire engine clean,
it's a clean machine.
Penny Lane is in my ears and in my eyes,
a four of fish and finger pies
in summer meanwhile back
behind the shelter in the middle of the round-a-bout
the pretty nurse is selling poppies from a tray.
And though she feels as if she's in a play,
she is anyway.
In Penny Lane, the barber shaves another customer,
we see the banker sitting waiting for a trim
and then the fireman rushes in
from the pouring rain – very strange.

Schon die obigen Beispiele verraten den Hang zu absurden Situationen und die Freude an Wort- und Klangspielen. John Lennon hatte in zwei 1964/65 erschienenen Bänden[24] mit parodistischen, satirischen, tief- und unsinnigen oder einfach komischen Gedichten und Kurzgeschichten Konventionen der Logik, Sprache und Rechtschreibung aufgebrochen – ganz nach dem Vorbild britischer Nonsense-Literatur von Edward Lear (den Lennon später sogar in dem Song *Paperback Writer* erwähnte) und Lewis Carroll,[25] aber auch unter dem Einfluß des »traditionellen« britischen schwarzen Humors, der in den fünfziger und sechziger Jahren in Radio-Comedy-Shows wie der *Goon Show*[26] zu neuer Blüte kam. *Alec Speaking* scheint die Autorität von Schule und Militär aufs Korn zu nehmen, dient aber in erster Linie dem Experimentieren mit Worten und Klängen:

He is putting it lithely when he says
Quobble in the grass,
Strab he down the soddieflays
Amo amat amass;
Amonk amink a minibus,
Amarmylaidie Moon,
Amikky mendip multiplus

Amighty midgey spoon.
And so I traddled onward
Careing not a care
Onward, Onward, Onward.
Onward, my friends to victory and glory for the thirtyninth.[27]

Die Songtexte der Beatles blieben weniger experimentell, wohl auch weil sie fester an musikalische Konventionen gebunden waren. Spielereien mit Wort, Klang und Sinn, die Witz, Vorstellungskraft und Assoziationen freien Lauf ließen, tauchten ab 1966 öfter auf; *Lucy in the sky with diamonds* (1967) könnte der Traumwelt von Carrolls Alice entstammen:

Picture yourself in a boat on a river,
with tangerine trees and marmalade skies
somebody calls you, you answer quite slowly,
a girl with kaleidoscope eyes [. . .]

Newspaper taxis appear on the shore,
waiting to take you away.
Climb in the back with your head in the clouds,
and you're gone.

Phantastische, ›außerwirkliche‹ Bezüge entsprangen sicher auch zu einem gewissen Teil der Erfahrung halluzinativer Drogen. So wie die obigen Zeilen »Climb in the back . . .« enthielten in den mittleren und späten sechziger Jahren zahlreiche Texte der Beatles und anderer Rockmusiker offene oder in Slang und Metaphern versteckte Anspielungen auf Drogen.[28]

Die Traumgebilde der Beatles flossen nicht immer so leicht und hübsch dahin wie *Lucy*. *I am the walrus* (1967) ähnelt mit seiner stechenden alliterierenden Abfolge makaberer und absurder Visionen eher einem Alptraum:

Yellow matter custard dripping from a dead dog's eye
crabalocker fishwife pornographic priestess
boy you been a naughty girl
you let your knickers down.
I am the eggman, they are the eggmen –
I am the walrus. GOO GOO G'JOOB . . .

Semolina pilchard climbing up the Eiffel Tower.
Elementary penguin singing Hare Krishna
man you should have seen them
kicking Edgar Allen Poe.
I am the eggman . . .

Mit der Erwähnung des »Hare Krishna« singenden Pinguins in *I am the walrus* ironisierte Lennon die Bedeutung, die indische Religionen und Meditationsformen – nicht zuletzt dank der Unterstützung der Beatles – bei Jugendlichen in Amerika und Europa erlangt hatten. Die Beatles hatten in Mode gekommene fernöstliche Philosophien in einigen Songs verarbeitet; *Tomorrow never knows* (1966) soll Lennon unter dem Einfluß des tibetanischen Totenbuches geschrieben haben:

Turn off your mind relax and float down-stream,
it is not dying, it is not dying,
lay down all thought surrender to the void,
it is shining, it is shining.
That you may see the meaning of within,
it is speaking, it is speaking,
that love is all and love is ev'ryone,
it is knowing, it is knowing . . .

Der sicher ernstgemeinte naiv-christliche Glaube an die problemüberwindende Kraft der Nächstenliebe schlug sich auch in *All you need is love*, das 1967 – im Blütejahr der Hippie-Bewegung – im Rahmen einer weltweiten Fernsehübertragung uraufgeführt wurde, nieder:

There's nothing you can make that can't be made
no one you can save that can't be saved
nothing you can do but you can learn
how to be you in time
it's easy.
All you need is love, all you need is love . . .

Die Texte der Beatles waren fast nie aggressiv und herausfordernd, sondern sanft mahnend, zurückhaltend, selten bitter oder zynisch, oft auf Vergangenes bezogen, betrachtend, ironisch, witzig, spielerisch – in der Beschreibung von realen und imaginären Personen und Situationen. Bei aller sprachlichen und formalen Spontaneität und Frische, bei allem Eifer und Elan, Gefühle, Einsichten und Ideen weiterzugeben, fehlten der unmittelbare Kontakt und die intensive Auseinandersetzung mit Vorgängen und Problemen aus der privaten und sozialen Erlebniswelt sowie das leidenschaftliche Engagement anderer Song-Verfasser.
Kein anderer Autor hat in den sechziger Jahren die Texte der Popmusik so stark geprägt wie Bob Dylan. Dylan wuchs als Robert Zimmermann in Minnesota auf und ging knapp zwanzigjährig 1960 nach New York, wo er im Künstlerviertel Greenwich Village in Clubs und Lokalen sang, beeinflußt von Country-Musik, Blues- und Folk-Sängern – vor allem von seinem großen Vorbild Woody Guthrie, dem er später neben dem Blues-Sänger Robert Johnson und den Typen und Personen, von denen

und für die er schrieb, die Buchausgabe seiner Songs und Gedichte widmete:
»Dedicated to the rough riders, ghost poets, lowdown rounders, sweet lovers, desperate characters, sad-eyed drifters and rainbow angels – those high on life from all ends of the wild blue yonder . . .
To the magnificent Woodie Guthrie and Robert Johnson who sparked it off . . .«[29]
(Gewidmet den Rauhreitern, Geisterpoeten, abgerissenen Stromern, zärtlichen Verliebten, verzweifelten Typen, den Tramps mit den traurigen Augen und den Engeln des Regenbogens – allen, die high sind vom Leben, überall da draußen in der wilden blauen Ferne . . .
Dem einzigartigen Woodie Guthrie und Robert Johnson, von denen der Funke übersprang . . .)
Dylans frühe Aufnahmen[30] (*Song to Woody, Poor Boy Blues*, *Rambling, Gambling Willie* etc.) dokumentieren seine Verwurzelung in der amerikanischen Folk-Tradition – selbst in autobiographischen Zeugnissen (*Talking New York*; *Hard Times in New York Town*). Bekannt und zur Leitfigur vieler amerikanischer Jugendlicher wurde er nach 1962/63 durch seine *protest songs* – sozial- und zeitkritische Lieder gegen Krieg (*Blowin' in the Wind*; *Masters of War*), Atomwaffen (*A Hard Rain's a-Gonna Fall*), Rassendiskriminierung (*Oxford Town*, *Only a Pawn in Their Game*), soziales Unrecht (*Ballad of Hollis Brown*), amerikanische Politik und Gesellschaft (*With God on Our Side*, *The Times They are a-Changin'*). Dylans Bedeutung erklärte die Folk-Sängerin Joan Baez damals so: »Bobby drückt aus, was ich – und viele andere junge Leute – fühlen, was wir sagen wollen. Die meisten ›Protest-Songs‹ über Bomben und Rassenvorurteile und Konformität sind dumm. Sie sind nicht schön. Aber Bobbys Songs sind kraftvoll als Dichtung und kraftvoll als Musik.«[31]
Ab 1964 verbreiterte sich das Spektrum seiner Songs; Dylan schrieb Liebeslieder, Grotesken, Monologe, Visionen, bei denen sich immer häufiger formale und inhaltliche Spuren und Parallelen aus der »klassischen« Literaturtradition von Donne, Bunyan, Blake, Browning, Chesterton, Lawrence, Baudelaire, Rimbaud, Carroll, Mark Twain bis T. S. Eliot zwischen Slang und Umgangssprache mischten.[32] Dylan schloß an die *beat generation* der fünfziger Jahre (Ginsburg, Kerouac) an, indem er in persönlichen Bekenntnissen und Impressionen von abwechselnd bilderreicher und direkter Sprache Stimmungen, Gefühle und Erfahrungen vieler Jugendlicher ausdrückte, die, desillusioniert von der Gesellschaft der Erwachsenen, Elternhaus und Schule den Rücken kehrten und heimatlos – oft *on the road* – ein anderes Leben zu führen versuchten. Die gewandelten Qualitäten von Songs wie *Subterranian Homesick Blues*, *Gates of Eden*, *It's Alright Ma, I'm Only Bleeding*, *Desolation Row* oder *Like A Rolling Stone* charakterisierte 1966 der Kritiker Nat Hentoff so: »Seine Songs sind immer persönlicher geworden – eine surrealistische

Verschmelzung Kafkaesker Bedrohung, ätzender Satire und dunkler Sinnlichkeit. Seine Texte sind mehr denn je angefüllt mit purzelnden Worten und ruhelosen Bildern, und sie lesen sich eher wie freie Versgedichte als konventionelle Zeilen. Erwachsene haben immer noch Schwierigkeiten, mit seiner ›offbeat‹-Sprache und ihrer Botschaft der Entfremdung zurechtzukommen, aber die jungen Leute sprechen darauf an und fahren darauf ab.«[33]

In seinen Songs nach 1968 zog sich Dylan fast ausschließlich in private und metaphysische Bereiche zurück, bis sich auf den Langspielplatten *Blood on the Tracks* (1974), *Desire* (1975) und *Street-Legal* (1978) wieder Gesellschafts- und Zeitbezüge mehrten.

Greenwich Village und die dort konzentrierte amerikanische Folk-Song-Bewegung waren Nährboden und Sprungbrett für zahlreiche andere Song-Autoren von Bedeutung. Paul Simon führte eine weniger drastische Auseinandersetzung mit dem Amerika der sechziger Jahre als Bob Dylan, aber Songs wie *Sounds of Silence*, *Homeward Bound*, *I am a rock*, *Save the life of my child*, *America* oder *Bridge over troubled water* waren nachdenkliche psychologische Betrachtungen und Portraits eines empfindsamen, zweifelnden, aber stets suchenden und hoffenden Kritikers. Joni Mitchell, die wichtigste der wenigen weiblichen Autorinnen, reflektierte feinsinnig und ironisch über Liebe und das Verhältnis der Geschlechter, über das Erwachsenwerden und das Aufeinandertreffen unterschiedlicher Lebensstile und Wertsysteme, über Rockmusik und die Stellung des Künstlers in seiner kommerziellen Abhängigkeit.

Beeinflußt von Blues-Texten und Dylan-Songs begannen Mitte der sechziger Jahre englische Gruppen eigene Songs aufzunehmen, die sich mit der sozialen Umwelt befaßten; die Rolling Stones – z. B. in (*I can't get no*) *Satisfaction* (1965) – oder The Who (*Substitute*, 1966) sangen von Unzufriedenheit, Bevormundung, nicht erfüllten Bedürfnissen, Versagung von Glück oder gesellschaftlicher Benachteiligung.

Ray Davies schrieb für die Kinks aus einem *working-class background* heraus sozialkritische, parodistische und satirische Songs über die englischen Gesellschaftsgeschichten, die in der Tradition englischer Populärmusik von Straßenballaden zu Music-Hall standen. Die Affinität seiner Songs zur Music-Hall zeigt sich nicht nur in der musikalischen Beeinflussung, sondern auch in der Übersteigerung und Pseudo-Dramatisierung der Stoffe und in der Art der Ironie und des Humors, der Züge von der Qualität der Music-Hall aufweist, sich über den eigenen sozialen Hintergrund lustig machen zu können: »Die spottenden und entlarvenden Songs erhielten ihre Vitalität daraus, daß sie zu einer Schicht gehörten und in gewissen Grenzen über das Leben dieser Schicht lachen konnten.«[34]

Die Songs der schon erwähnten und die zahlreicher anderer Autoren werden wir in den folgenden Kapiteln näher kennenlernen.

5. Zur Form des Pop-Song

Hello lamppost,
What-cha knowin'
I've come to watch your flowers growin'.
Ain't-cha got no rhymes for me?
Doot 'in' doo-doo, feelin' Groovy.[1]

Bei einer solch absolut-gefaßten Überschrift muß natürlich bedacht werden, daß es nicht ›den Pop-Song‹ als geschlossene, definierte Gattung gibt, sondern daß wir es vielmehr mit einer Masse von populären Songs in vielen Arten und Variationen zu tun haben. Zur Form des Pop-Song können also keine verbindlichen Regeln aufgestellt werden; ich werde aber einige typische und besondere formale Eigenschaften aufzeigen.
Weiter sollte bei der Betrachtung formaler Aspekte nicht vergessen werden, daß populäre Songs in erster Linie zum Singen und Zuhören und höchstens in zweiter Linie zum Lesen gemacht werden; die Texte der Populärmusik sind in den meisten Fällen keine Gedichte, für die kritische Untersuchungen nach strengen literaturwissenschaftlichen Methoden angebracht wären.

Rhythmus

Pop-Songs sind – wie andere Lieder auch – formal von musikalischen Faktoren bestimmt – Metrum und Rhythmus der Texte müssen sich im Unterschied zu geschriebener oder gesprochener Lyrik nach den Akzenten richten, die Aufbau, Melodie und Rhythmus der Musik setzen.
Dabei weisen Songs, die europäischen Balladen- und Folk-Song-Traditionen nahestehen, oft regelmäßigere, »sprechbarere« Rhythmen und Betonungen auf; zahlreiche Texte von Dylan (z. B. *Boots of Spanish Leather*, *With God on Our Side* etc.), Lennon/McCartney, Simon und anderen entsprechen – gelesen – mit ihren vier- bzw. dreihebigen Versen weitgehend europäischen Volksgedichten.
In einigen Fällen scheint die Musik zur Vertonung von Gedichten zu dienen, da die musikalischen Akzente die des Textes exakt nachvollziehen.
In *Bookends* von Paul Simon (1967) sind die Rhythmen und Betonungen des gesungenen Vortrags mit denen eines gesprochenen identisch:

Time it was,
And what a time it was,
It was [. . .]
A time of innocene,
A time of confidences.
Long ago [. . .] it must be [. . .]
I have a photograph.
Preserve your memories;
They're all that's left you.

Lucy in the sky with diamonds von Lennon/McCartney demonstriert beispielhaft die Einheit von sprachlichem und musikalischem Rhythmus; allein die daktylischen Verse des Textes erzeugen schon den $^3/_4$-Rhythmus der Musik:

Picture yourself in a boat on a river,
with tangerine trees and marmalade skies
Somebody calls you, you answer quite slowly,
a girl with kaleidoscope eyes.

Der $^3/_4$-Rhythmus kann gleichmäßig durch die Zeilen fließen, da die Daktylen verbindend über die Zeilenenden hinausgehen (river/with und slowly/a).
Mit diesem Fluß bricht der im $^4/_4$-Rhythmus gehaltene Refrain, bei dem die Akzente von Wort und Musik differieren und daher der Text durch Schleifen und Verschiebungen der Musik angepaßt wird:

v v v v v_v vvv_____
Lucy in the sk-y with di-a-monds

Derartige Akzentverschiebungen sind typisch für die hauptsächlich aus der afro-amerikanischen Musik stammenden Rhythmen und Phrasierungen der Popmusik, die sich grundlegend von europäischen Musiktraditionen unterscheiden – z. B. übereinanderlaufende afrikanische Polyrhythmen, die vielfach zu $^4/_4$-Rhythmen mit starker Betonung des zweiten und vierten Schlages vereinfacht werden oder ständig synkopierte Melodien und herauf- und heruntergezogene Tonphrasierungen (*blue notes*). Diesen Synkopierungen und Phrasierungen sind natürlich auch die Worte des Gesangs unterworfen; sie werden in den *swing* oder *beat*, den dominierenden rhythmischen Puls der Musik, einbezogen. Im folgenden Blues des Afro-Amerikaners Willie Dixon fallen die stark gezogenen Gesangsphrasen auf Worte, die für den Inhalt und den Gefühlsausdruck des Songs besonderes Gewicht haben: »satisfies«, »lies«, »cries«, »dies« – nicht umsonst sind diese Worte dazu noch gereimt. Die weiße britische Gruppe Cream hat Dixons *Spoonful* nach dem Vorbild des schwarzen Bluessängers Muddy Waters in einer Aufnahme von 1966 wie folgt akzentuiert:[2]

It could be a spoonful of diamonds,
Could be a spoonful of gold,
Just a little spoon of yo-ur precious love,
Sa-tis-fies my soul.

Men li-es about it,
Some of them cri-es about it,
Some of them di-es about it,
Ev'rything fight about a spooonful,
That spoon, that spoon, that spooonful.

Populärmusik – vor allem solche afro-amerikanischen Ursprungs – überträgt Stimmungen und Gefühle; sie ist daher offen für spontane, impulsive Reaktionen, Äußerungen und Abwandlungen in Melodie, Text oder Betonung. Einen Blues, ein R+B-Stück oder auch einen Pop-Song wird man kaum zweimal in exakt derselben Fassung aufgeführt erleben.
Texte, die gelesen wie nüchterne Prosa oder holperige Lyrik klingen, gewinnen erst durch die musikalische Betonung Rhythmus und Spannung. Die folgenden Zeilen von Aretha Franklin, der berühmtesten Soul-Sängerin, würden gelesen vielleicht so akzentuiert:

You better think, think about what you're tryin' to do to me,
Think, let your mind go, let yourself be free,
Let's go back, let's go back, let's go back way on way back when
I didn't even know you, you couldna' been too much more than ten . . .

In ihrer Schallplattenversion 3 legt Aretha die Akzente so, daß sie genau auf den schnellen synkopierten 4/4-Rhythmus passen:

You better think, think about what you're tryin' to do to me,
Think, let your mind go, let yourself be free,
Let's go back, let's go back, let's go back way on way back when
I didn't even know you, you couldna' been too much more than ten . . .

Abweichungen von der normalen Wortbetonung waren schon in der älteren Populärmusik nicht ungewöhnlich; in den folgenden Zeilen aus einer Straßenballade verlangen Rhythmus und Metrum eine Akzentverlagerung bei der Aussprache des Wortes »instrument«, dessen Betonung auf die letzte Silbe rutscht:

A Master of Musick came with an intent,
To give me a Lesson on my Instrument.[4]

»Klassische« Literaten benutzten den Effekt der Akzentverlagerung manchmal, wenn sie die Balladenform imitierten oder parodierten, so wie Byron in Canto XVI, Stanze XL des *Don Juan*:

Beware! beware! of the black Friar.[5]

In der Popmusik gibt es zahlreiche Beispiele für – meist wohl nicht mit Absicht geschaffene – Betonungsdifferenzen, die häufig durch Dehnung, Verkürzung und Synkopierung aufgehoben werden. In Dylans *It's Alright, Ma (I'm Only Bleeding)* müßte dem Metrum nach der Akzent von »remarks« in der Zeile »Suicide remarks they are torn« auf der ersten Silbe liegen, doch Dylan verlängert »suicide« und kürzt, ja verschluckt beinahe das »re-« und stellt so eine rhythmisch wie inhaltlich sinnvolle Aussprache her:

Pointed threats, they bluff with scorn
Suicide remarks they are torn . . .

Pop-Song-Texte können auch schon in dem spezifischen Rhythmus der Musik geschrieben sein, so daß allein die Textlektüre den *beat* und die Melodieakzente vermittelt. Chuck Berry hat das in *School Day* meisterhaft getan, indem er die Worte exakt auf die musikalisch dominierenden Triolen gesetzt hat, ja vielleicht haben erst die Wortphrasen zu den Triolen geführt:

Up in the mornin' and out to school
The teacher is teachin' the Golden Rule;
American Hist'ry and Practical Math,
You study 'em hard and hopin' to pass.

Und in *Summer in the City* (1966), von John Sebastian für seine New Yorker Gruppe Lovin' Spoonful geschrieben, bewirken die kurzen, stark betonten Anfangsphrasen in Verbindung mit stechenden Alliterationen einen treibenden, rastlosen Rhythmus, der den Textinhalt – Impressionen des heißen New Yorker Sommers – glänzend trifft:

Hot town,
Summer in the city.
Back o' my neck gettin' dirty and gritty [. . .]

All around
People lookin' half-dead,
Walkin' on the sidewalk hotter than a matchhead.

Ich habe schon erwähnt, daß in der älteren Populärmusik – häufig bei Kinder-, Tanz- und Geselligkeitsliedern – Worte und Silben ohne inhaltliche Bedeutung aneinandergereiht wurden, um mit Klängen und Rhythmen zu spielen;[6] wie im folgenden Vers:

Onery, uery, ickery see,
Huckabone, crackabone, tillibonee,
Ramp pang, muski dan,
Striddleum, straddleum, twenty-one.[7]

oder wie in einigen Refrains von Music-Hall-Songs aus der Zeit um die Jahrhundertwende:

La-Di-Da, Tiddy Fal Sol, Such a Mash . . .
Ta – ra – ra – boom – de – ay! . . .
Bink-aDoodle-I Do, Dinky Doo, Pop, Pop, poperty, Pop . . .[8]

Eine beliebte Variante des Jazzgesangs ist der *Scat*-Gesang, ein freies, meist improvisiertes Absingen von Silben und Klängen im Rhythmus und in der Phrasierung der Musik, beispielsweise:

Shoo-bee-doo-dee-da-da-bee-doo-bee-dab'n-dow

Oft werden dabei auch Melodie- und Rhythmusinstrumente des Jazz mit der Stimme imitiert.
In der Popmusik finden sich ebenfalls Texte, die mit scheinbar unsinnigen Wort- oder Lautfolgen rhythmische und musikalische Effekte erzeugen. *Who put the bomp?*[9] (1961) von Barry Mann und Gerry Goffin erreicht das mit Witz und Spielfreude und läßt einen Teil der Faszination des Rock 'n' Roll – Vergnügen und naiven Spaß – aufblitzen:

Who put the bomp
In the bomp-ba bomp-ba bomp?
Who put the ram
In the ram-a-lam a-ding-dong?
Who put the bop
In the bop sh-bop sh-bop?

Who put the dit
In the dit, dit, dit, dit-da?

Who was that man?
I'd like to shake his hand.
He made my baby fall in love
With me.
Yeah!

Strophe, Reim, Vers, Refrain

Songs der Populärmusik besitzen meist einfache, klare Strophen- und Reimformen, die dennoch eine gewisse Vielfalt bieten. Auch wenn Pop-Songs im Vergleich zu der formalen Regelmäßigkeit früherer Balladen häufig unregelmäßig und unbeständig in bezug auf die Verwendung von Reim, Strophe und Metrum sind[10], verlassen sich ihre Autoren doch oft auf einige, gleichwohl recht lose eingehaltene Standardformen. Beliebt sind die Balladenstrophe und andere Vierzeiler, weiterhin Reimpaare (couplets), ja es finden sich im Gewand von Pop-Songs sogar Verse, die der äußeren Form nach Limericks ähneln:

Finally made the plane into Paris,
honeymooning down by the Seine.
Peter Brown called to say, you can make it O. K.,
You can get married in Gibraltar near Spain.[11]

Song-Verfasser haben sich für ihre Zwecke einer Vielzahl von Strophenformen bedient, mit fünf (*I saw her standing there*), sechs (*It's all over now, Baby Blue*), sieben (*Gates of Eden*), neun (*Like a Rolling Stone*), elf (*Homeward Bound*) oder gar zwölf Zeilen (*Desolation Row*).
Paarreime sind das am meisten gebrauchte Reimschema, danach folgen Kreuz- und umschließende Reime; sehr oft sind die Reime unrein oder unvollständig (z. B. *mom-done-sung*). Daneben sind zahlreiche Songs in ungereimten Versen und unregelmäßigen freieren Strophenformen gehalten:

Smashing into neon streets in
Their stonedness
Smearing their eyes on the
Crazy coloured goddess
Listening to the sounds of
Mingus mellow fantastic;
»My, my«, they sigh.

Diese Zeilen aus Donovans *Sunny Goodge Street* (1965)[12] demonstrieren auch die verbreitete Anwendung poetischer Stilmittel wie Alliteration, Assonanz und Binnenreim. In *Sunny Goodge Street* tragen Alliterationen und Binnenreime dazu bei, verschiedene Stimmungen einer Rauscherfahrung – Hektik, Verwirrung (smashing/streets/stonedness/ smearing/crazy/coloured etc.) und träumerische Ruhe (listening/ sounds/Mingus mellow fantastic/my, my/sigh) – zu kreieren. In Dylans *Like a Rolling Stone* steigern die kurz aufeinanderfolgenden Binnenreime und Alliterationen die rhythmische Akzentuierung und verstärken den schneidenden, beinahe inquisitorischen und gehässigen Ton:

Once upon a time you dressed so fine,
You threw the bums a dime in your prime, didn't you?
People'd call, say, ›Beware doll, you're bound to fall‹ . . .

You've gone to the finest school all right, Miss Lonely
But you know only used to get juiced in it . . .

Princess in the steeple and all the pretty people
They're drinkin', thinkin' that they got it made . . .

Und – wie schon mehrmals angedeutet – werden Alliterationen, Binnenreime und Assonanzen hin und wieder nur zum Selbstzweck oder zur ausschließlichen Erzeugung von Klang und Rhythmus benutzt. John Lennons Musterbeispiel dafür ist *I am the walrus*:

Expert texpert choking smokers
don't you think the joker laughs at you? Ha ha ha!
See how they smile like pigs in a sty,
See how they snied. I'm crying.

Ein gebräuchliches Strophenschema haben Blues entwickelt; die erste Zeile, die meist eine Situation oder ein Gefühl schildert, wird wiederholt und somit verstärkt, während die letzte, die dritte Zeile oft eine Antwort und Erklärung der ersten beinhaltet:

I been walking all day and all night too
I been walking all day and all night too
'Cause my meal-ticket woman have quit me and I can't find no work to do.[13]

Blues stellen in komprimierter Form Erlebtes dar, nennen Probleme und Frustrationsursachen: »Ein guter Bluestext ist eine typische Anekdote, der Kern eines Problems, das Aussprechen eines Unbehagens.«[14] Viele Blues versuchen, in einer Art dramatisiertem Ruf-Antwort-Spiel problemüberwindende Auflösungen zu finden; dabei kann die dritte Zeile die Funktion einer Reaktion und Schlußfolgerung übernehmen:

And the blues grabbed mama's child and tore it all upside down
Blues grabbed mama's child and they tore me all upside down
Travel on, poor Bob, just can't turn you 'round![15]

Dieses meist mit einem 12-taktigen Ablauf verbundene Schema findet sich keineswegs bei allen Blues, oft wird es jedoch irrtümlicherweise mit dem Blues identifiziert, obwohl es Bluesstrophen mit unterschiedlichster Zeilenanzahl (z. B. 4, 6 oder 8) gibt.
Ein grundlegendes Prinzip für den Aufbau vieler Pop-, C+W- und Folk-Songs ist der Wechsel von erzählendem Vers und wiederkehrendem Refrain oder Chorus. Oft setzt sich der Chorus vom Vers ab – in Melodie, Strophenform, Inhalt oder sogar im Rhythmus, wie in *Lucy in the sky with diamonds* (siehe oben) oder in Dylans *It's alright, Ma*:

Vers: Temptation's page flies out the door
You follow, find yourself at war . . .

Chorus: So don't fear if you hear
A foreign sound to your ear
It's alright, Ma, I'm only sighing.

Auch im Wechsel Vers-Chorus korrespondieren Musik und Text; der Chorus ist auf eine auffällige einprägsame Hauptmelodie gelegt, während der Text in kurzen Phrasen Thema, Absicht und/oder Aussage des Songs zusammenfaßt – hier zwei Beispiele der Rolling Stones:

Hey you
Get off of my cloud (3×)
Don't hang around
Cause two's a crowd on my cloud

und:

I can't get no satisfaction (2×)
Cause I try and I try and I try and I try
I can't get no – no no no

In *Like a Rolling Stone* läßt Bob Dylan die im Vers ausgeführte Gegenüberstellung zweier Wertsysteme – das des amerikanischen Bürgertums und das jugendlicher Außenseiter, der *drop-outs* – in den prägnanten aufrüttelnden Fragen des Refrains gipfeln:

How does it feel
How does it feel
To be on your own
With no direction home
Like a complete unknown
Like a rolling stone?

Gelegentlich stehen zwischen Vers und Refrain/Chorus überleitende Teile (manchmal »bridge« genannt) und Phrasen oder Ausrufe wie »hey«, »I say«, »Oh Lord«, »man«, »can you hear me« usw.; solche aus afro-amerikanischer Musiktradition stammende Rufe können Vers und Refrain verbinden, die Bedeutung bestimmter Text- und Musikteile verstärken, Erregung und Aufmerksamkeit steigern und die Interaktion zwischen Sänger und Publikum intensivieren.

Sprache

Ein Hauptkennzeichen populärer Musik ist die enge gegenseitige Beziehung von Produzent und Publikum; selbst wenn diese seit der Verbreitung und kommerziellen Verwertung populärer Musik durch die Massenmedien einseitiger geworden ist, bezieht auch die Populärmusik unserer Tage ihre wichtigsten Impulse, Ideen, Inhalte – und Musiker – aus Strömungen und Gruppierungen innerhalb des Publikums. In den vergangenen zwanzig Jahren hat sich mit der Ausweitung des Genres – und des ökonomischen Faktors – »Populärmusik« eine Vielfalt von Ausdrucksmöglichkeiten eingestellt; verallgemeinernd trifft aber zu, daß sich Populärmusik-Autoren der Sprache der jeweiligen Umwelt, aus der sie kommen, in der sie stehen, für die sie schreiben, bedienen. Das galt für Straßenballaden wie für Folk-Songs, Music-Hall, Country-Songs oder Blues, das gilt ebenso für Rock'n'Roll-, Soul- oder Pop-Songs – sie alle enthalten in großem Umfang »populäre« Sprache, Umgangssprache, Slang und Dialekt. In einer bekannten schottischen Ballade finden wir den Refrain:

And we'll gang nae mair a roving
Let the moon shine ne'er so bright[16],

in einem Music-Hall-Song den Ausdruck »that's all tommy rot«[17], in einem afro-amerikanischen Song die Zeilen:

Tell him Ize flyin' . . .
I'm gonna bust right, bust right past that shooter.[18]

Amerikanische Pop-Songs aus der Ragtime-Periode um 1910 enthielten Slang-Worte wie »dolls«, »babes«, »OKs« oder »wisenheimers«, und in den dreißiger Jahren tauchten Begriffe wie »chicks«, »cats«, »reefer« (in den sechziger Jahren »joint« genannt) oder »hep« auf.[19]
Die Anfang der fünfziger Jahre aus afro-amerikanischer Kultur hervorgegangene Rockmusik war auf das jugendliche Publikum ausgerichtet und bediente sich der entsprechenden Sprache. Little Richards *Rip It Up* vereint schwarz-amerikanischen und »jugendlich-temperamentvollen« Slang:

Gonna rock it up, gonna rip it up,
Gonna shake it up, gonna ball it up,
Gonna rock it up, and ball tonight.

Chuck Berrys *Mabellene* kommt dem Jargon amerikanischer Automobil-Werbung in der Beschreibung einer Verfolgungsjagd auf der Landstraße sehr nahe; interessant, die großspurige Verwendung von »to motivate«, die allerdings die ursprüngliche lateinische Bedeutung aufgreift:

As I was motivatin' over the hill,
I saw Mabellene in a Coup de Ville,
A Cadillac a-rollin' on the open road
Nothin' will outrun my V.8 Ford.
The Cadillac goin' 'bout ninety-five,
She's bumper to bumper, rollin' side by side.

Wie bewußt einige Autoren jugendlichen Slang in ihren Songs unterbrachten, demonstriert die Komik der folgenden Szene aus Leiber/Stollers *Yakety Yak*, in der ein Vater seine Autorität mit der Ausdrucksweise des Sohnes unterstreicht:

Don't you give me no dirty looks,
Your father's hip, he knows what cooks.
Just tell your hoodlum friend outside,
You ain't got time to take a ride.
Yakety Yak.
Don't talk back.

Slang und Jargon machen schnelle und zahlreiche Wandlungen durch; zehn Jahre später tauchen andere Phrasen wie »groovy«, »it's a gas« oder »what a drag« auf. In *Honky Tonk Women* (1969) – der Titel selbst ist Slang – benutzen Jagger/Richard den Slang-Ausdruck »to blow one's mind« zu einem ironisch-anrüchigen Wortspiel:

I laid a divorcee in New York City
I had to pull out some kind of a fight
the lady there she covered me in roses
she blew my nose and then she blew my mind.

Mit der wachsenden Popularität von Drogen unter Jugendlichen und dem offeneren Bekenntnis von Popmusikern zum Drogengenuß nahm in den sechziger Jahren auch die Verwendung des entsprechenden Jargons in Pop-Songs[20] zu; beispielsweise bei den Beatles: »I want to get high«, »I'd love to turn you on«, »I need a fix cause I'm going down«, »trying to make a dovetail joint«. Bei den Rolling Stones: »Coke and sympathy«, »trippy«, »all my friends are junkies«, »'y 'all got cocaine eyes, yeah you got speed freak jive«, »with a needle and a spoon« – oder bei Lou Reed: »spike«, »mainer«, »mainline«, »pusher«, »shot«, etc.
Wie wir hieran sehen, sind ein wichtiges Kennzeichen für Slang und Jargon die Bedeutungsveränderungen und -erweiterungen, Metaphern und Bilder, die nur »Eingeweihten« verständlich sind.
Jede sprachliche Mitteilung – und sei sie noch so »nüchtern« und berichtend – enthält Vergleiche, Bezüge und Bilder, nur sind diese meist in den alltäglichen Sprachgebrauch übergegangen. Die Sprache der Pop-Songs beschränkt sich nicht auf direkt berichtende Aussagen und allgemein gebräuchliche umgangssprachliche Wendungen, sie ist vielmehr voll von bildhafter und symbolischer Ausdrucksweise, die den »normalen« Sprachgebrauch bewußt übersteigt.
In Joni Mitchells *I had a king in a tenement castle* ist die Darstellung des Liebhabers als König eine Standardmetapher; erweitert wird diese Metapher durch die Verbindung der gegensätzlichen Begriffe »tenement« (Mietshaus) und »castle« (Schloß). Die für Metaphern und Bilder typische Kombination kontrastierender Bestandteile findet sich in den verschiedensten Variationen, beispielsweise in Lennons »looking glass ties«, Bob Linds »canyons of your mind« oder Paul Simons »beneath the halo of a street lamp«.
Die Vergleiche, Bilder, Metaphern und Symbole werden aus allen Bereichen herangezogen; in *Desolation Row* spielt Dylan unter anderem auf die Bibel, die Geschichte des Films und der Literatur, die Seefahrt und die amerikanische Gewerkschaftsbewegung an:

[. . .]
The fortunetelling lady
has even taken all her things inside
All except for Cain and Abel
And the hunchback of Notre Dame [. . .]

And the Good Samaritan, he's dressing
He's getting ready for the show [. . .]

Praise be to Nero's Neptune
The Titanic sails at dawn
And everybody's shouting
›Which Side Are You On?‹
And Ezra Pound and T. S. Eliot
Fighting in the captain's tower [. . .]

In *White Rabbit* (1967) benutzt Grace Slick Figuren und Vorgänge aus Lewis Carrolls *Alice in Wonderland* als Allegorie für ein Drogenerlebnis:

One pill makes you larger
And one pill makes you small.
And the ones that mother gives you
Don't do anything at all.
Go ask Alice
When she's ten feet tall . . .

When logic and proportion
Have fallen sloppy dead,
And the White Knight is talking backwards
And the Red Queen's lost her head
Remember what the Dormouse said:
»Feed your head.
Feed your head.
Feed your head.«

In *Along Comes Mary* (1965 aufgenommen von der Association) symbolisiert das Mädchen (chick) Mary eine Art Muse und Inspiration für einen einsamen zweifelnden Dichter:

Everytime I think that I'm the only one who's lonely
Someone calls on me
And every now and then I spend my time at rhyme and verse
And curse the faults in me
But then, along comes Mary
And does she wanna give me kicks
And be my steady chick and give me
Pick of memories?
Or maybe rather gather tales
From all the fails and tribulations
No one ever sees?

In der zweiten Strophe wird dann deutlicher, daß sich hinter dem symbolischen Kürzel »Mary« Marihuana als augenöffnende Inspiration versteckt:

Then along comes Mary
And does she wanna set them free
And make them see the realities in which
She got her name?
And will they struggle much when told that such
A tender touch of hers will make them
Not the same?

Häufige Quelle für Vergleiche, Bilder und Metaphern ist die Natur; das galt natürlich besonders für ältere Volksdichtung vornehmlich agrarischer Gesellschaften, wie im folgenden ägyptischen Liebeslied aus dem 13. Jahrhundert vor Christus:

My love is a lotus blossom,
Her breast is a pomegranate . . .
Her forehead is a snare of meyru-wood,
And I am the wild bird
Tempted by the toothsome trap.[21]

Das galt aber auch noch für Pop-Songs des 20. Jahrhunderts nach Christus, wie in Bob Linds

Across my dream, with nets of wonder
I chase the bright elusive butterfly of love

oder in Spector/Leibers

There is a rose in Spanish Harlem . . .
It's growing in the street
Right up through the concrete
But soft and sweet and dreaming.

Joni Mitchells Bild der ungebundenen sorgenfreien Möwe erinnert an ähnliche Vergleiche und Bilder aus der alten Volksdichtung:[22]

Fly, silly sea birds; no dreams can possess you;
No voices can blame you for the sun on your wings.
My gentle relations have names they must call me
For loving the freedom of all flying things.
My dreams with the seagulls fly out of reach,
Out of cry.

Die Bildsprache populärer Songs spiegelt in zahlreichen Fällen die unmittelbare Umgebung; das Tanzlied *Get along home, Cindy*[23] aus dem ländlichen Süden der USA beschreibt die Vorzüge eines hübschen Mädchens mit dem entsprechenden Vergleich:

She's so sweet the honey-bees
Swarm around her mouth

Auch die oben zitierte Metapher der aus dem Beton der Stadt sprießenden Rose nimmt auf die Umwelterfahrung Bezug; ebenso aus dem täglichen Leben genommene Bilder wie Willie Dixons »a little spoon of your precious love«.

In *Summer in the City* macht John Sebastian seine Eindrücke der Großstadt mit überaus plastischen und greifbaren Vergleichen sichtbar:

People lookin' half-dead,
Walkin' on the sidewalk hotter than a matchhead.

Ein erschöpftes Keuchen verbildlicht Sebastian durch den Vergleich mit einer Bushaltestelle:

wheezin' like a bus stop

– ein origineller und gar nicht abwegiger Einfall, wenn man an das An- und Abfahren der Busse und das Öffnen und Schließen der Türen denkt.

Die Metapher der Doors *She's a twentieth century fox* (1966) trifft genau die erotische, aber berechnende modisch-künstliche Ausstrahlung eines ›Mädchen von heute‹, einer *queen of cool*, zudem schafft die Anspielung auf die amerikanische Filmgesellschaft gleichen Namens einen die Thematik des Songs ergänzenden Bezug zur Show-Business-Welt Hollywoods.

Gerade bei der bildhaften Darstellung erotischer und sexueller Erlebnisse oder Wünsche besitzen Songs der Populärmusik von Straßenballaden bis zu Pop-Songs, vor allem aber Blues, frische, phantasievolle und oft aus dem täglichen Sprach- und Erfahrungsbereich gewonnene Metaphern, Bilder und Vergleiche.

Da finden sich Songs von den ›Merry Hay-Makers‹, der ›Widow that Keeps the Cock Inn‹, dem ›little black thing‹, von ›tinkers‹, ›hunters‹, ›ploughmen‹, ›jolly drivers‹, ›sweet rolls‹, ›root doctors‹, ›dentists‹, von der ›parachute woman‹, der ›black snake‹, der ›kingbee‹, dem ›honey dripper‹ und dem ›back door man‹.[24]

Gelegentlich werden Wortspiele – ›puns‹ –, wie das oben angesprochene ›twentieth century fox‹ eingebaut: leicht-fröhliche wie Lennon/McCartneys ›It won't be long, till I belong to you‹ oder ›tiefsinnige‹ wie das von Keith Reid für Procol Harum verfaßte:

And sun and moon will shudder
And the signposts cease to sign.

Die Kombination unterschiedlicher Sprachbereiche ist ein auch in der Populärmusik vertrautes Stilmittel, vorzugsweise um komische und satirische Effekte zu erzielen.[25] Der folgende Music-Hall-Song wechselt von umschreibenden ›gehobenen‹ Floskeln zum deutlichen Slang:

He told me my society was superfluous,
That my presence I might well eradicate.
From his baronial mansion he bade me exit,
And said I might expeditiously migrate –
In other words, »Buzz off!«[26]

In *The Village Green Preservation Society*, einem Song über eine imaginäre Vereinigung zur Erhaltung ›alter‹ Werte und Bräuche, koppelt Ray Davies ›Einrichtungen‹ des englischen Lebens wie ›Draught Beer‹, ›Custard Pie‹, ›Village Green‹, aber auch solche amerikanischen Ursprungs wie die Comic-Strip- und Zeichentrickhelden ›Donald Duck‹ und ›Desperate Dan‹ mit ›offizieller‹ Sprache wie ›God save . . .‹, ›Consortium‹, ›Affinity‹, ›Affiliates‹ und ›Preservation Society‹:

We are the Village Green Preservation Society,
God save Donald Duck, Farmer Bill und Variety,
We are the Desperate Dans Appreciation Society,
God save strawberry jam and all the different varieties.

Bob Dylan karikiert in *Highway 61 Revisited* eine Begebenheit aus dem Alten Testament, indem er die Unterhaltung zwischen Gott und Abraham im Slang stattfinden läßt und den Ort der von Gott verlangten Opferung auf die *Highway 61* – in Dylans verrückt-ironischem Song ein Treffpunkt von Verfolgten, Spielern und Außenseitern – legt:

Oh God said to Abraham, ›Kill me a son‹
Abe says, ›Man, you must be puttin' me on‹
God say, ›No.‹ Abe say, ›What?‹
God say, ›You can do what you want Abe, but
The next time you see me comin' you better run‹
Well Abe says, ›Where do you want this killin' done?‹
God says, ›Out on Highway 61.‹

Bei jeglicher Lektüre von Pop-Song-Texten muß die Möglichkeit in Betracht gezogen werden, daß die Aussage der Texte durch die Art des Vortrags verändert – dramatisiert oder ironisiert – werden kann; viele Texte erhalten erst dadurch ihre volle Bedeutung. John Lennon hat diesen Punkt in einem Interview angesprochen: ». . . bei verschiedenen Aufnahmen verändert schon der Tonfall die Bedeutung des Textes und deswegen können wir erst nachher wirklich erkennen, was wir da haben. Erst dann bekommt er seine Bedeutung.«[27]

Song-Typen

An dieser Stelle möchte ich anhand einiger Beispiele zwei Typen von Pop-Songs vorführen, an denen unterschiedliche Erzählweisen, Standpunkte und Intentionen sichtbar werden. Diese beiden Typen erfassen natürlich bei weitem nicht sämtliche Erscheinungsformen und Varianten, in denen Pop-Songs auftreten; im ersten wird von einer außenstehenden, berichtenden Position aus erzählt, analysiert oder kritisiert, im zweiten geht es mehr um rein persönliche Gedanken, Probleme und Eindrücke.

Songs, die porträtieren und Geschichten erzählen

Here is a story about a sinner
He used to be a winner who enjoyed a life of prominence
and position

So beginnt *Alcohol* (1971) von Ray Davies, und schon die ersten beiden Zeilen machen die Absicht des Songs deutlich: es soll eine Geschichte erzählt werden, und zwar eine »moralisierende« Geschichte über den Abstieg eines erfolgreichen Mannes zum »Sünder«. Die Art der Anrede und Eröffnung (*Here is a story*) ist eine Konvention der Folk-Song- und *ballad*-Tradition; beispielsweise fängt eine *street ballad* aus dem neunzehnten Jahrhundert – *The Snob and the Bottle* –, in der es ebenfalls um Trunksucht geht, so an:

Good people, attend to my song
And listen to something that's witty[28]

Die erste Strophe von *Alcohol* erzählt den Fall des angesehenen Bürgers »who enjoyed a life of prominence and position« zum mittellosen Alkoholiker, der bei der Heilsarmee Zuflucht suchen muß: soziale Gründe haben ihn zum Alkohol greifen lassen, »pressures at the office«, »his socialite engagements, and his selfish wife's fanatical ambition«. Er gerät in die Abhängigkeit eines »Flittchens« (floosie)[29] und weicht vom geraden Weg einer »ordentlichen« bürgerlichen Existenz ab:

Ans she led him to a life of indecision
The floosie made him spend his dole

Er verbraucht seine Ersparnisse (»dole« hier als das Geld, das er für seinen Lebensabend gespart hat) für sie und wird anschließend von ihr fallengelassen:

She left him lying on Skid Row
A drunken lag in some Salvation Army Mission

»Skid Row« kommt aus dem amerikanischen Slang und bezeichnet »any old, dilapidated street or section of a town [. . .] where the permanently unemployed, vagrants, beggars, petty criminals, derelicts, degenerates, and, mainly, unemployed alcoholics hang out«.[30] »Drunken lag« bedeutet soviel wie »straffälliger Säufer«. Der Refrain unterbricht die Form der berichtenden Erzählung, er stellt eine Art Klage aus dem Mund des »Helden« der Geschichte dar. Er beschwört den Alkohol als »demon« und erkennt seine Abhängigkeit, kann aber noch über seinen gesellschaftlichen Abstieg reflektieren:

Who thought I would say,
Damn it all and blow it all . . .
Who thought I would fall a slave to demon alcohol

Das Bild vom Sklaven verstärkt den tragisch-komischen Charakter von *Alcohol*; der realistische Hintergrund wird in der Geschichte mit komischem Effekt melodramatisch übersteigert, gipfelnd im »bathos« der Selbstanklage des Refrains.
Die zweite Strophe führt die Geschichte fort: der Held konsumiert jede Art von alkoholischen Getränken, »as long as all his troubles disappeared«. Er ruiniert seine Ehe und zerstört seine bürgerliche Existenz, sogar das »Flittchen« hat ihn verlassen und ein neues Opfer gefunden:

But he messed up his life and he beat up his wife,
And the floosie's gone and found another sucker

»Sucker« bedeutet im Slang etwa soviel wie unreife, unerfahrene Person, »greenhorn«.
Hodgart hatte eine *ballad* allgemein definiert als »ein Lied, welches das Leben kommentiert indem es eine Geschichte volkstümlich erzählt«.[31]
Die Kriterien dieser Definition treffen auch auf *Alcohol* zu. Hier besteht der popular style unter anderem in der Form des Pop-Song, in der an Vaudeville oder Music-Hall erinnernden Melodie und in der Sprache. Ein großer Teil der Worte und Ausdrücke sind der Umgangssprache oder dem Slang entnommen: »booze«, »got mixed up with a floosie«, »spend his dole«, »lying on Skid Row«, »drunken lag«, »damn it all and blow it all«, »sucker«, »leave him in the gutter«.
Auch das Thema der Geschichte – die Ursachen und Auswirkungen der

Trunksucht – ist ›populär‹ und aus der Tradition der *popular music* vertraut; hier in dem schon oben zitierten Beispiel aus dem 19. Jahrhundert:

> An old sack for an apron he wears,
> And his nose is big as a pottle,
> Last night he fell over the stairs,
> Singing joy and success to the bottle.[32]

Alcohol könnte die Zusammenfassung eines Spielfilms oder Theaterstücks sein. Durch die Komprimierung der Handlung auf zwei Strophen, durch die direkte, sarkastische Sprache und den scheinbar moralisierenden Grundton (»sinner«, »it's such a shame«, »oh demon alcohol«) macht Davies *Alcohol* zu einem *commedy song*, in dem Ideale und Schwächen bürgerlichen Lebens – wie gesellschaftlicher und beruflicher Ehrgeiz, »Ehre und Moral«, Ausflucht im Trinken – karikiert werden. Auch könnte *Alcohol* eine Art Parodie auf Lieder des »Temperance Movement« – einer Bewegung im 19. und 20. Jahrhundert, die Abstinenz und Mäßigung im Alkoholgenuß besonders in den unteren Schichten propagierte – sein; hier ein Beispiel aus dem 19. Jahrhundert:

> Some men when they're married are spending their lives
> In drinking and gaming and beating their wives;
> But when that the day of their bloom it is past,
> It only brings sorrow and shame at last . . .
>
> Strong ale at the first it was sent for our good,
> To strengthen our bodies and nourish our blood;
> But drink to excess, why it must be confessed,
> It oftentimes makes a man worse than a beast.[33]

Ray Davies hat zahlreiche Story-Songs geschrieben, jedoch nicht alle werden von einem »objektiven« Standpunkt in der dritten Person erzählt; in *Lola* zum Beispiel ist der Erzähler eine der beiden Hauptfiguren der Geschichte. Randy Newman, einer der führenden »Geschichtenerzähler« und Portraitisten im Feld der amerikanischen Popmusik, sieht sich als außenstehender Beobachter, dessen Funktion denen eines Romanschriftstellers oder Filmregisseurs entspricht: »Ich schreibe über andere Charaktere als mich selbst, und ich glaube, daß sich mein eigenes Wesen darin widerspiegelt. Ich mache indirekt persönliche Aussagen . . . Ich sehe nicht ein, warum ein Songschreiber nicht die gleiche Freiheit haben soll wie ein Romanschriftsteller, ein bildender Künstler oder wie ein Filmemacher. Ich verstehe nicht, warum sich die meisten Songschreiber auf sich selbst und ihre unmittelbaren Wahrnehmungen konzentrieren. Das ist so einengend. Du mußt aus dir herauskommen, dich loslösen und Situationen und Charaktere beobachten . . . Einige Leute haben diesen Tick und sagen dumme Dinge wie ›meine Songs sind mein Leben‹. Meine Songs sind die Art, wie ich Dinge sehe – mit einigem Abstand.«[34]

Songs, die Persönliches aussprechen

Einen gegensätzlichen Standpunkt, nämlich den eines selbstbezogenen Chronisten, der rein persönliche Gedanken und Gefühle ausdrückt, hat John Lennon vertreten: »Ich habe immer über mich geschrieben, wenn ich konnte. Es hat mir nie Spaß gemacht, Songs in der dritten Person über Leute in Wohnsilos und solche Sachen zu schreiben. Ich mag Musik in der ersten Person . . . Meine besten Songs waren die, die ich wirklich aus eigener Erfahrung geschrieben habe, wo ich mich nicht in irgendeine Situation hineinprojiziert und eine nette Geschichte darüber geschrieben habe – das fand ich immer unecht.«[35]
I'm only sleeping ist ein für Lennon typischer »first person song«, in dem der Zustand morgendlicher Müdigkeit aus der Sicht des Erwachenden geschildert wird:

When I wake up early in the morning,
Lift my head, I'm still yawning.
When I'm in the middle of a dream,
Stay in bed, float up stream.

Jeder Versuch der Einmischung in diesen Zustand von außen wird fast flehentlich abgewehrt:

Please don't wake me,
No, don't shake me,
Leave me where I am, I'm only sleeping.

Doch in den Gedanken ist die Außenwelt gegenwärtig – in ihren Reaktionen und in der naiv-subjektiven Beurteilung des Autors:

Everybody seems to think I'm lazy,
I don't mind I think they're crazy
Running everywhere at such a speed,
Till they find there's no need.

I'm so tired ist ein im Thema verwandter Song, doch geht es darin um die Unfähigkeit, innere Ruhe und Schlaf zu finden:

I'm so tired, I haven't slept a wink,
I'm so tired, my mind is on the blink.

Mit »my mind is on the blink« will Lennon wohl das unstete Auf und Ab seines Gemützustandes verbildlichen. Anlaß seiner Unrast sind private Sorgen, der Gedanke an eine Person:

I'm so tired, my mind is set on you

Diese Person könnte die innere Unruhe, die Erschöpfung und Schlaflosigkeit zur Folge hat, beenden:

You know I can't sleep, I can't stop my brain
You know it's three weeks, I'm going insane
You know I'd give you everything I've got
For a little peace of mind.

In der verzweifelten Lage hilft es, sich mit einer Zigarette auf andere Gedanken zu bringen und sich gleichzeitig an ihr abzureagieren:

Im so tired, I'm feeling so upset
Although I'm so tired I'll have another cigarette
And curse Sir Walter Raleigh
He was such a stupid get.

In »I'm so tired« finden sich wiederum kein Handlungsfaden und keine Charakterbeschreibung; der Song protokolliert persönliche Äußerungen, Reaktionen und Gefühle in einem körperlich und seelisch angespannten Zustand.

6. Inhalt und Gestaltung anglo-amerikanischer Populärmusiktexte

Bei der Vielzahl von Themen und Bezügen, die in den Texten populärer Musik angesprochen werden, ist es unmöglich, einen einigermaßen vollständigen Überblick zu geben. Es gibt vermutlich kaum einen Bereich menschlichen Lebens und menschlicher Erfahrung, der nicht in irgendeinem Song erwähnt worden wäre. Eine Reihe dieser Themen – und die Art ihrer Präsentation im Gewand populärer Songs – werde ich in den folgenden Abschnitten untersuchen. Die Interpretationen verfahren nicht unbedingt einheitlich und bedienen sich verschiedener Mittel – u. a. werden Vergleiche zur Behandlung verwandter Themen in anderen Formen der Populärmusik, in Literatur, Journalismus, Film etc. gezogen, Songs vor ihrem zeitgeschichtlichen Hintergrund betrachtet, ihre sprachlichen Ausdrucksmittel und deren Herkunft, Originalität und Bedeutung erläutert.

Erlebnisse und Wünsche: Liebe und Sex

Seit dem Mittelalter handelt der größte Teil der Populärmusiktexte von den Beziehungen der Geschlechter – in Liebesliedern, direkten und verschlüsselten Werbungen, Klagen, sexuellen Anspielungen und Obszönitäten.

Liebesbedürfnis, Werbung, Erfüllung, Glück

Rock-Songs waren bis weit in die sechziger Jahre vornehmlich auf das weiße Teenager-Publikum gezielt (die Ausrichtung auf diese Altersgruppe hat sich auch bis heute gehalten); Liebeslieder schilderten einfache naive Beziehungen, Gefühle zwischen Kummer und jauchzender Freude. Songs wie *Be-Bop-A-Lula*, *She's my baby*, *I saw her standing there*, *Misery*, *She loves you* oder *I don't want to spoil the party* spielen in Teenager-Situationen. Die beschriebenen Liebesbeziehungen halten sich an bürgerliche Moralbegriffe, Sex bleibt ausgespart oder wird höchstens angedeutet. Lennon/McCartneys *A hard day's night* (1964) entspricht dem traditionellen Bild des Mann-Frau-Verhältnisses, in dem der Mann das Geld verdient und nach getaner Arbeit zu Hause von der Frau »belohnt« wird:

> You know I work all day,
> To get you money to buy you things,

And it's worth it just to hear you say
You're gonna give me everything . . .
When I'm home ev'rything seems to be right,
When I'm home feeling you holding me tight, tight, yeah.

Das Fehlen der hier erzielten (wenn auch gewissermaßen erkauften) Befriedigung ist das Thema eines der frühesten Beatles-Songs; das Wortspiel des Titels *Please Please Me* überschreibt die Probleme einer nicht intakten, ungleichen Beziehung:

Last night I said these words to my girl,
I know you never even try, girl,
come on, come on, come on, come on,
please please me, oh yeah, like I please you.

»Preislieder« auf liebende oder geliebte Partner stellten – und stellen – den größten Anteil von Pop-Liebesliedern; oft wird die Verehrung in Bilder gekleidet wie die Rose in *Spanish Harlem*« with eyes as black as coal«. Die Fortführung der Blumenmetapher offenbart den Besitzanspruch des Verliebten:

I'm going to pick that rose
and watch her as she grows
in my garden.

Gerade die letzten Zeilen erlauben Assoziationen zur Bildsprache elisabethanischer Folk-Songs. Im Garten des folgenden Beispiels wird Thymian als Bild der Jungfräulichkeit gepflegt und gestohlen:

In my garden grew plenty of thyme,
I would flourish by night and by day;
    O'er the wall came a lad,
    He took all that I had,
  And stole my thyme away.[1]

Von der Mitte der sechziger Jahre an begann sich bei zahlreichen Pop-Song-Autoren ein stärkeres Bewußtsein von der Kraft der Sprache bei der Darstellung von Liebeserfahrungen auszubilden. Abseits von der bescheidenden Einfachheit und Oberflächlichkeit der »boy-meets-girl«-Geschichten ließen sie ihren Empfindungen in sinnlichen, beinahe lyrischen Tönen freien Lauf. In *Julia* (1968) umgibt der doch als zynisch und scharfzüngig geltende John Lennon seine Geliebte mit träumerischen, aus der See- und Küstenwelt genommenen Attributen: »oceanchild«, »seashell eyes, windy smile«, »morning moon«, »sleeping sand, silent cloud«.

In einer gedanklich schwer faßbaren, vage vorstellbaren Metapher paart er ihre glänzenden Haare mit dem ›schwebenden Himmel‹:

Her hair of floating sky is shimmering,
glimmering,
in the sun.

Lennon betont, daß die aus seiner persönlichen Vorstellung stammenden Bilder für andere wenig Bedeutung besitzen und als Botschaft an die Geliebte dienen sollen:

Half of what I say is meaningless
But I say it just to reach you, Julia . . .
. . . So I sing a song of love for Julia.

Der lyrische Gesamtton ergibt sich möglicherweise auch daraus, daß der Song die Erinnerungen an Lennons Mutter heraufbeschwört.
Van Morrisons *Brown Eyed Girl* (1967) erinnert an die ungestüme, urtümliche Glückserfahrung einer Liebesbeziehung:

Hey, where did we go days when the rain came,
Down in the hollow playin' a new game,
Laughing and a-running, hey, hey,
skipping and a-jumping
In the misty morning fog
With our hearts a-thumping
And you my brown eyed girl . . .

Das Mädchen in Morrisons *Sweet Thing* (1968) bewirkt ähnlich paradiesische Freudengefühle:

And I will stroll the merry way and jump the hedges first,
and I will drink the clear, clean water for to quench my thirst
and I shall watch the ferry boats and they'll get high,
on a bluer ocean against tomorrow's sky,
and I will walk and talk in gardens all wet with rain,
and I will never grow so old again.

Die Liebe erzeugt eine intensive Erfahrung der Elemente (clear clean water, bluer ocean, tomorrows sky) und ein reinigendes (wet with rain), verjüngendes (never grow so old again) Paradieserlebnis.
Morrisons romantische Liebesauffassung wird in *Warm Love* (1973) unterstrichen, hier setzt er sich von einer gefühlslosen, rein sexuellen Sicht der Liebe ab und versinnbildlicht diese mit dem Flug auf den Flügeln einer Taube (wobei allerdings auch dieses Bild erotische Anspielungen enthält):

. . . it's not a matter of when push comes to shove,
it's just an hour on the wings of a dove,
it's just warm love . . .

Pop-Songs schildern natürlich nicht nur romantische Glückserlebnisse, sondern erfassen die Breite menschlicher Beziehungen und Abhängigkeiten. In *I never loved a man (the way I love you)*, 1966 von Ronnie Shannon für Aretha Franklin geschrieben, »klebt« (stuck like glue) die Erzählerin buchstäblich an ihrem Partner, obwohl der sie betrügt, belügt und schlecht behandelt:

You're a no good heartbreaker, a liar, and a cheat
And I don't know why I let you do these things to me
My friends keep telling me you ain't no good
But, oh, they don't know I'd leave you if I could
I guess I'm uptight and I'm stuck like glue
'Cause I ain't never, never, never, no, no, loved a man the way that I love you.

In ihrer Plattenaufnahme steigert Aretha Franklin die Wiederholung des »never« in der letzten Zeile zum ekstatischen Schreien, bricht ab und haucht das »loved a man« in fast gequältem Ton hinterher. Die Form »no good« ist eine für die Sprache der afro-amerikanischen Unterschicht typische Wertumkehrung; Ausdrücke wie »I'm superbad« (James Brown) oder »bad mother« (kurz für »bad motherfucker«) haben unter Afro-Amerikanern positive Bedeutungen. Ein »no good man« ist eine Art »lady-killer«, jemand, der Frauen verführt (und zufriedenstellt) und sich von ihnen aushalten läßt, der zugleich verwünscht und bewundert wird. Charles Keil hat den Typ eines »no good man« im Wertsystem der afro-amerikanischen Gettobevölkerung beschrieben: »Ganz deutlich unterscheidet sich der Begriff der Männlichkeit in der afro-amerikanischen Unterschicht von der weißen Mittelschichtsdefinition des Mannes als Oberhaupt der Familie, der eine feste Stellung hat und seine Kinder aufs College schickt. An diesem Standard gemessen, ist er ein pathologischer, amoralischer Außenseiter mit großen psychologischen Problemen; aber was ihn und seine Frauen angeht, so gibt er großzügig sein Geld aus, zieht sich gut an und ist hervorragend im Bett. So ist er eben – ein Mann – und so mögen sie ihn, auch wenn er offensichtlich ›no good‹ ist.«[2]
In *My old man* (1971) bebildert Joni Mitchell ihre Abhängigkeit von ihrem »old man« (umgangssprachlich für Mann, Freund) als Liebhaber und Seelenwärmer:

He's my sunshine in the morning
He's my fireworks at the end of the day
He's the warmest chord I ever heard

Die Verbindung funktioniert auch ohne die Legitimation einer Ehe:

We don't need no piece of paper from the city hall
Keeping us tied and true
My old man keeping away my blues.

Doch wenn der Schutz nicht vorhanden ist, kehren die Probleme wieder (personifiziert in: »me and them lonesome blues collide«), die das Alleinsein – eindrucksvoll durch Alltagsbilder verdeutlicht – bringt:

But when he's gone
Me and them lonesome blues collide
The bed's too big
The frying pan's too wide

Joni Mitchell hat es in mehreren Songs glänzend verstanden, Liebesbeziehungen und deren Auswirkungen auf ihre Persönlichkeit in originellen und schlüssigen Bildern sichtbar zu machen. In *All I want* (1971) wirbt sie ihren Liebhaber mit »I want to shampoo you/I want to renew you again and again« und »When I think of your kisses my mind seesaws«. In *A case of you* aus demselben Jahr (der Titel spielt mit den beiden Bedeutungen von »case« – »Fall« und »Kiste«) vergleicht sie die Liebe zum Geliebten mit dem Genuß von Wein:

. . . you are in my blood
You're my holy wine
You taste so bitter and so sweet
Oh I could drink a case of you, darling
And I would still be on my feet

Die beiden letzten Zeilen besagen zweierlei; einmal ihr überquellendes Liebesbedürfnis, zum anderen ein aufrechtes Selbstbewußtsein (I would still be on my feet) – auch nach völliger Hingabe.
In *Blue* (1971) bietet sie einer Person (Blue) ihre Liebe mit Begriffen aus der Seefahrersprache an:

Blue, songs are like tatoos
You know I've been to sea before
Crown and anchor me
Or let me sail away

»Crown and anchor« beziehen sich zusätzlich noch auf ein gleichnamiges Kartenspiel. Der Song spielt vor dem Hintergrund amerikanischer jugendlicher Subkultur, mit deren Erscheinungen (Drogen, Alkohol, Sex) »Blue« fertig werden muß:

Well there so many sinking now
You've got to keep thinking
You can make it thru these waves
Acid, booze, and ass
Needles, guns, and grass
Lots of laughs, lots of laughs

Das Lachen klingt in diesem Zusammenhang eher verzweifelt oder unkontrolliert, wie unter dem Einfluß von Drogen. Mitchell versucht als Ausweg aus dieser »Hölle« (everybody's saying that hell's the hippest way to go«) mit ihrem Lied eine Muschel der Ruhe, der schützenden Liebe für den Geliebten zu sein:

Blue, here is a shell for you
Inside you'll hear a sigh
A foggy lullaby
There is your song from me.

Im ironischen *You turn me on I'm a radio* (1972) verkleidet Joni Mitchell ihre Liebeswerbung in Metaphern des Radios und Rundfunks:

If you're driving into town
With a dark cloud above you
Dial in the number
Who's bound to love you
Oh honey you turn me on
I'm a radio

Der umgangssprachliche Ausdruck »you turn me on« (du regst mich an, reizt mich) wird in Verbindung mit »I'm a radio« zu seinem eigentlichen Ursprung zurückgeführt (andrehen, anmachen). Mitchell erweitert und präzisiert ihre Grundmetapher:

I'm a country station
I'm a little bit corny
I'm a wildwood flower
Waving for you
I'm a broadcasting tower
Waving for you
And I'm sending you out this signal here
I hope you can pick it up loud and clear

Mit »country station« (ein Sender, der nur Country-and-Western-Musik spielt) und »wildwood flower« wird die Persönlichkeit der Werbenden bildhaft erläutert. »Waving for you« spielt mit den verschiedenen Bedeutungen von »to wave« (winken) und »wave« (Welle) und unterstützt mit »sending you out this signal« den Eindruck, daß die Initiative in dieser Affäre von der weiblichen Seite ausgeht, die sich aber keineswegs aufdrängen möchte:

But if you've got too many doubts
If there's no good reception for me
Then tune me out, 'cause honey
Who needs the static
It hurts the head

Wiederum veranschaulichen technische Begriffe (reception, tune me out, static) menschliche Beziehungen. Das letzte Angebot an den Geliebten zur Kontaktaufnahme klingt nach einem Aufruf zur telefonischen Beantwortung eines Radio-Quiz oder zur Teilnahme an einem Wunschkonzert – in jedem Fall unterstreicht das technische Bild »the lines are open« noch einmal die Bereitschaft zur Liebe:

If your head says forget it
But your heart's still smoking
Call me at the station
The lines are open

Die Verwendung von Bildern aus der Rundfunktechnik für ein Liebeslied scheint mich an die Art zu erinnern, mit der die »metaphysical poets« des frühen 17. Jahrhunderts – allen voran John Donne – scheinbar gegensätzliche Dinge oder Situationen in auffälligen Metaphern und Vergleichen verbanden. In einem seiner *Songs and Sonnets* vergleicht Donne beispielsweise die Situation eines getrennten Liebespaares mit den zwei Beinen eines Zirkels, die doch vereint sind; in *The Flea* benutzt er einen Floh, der Blut aus der unwilligen Geliebten und aus ihm gesaugt hat und anschließend von der Geliebten getötet wird, um ihr zu beweisen, daß beider »Blutsvereinigung« im Floh auch nicht schwerer wiegt als eine geschlechtliche Vereinigung.
Dr. Johnson hat die typische Erscheinung des »metaphysical conceit« in seinem *Life of Cowley* so beschrieben: ». . . eine Art widersprüchliche Übereinstimmung, eine Verknüpfung unterschiedlicher Bilder oder die Entdeckung verborgener Ähnlichkeiten in scheinbar verschiedenen Dingen.«[3]
Eine Definition, die auch auf Joni Mitchells *You turn me on I'm a radio* zutreffen könnte.
Ich habe Lennon/McCartneys *In my life* schon angesprochen – eine Huldigung an Erinnerungen und vergangene Zeiten zu dem Zweck, eine neue Liebe als um so größer erscheinen zu lassen:

But of all these friends and lovers,
There is no one compared with you,
And these mem'ries loose their meaning
When I think of love as something new.

Bei aller Hochachtung für das Gestern wird es von der Bedeutung der neuen Liebesbeziehung überstrahlt – ein vollkommener Liebesbeweis:

Though I know I'll never lose affection
For people and things that went before,
I know I'll often stop and think about them,
In my life I'll love you more.

In *The Good-Morrow* hat John Donne ebenfalls ein Liebesverhältnis mit der Vergangenheit verglichen – allerdings in anderer Absicht; in Donnes Gedicht werden frühere Erfahrungen von vornherein abgewertet, um das Außergewöhnliche der neuen Liebe herauszustellen:

I wonder by my troth, what thou, and I
Did, till we lov'd? were we not wean'd till then?
But suck'd on countrey pleasures, childishly?
Or snorted we in the seaven sleepers' den?[4]

In einem seiner schönsten Liebeslieder hat Bob Dylan eine ähnlich außergewöhnliche, weil vollkommene Beziehung dargestellt. Ihre Perfektion drückt sich schon in der Überschrift aus: *Love Minus Zero/No Limit* – eine Liebe, an der es nichts abzuziehen gibt, die keine Grenzen kennt. Die Treue der Geliebten ist selbstverständlich, unangreifbar wie die Elemente:

She doesn't have to say she's faithful,
Yet she's true, like ice, like fire.

Diese Liebe ist nicht mit Versprechungen, Geschenken, materiellen Gesten und »offiziellen« Liebesbeweisen zu kaufen:

People carry roses,
Make promises by the hours,
My love she laughs like the flowers,
Valentines can't buy her.

Dylan malt Bilder der Gefahr (The cloak and dagger dangles) und Unstetigkeit in der Außenwelt (Statues made of match sticks/Crumble into one another), von der die Geliebte nicht berührt wird, weil sie über profanen Vorgängen zu stehen scheint:

My love winks, she does not bother,
She knows too much to argue or to judge!

In der letzten Strophe werden die Bilder der Gefahr und der Unruhe fortgesetzt – sogar mit einer Anspielung auf Kafkas »Landarzt«:

The bridge at midnight trembles,
The country doctor rambles.

Und mit der archaischen Bedrohung durch Wind, Wetter und Nacht:

The wind howls like a hammer,
The night blows cold and rainy

Das Liebesverhältnis bietet Zuflucht vor Gewalt und Chaos der Außenwelt:

My love she's like some raven
At my window with a broken wing.

Dieser merkwürdige Vergleich der Geliebten mit einem verletzten Raben scheint mir jedoch ein fehlendes Gleichgewicht zu offenbaren, da er eine schwächere, abhängige Position der Frau andeutet. Die beiden Zeilen lassen sogar den Schluß zu, daß die einseitige Abhängigkeit der Geliebten ungewollt ist, daß diese sich auch unter dem Schutz der Liebesbeziehung mehr Freiheit ersehnt – wie ein Vogel, der mit gebrochenem Flügel am Fenster sitzt.

Trennung und Schmerz

Populäre Songs beschäftigen sich neben den Sonnenseiten natürlich auch mit den Schattenseiten der Liebe, mit dem Zusammenbruch von Beziehungen, mit Trennung, Kummer, Schmerz und Enttäuschung. Einer der berühmtesten britischen Folk-Songs ist die Klage eines verschmähten Liebhabers, der sich das Glück erkaufen wollte – *Greensleeves*:[5]

Alas, my Love! ye do me wrong
To cast me off discourteously;
And I have loved you so long,
Delighting in your company.

Greensleeves was all my joy,
Greensleeves was my delight;

Greensleeves was my heart of gold,
And who but Lady Greensleeves.

I have been ready at your hand,
To grant whatever you would crave;
I have both waged life and land,
Your love and goodwill for to have [. . .]

I bought thee kerchers to thy head,
That were wrought fine and gallantly;
I kept thee both at board and bed,
Which cost my purse well favouredly . . .

I bought thee petticoats of the best,
The cloth so fine as fine might be;
I gave thee jewels for thy chest,
And all this cost I spent on thee . . .

Wie dieser Folk-Song aus dem 16. Jahrhundert sind die neueren Pop-Songs, die ich für diesen Abschnitt ausgewählt habe, aus einer bestimmten Situation, einem bestimmten Erlebnis heraus geschrieben, gewinnen aber aufgrund ihrer Thematik einen hohen Grad von Allgemeingültigkeit.
Bob Dylans *Don't think twice, it's alright* (1963) beschreibt aus der Sicht des überdrüssig gewordenen Partners das Ende einer Durchschnittsbeziehung, die nicht das ›große Glück‹ gebracht hat:

It ain't no use to sit and wonder why, babe
It don't matter, anyhow
An' it ain't no use to sit and wonder why, babe
If you don't know by now
When your rooster crows at the break of dawn
Look out your window and I'll be gone
You're the reason I'm travlin' on
Don't think twice, it's alright.

Obwohl die Angelegenheit erledigt zu sein scheint, bleibt doch ein Zweifel an der Richtigkeit der Entscheidung bestehen und eine vage Hoffnung, Versäumnisse der Vergangenheit, nämlich fehlende Kommunikation, nachzuholen:

Still I wish there was somethin' you would do or say
To try and make me change my mind and stay
We never did too much talkin' anyway.

Doch am Ende überwiegen der Drang zum Aufbruch, das Desinteresse, emotionale Leere und ein Gefühl der vergeudeten Zeit – Dinge, die einen Abschied auf Nimmerwiedersehn, ohne Bitterkeit, ohne Tränen erleichtern:

. . . Where I'm bound I can't tell
But goodbye's too good a word, gal
So I'll just say fare thee well
I ain't sayin' you treated me unkind
You could have done better but I don't mind
You just kinda wasted my precious time
But don't think twice, it's alright.

Dylans *To Ramona* (1964) schildert ebenfalls eine zerbrechende Beziehung von allerdings weitaus größerer Gefühlstiefe. Das Lied beginnt mit einer zarten Aufforderung voller Zuneigung:

Ramona, come closer,
Shut softly your watery eyes.

Der Erzähler verlangt noch immer nach ihrer Nähe:

Your cracked country lips,
I still wish to kiss,
As to be under the strength of your skin.

Er versucht das Mädchen zu trösten:

The pangs of your sadness
Shall pass as your senses will rise.

Ursache des Kummers, der Schmerzen (pangs), der Tränen ist die Großstadt, mit deren Einflüssen – voll Leben und Gefahr zugleich (breathlike get deathlike) – das Mädchen nicht fertig zu werden scheint:

The flowers of the city
Though breathlike, get deathlike at times.

Die Trennung vom Geliebten und Stadt ist ein vernünftiger Vorschlag, den sie einsehen wird (your senses will rise). Der Geliebte hat erkannt, daß das Mädchen vom Land (country lips) einer Scheinwelt erlegen ist:

But it grieves my heart, love,
To see you tryin' to be a part of
A world that just don't exist.

Es ist verwirrt; in seiner Identität zwischen Heimat und Stadt hin- und hergerissen:

I can see that your head
has been twisted and fed
By worthless foam from the mouth
I can tell you are torn
Between stayin' and returnin'
On back to the South.

Aber der Erzähler fühlt, daß sein Bemühen, sein Appell an die Vernunft vergebens ist, daß er dem Mädchen nicht mehr helfen kann:

I'd forever talk to you,
But soon my words,
They would turn into a meaningless ring.
For deep in my heart
I know there is no help I can bring.

Sein Engagement schwindet, er akzeptiert die Vergänglichkeit und Veränderlichkeit von Menschen und ihren Beziehungen, er wird in seiner Beurteilung und seinem Rat unsicher und traut dem Mädchen selbst die Kraft zur Entscheidung zu – nicht zuletzt, weil er zugesteht, daß auch er eines Tages in ähnlichen Schwierigkeiten stecken könnte und dann weinend bei ihr Rat und Trost suchen würde:

Everthing passes,
Everything changes,
Just do what you think you should do.
And someday maybe,
Who knows, baby,
I'll come and be cryin' to you.

Lennon'/McCartneys *For No One* (1966) wird vom entgegengesetzten Standpunkt, dem des verlassenen Partners, aus erzählt. Wieder erleben wir eine Situation, den Morgen des »Tages der Entscheidung«:

Your day breaks, your mind aches,
You find that all her words of kindness linger on,
When she no longer needs you.

Das Anbrechen des Tages weist auf eine einschneidende Veränderung hin; Gedanken und Worte gehen durch den Kopf und schmerzen, da sie bald nur noch Erinnerung sein werden. In kurzen Beobachtungen werden die unterschiedlichen Aktionen und Reaktionen der beiden Partner gekennzeichnet:

She wakes up, she makes up,
She takes her time and doesn't feel she has to hurry,
She no longer needs you.

Das Mädchen plagt sich nicht mit Gedanken, sie ist sich sicher, sie hat die Entscheidung getroffen. Die Tränen, die sie weint, scheinen nicht in dieses Bild zu passen, aber dem Erzähler erscheinen sie obligatorisch, umsonst »für niemanden« vergossen:

And in her eyes you see nothing,
No sign of love behind the tears cried for no one

Dennoch kann er noch nicht begreifen, daß die scheinbar feste Beziehung (»a love that should have lasted years«) zu Ende sein soll:

You want her, you need her, and yet you don't believe her,
When she says her love is dead, you think she needs you.

Ihr Verlassen des Hauses symbolisiert die Trennung; sie hinterläßt ihm den Trost, daß sie einmal eine ähnliche Situation durchgestanden und überwunden hat:

You stay home, she goes out,
She says that long ago she knew someone, but now he's gone
She doesn't need him.

Der Beatle-Song ist eine prägnante Schilderung einer Trennung ohne Ausschmückung. Dagegen nimmt Joni Mitchell in *A melody in your name* (1967) eine zerbrochene Beziehung zum Anlaß zu Stimmungsmalerei (love is no more, it's ended/paper and pins won't mend it/even the moon pretended) und zu Reflektionen über die Vergänglichkeit der Liebe, die sie in einem schönen Bild zusammenfaßt:

Kisses have shown me sorrow;
Love is a thrown to borrow;
Pay for the loan tomorrow.

Schon der englische Folk-Fong *As Sylvie was walking*[6] schwelgte in Bildern des Schmerzes (mine eyes were like fountains) und des Todes, in den sich die Verlassene aus Rache flüchten will:

I'll spread sail of silver and I'll steer towards the sun . . .
And my false love will weep for me after I'm gone.

Mit einem Achselzucken blicken die Rolling Stones in Jagger/Richards *Ruby Tuesday* (1966) auf eine geheimnisvolle Affäre zurück:

She would never say
Where she came from
Yesterday don't matter
If it's gone.

Das Mädchen war nicht festzuhalten und war ständig auf der Suche nach der Verwirklichung ihrer Träume:

There's no time to lose I heard her say
Catch your dreams before they slip away.

Und doch tut der Abschied von dem namenlosen Mädchen, das unbedingt unabhängig sein will (she just can't be chained), das sich mit jedem Tag ändert, weh:

Goodbye Ruby Tuesday, who could hang a name on you,
When you change with ev'ry new day, still I'm gonna miss you.

Für das Mädchen Bobby in Kris Kristoffersons *Me and Bobby McGee* (1969) ist gerade das unstete Leben unterwegs – »on the road« – der Grund für die Trennung:

Then somewhere near Salinas, Lord, I let her slip away,
She's lookin' for that home I hope she'll find . . .

Kristofferson – berühmt für seine realistischen Schilderungen des Lebens fernab der Traumwelt des amerikanischen Bürgers – erzählt in seinem wohl bekanntesten Song die Liebesgeschichte eines Anhalterpaares mit präzisen Beobachtungen vor dem regionalen Hintergrund der USA. Man ist unterwegs, weil die Polizei Schwierigkeiten gemacht hat (busted flat in Baton Rouge), die Stimmung ist gedrückt, wie Kristofferson mit einem passenden Vergleich verdeutlicht (Feelin' nearly faded as my jeans). Ein Wagen bewahrt sie vor dem Regen (Bobby thumbed a diesel down just before it rained) und bringt sie nach New Orleans. Die ungezwungene, leicht wehmütige Atmosphäre der Fahrt wird in den folgenden Zeilen wiedergegeben, der Erzähler spielt Mundharmonika (hier »harpoon« genannt), Bobby singt, die Scheibenwischer schlagen den Takt:

I pulled my harpoon out of my dirty red bandanna
and was blowin' sad, while Bobby sang the blues
with them windshield wipers slappin' time and Bobby clappin' hands
we finally sang up ev'ry song that driver knew.

Im Refrain wird ihr gegenwärtiger »freier«, ungebundener Zustand reflektiert:

Freedom's just another word for nothin' left to lose,
nothin' ain't worth nothin', but it's free.

Kristoffersons pessimistische Freiheitsdefinition beinhaltet, daß man nur frei ist, wenn man offen, ohne Bindungen und Verpflichtungen ist und nichts zu verlieren hat; das Nichts, vor dem man steht, hat keinen materiellen Wert, aber man muß es auch nicht erkaufen, und es bedeutet eben Freiheit. Geschickt setzt Kristofferson hier die Doppelbedeutung von »free« (umsonst und frei) ein. Das momentane Wohlfühlen in der Musik, im Zusammensein mit dem Mädchen, die spontane Erfahrung ohne Perspektive zählt mehr:

Feelin' good was easy, Lord, when she sang the blues,
feelin' good was good enough for me,
good enough for me and Bobby McGee.

Das Mädchen ist Teil von ihm (Bobby shared the secrets of my soul) und Schutz (every night she kept me from the cold). Als es ihm entschlüpft (I let her slip away), um Sicherheit zu finden, begreift er, daß seine Perspektive in der Gemeinschaft mit der Geliebten bestand:

I'd trade all my tomorrows for one single yesterday,
holdin' Bobby's body next to mine.

Das einzige, was er besaß, war ihre Liebe, deren Ende ihn allein vor dem Nichts zurückläßt:

Freedom's just another word for nothin' left to lose,
nothin' that is all she left to me.

Eine einseitige unerfüllte Liebe schildert Joni Mitchell in *Conversation* (1967). Für den heimlich Geliebten gilt sie als »Kameradin«, die ihm Trost und Rat gibt, die für ihn da ist, ihn »unterhält«:

He comes for conversation
I comfort him sometimes
Comfort and consultation
He knows that's what he'll find.

Sie muß ihre Liebe vor seiner Frau oder Freundin (lady) verstecken, die von ihm Besitz ergriffen hat, ihn abkapselt und sich mit ihm präsentiert:

He sees me when he pleases
I see him in cafes
And I only say, hello
And turn away before his lady knows
How much I want to see him
She removes him, like a ring
To wash her hands
She only brings him out to show her friends.

Aus dieser »Gefangenschaft« möchte sie ihn befreien (I want to free him), doch bleibt ihr nur die Rolle der Seelentrösterin, bei der er seinen Kummer – denn er fühlt sich selbst gefesselt – abladen kann:

Tomorrow he will come to me
And speak his sorrow endlessly and ask me why
Why can't I leave her?

Sehnsucht und unerfüllte Liebe stehen auch hinter den Bildern in Lennon/McCartneys *The long and winding road* (1969). Die Straße – lang und kurvenreich – symbolisiert die Mühen und Schwierigkeiten, die Geliebte zu gewinnen, aber auch die Stärke und Ausdauer seines Gefühls:

The long and winding road that leads to your door
Will never disappear, I've seen that road before,
It alway leads me here, lead me to your door.

Kummer und Sorgen werden weiter durch Wind und Nacht, die vom Regen weggewaschen werden, versinnbildlicht. Die Tränenpfützen sehnen sich danach, vom Tag getrocknet zu werden – ein Ausdruck der Hoffnung auf das Mitleid und die Hilfe der Geliebten, auf ihre Wertschätzung und Erwiderung seiner Bemühungen:

The wild and windy night that the rain washed away
Has left a pool of tears crying for the day.
Why leave me standing here, let me know the way.

Die Erfahrung von Schmerz und enttäuschter Liebe hat David Crosby in *Everybody's been burned* (1967 für die Byrds geschrieben) verallgemeinert:

Everybody's been burned before,
Everybody knows the pain
Anyone in this place
Can tell you to your face
Why you shouldn't try to love someone.

»Burned« bedeutet im Slang seit dem 17. Jahrhundert soviel wie ›betrogen‹.[8] Die elegische, bittere Ballade – auch in der musikalischen Verarbeitung – wendet sich in der zweiten Strophe vom Allgemeinen zum persönlichen Fall des Erzählers:

Everybody knows it never works,
Everybody knows, and me
I know that door
That shuts just before
You get to the dream you see.

Das Bild der Tür, die das Glück verschließt, ähnelt dem in *The long and winding road*. Auch der Erzähler hat erfahren, wie man nach einer Enttäuschung flüchtet und sich hinter einer »Klagemauer« der Melancholie versteckt:

I know all too well how to turn, how to run,
How to hide behind a bitter wall of blue.

Am Schluß der dritten Strophe (der Song ist regelmäßig – ohne Vers/Refrain-Schema – gebaut) hellt sich die düstere Betrachtung auf; der Erzähler hat aus seiner Erfahrung heraus die Gefahren der Vereinsamung und Verbitterung erkannt und ringt sich – noch etwas unsicher (so I guess instead) – zu einer neuen Liebeserklärung durch, der Kreis schließt sich:

But you die inside
If you choose to hide
So instead, I'll love you.

Die Rollen der Geschlechter

Aus beinahe jedem Song über Liebesbeziehungen sprechen direkte oder indirekte Hinweise auf die Rollenverteilung zwischen den Partnern – sei es auf einseitige Aufgabe in *I Surrender, Dear*, traditionell-bürgerliches Mann-Frau-Verhältnis in *A Hard Day's Night* oder auf weibliche Dominanz in Dylans ironischem *She belongs to me*.
In einigen Songs sind die Gewichtung und die Aufteilung der Geschlechterrollen zum Hauptthema geworden. In *Under my thumb* (1966) – wie in einigen anderen Songs der Rolling Stones (*Play with fire*, *Heart of stone*, *Back street girl*) – stellen Jagger/Richard einen ›harten‹, zynischen Männlichkeitsstandpunkt zur Schau:

Under my thumb's
A squirming dog who's just had her day
Under my thumb's
A girl who's just changed her ways

It's down to me, yes it is
the way she does what she is told
Down to me the change has come
She's under my thumb.

Auffällig sind die Parallelen zu Shakespeares *Der Widerspenstigen Zähmung* (besonders zu Akt IV, Szenen 1 und 3). Das Mädchen ist »unter dem Daumen« zu einem persönlichkeitslosen, auf ihren »Beherrscher« fixierten Spielzeug degradiert; während er sich alle Freiheiten herausnimmt, verlangt er von ihr Unterwürfigkeit:

Under my thumb's
A siamese cat of a girl
Under my thumb
She's the sweetest pet in the world

Under my thumb
Her eyes are just kept to herself
Under my thumb, well I
I can still look at someone else.

Gegen Versuche, den Partner nach eigenen Vorstellungen unter Druck zu verändern und dabei dessen Persönlichkeit zu mißachten, wendet sich B. Bryants *Take me as I am* (von den Everly Brothers aufgenommen):

You're trying to reshape me in a moment
In the image of someone you used to know
I won't be a stand-in for an old love
Take me as I am or let me go.

You've tried to change me ever since you've met me
Take me as I am or let me go
If you cannot overlook my faults, forget me
Take me as I am or let me go.

Anerkennung und Achtung des Partners fordert auch Aretha Franklin in *Respect* (1966):

What you want, baby, I got it
What you need, you know I got it

All I'm askin' for's a little respect, baby,
When you come home . . .

Für ihre – auch finanzielle »Hingabe« – verlangt sie das, was ihr zusteht:

I'm about to give you all my money,
An' all I'm askin' in return, honey,
Is to gimme my propers, baby . . .

Deutlich wird, daß der erwartete Respekt des Partners mit sexueller Befriedigung Hand in Hand geht:

All I want you to do for me is to give it to me
When you get home, yeah, baby, whip it to me.

In Aretha Franklins stürmischer Version ist *Respect* ein eindeutiges Sprachrohr für weibliche Forderungen. Interessanterweise stammt der Song von einem Mann, von dem Soul-Sänger Otis Redding, der in seiner Interpretation ähnlich fordernd gegenüber einer Partnerin auftritt.
In der Manier von Chaucers »Wife of Bath«[9] haben schon Bluessängerinnen seit den zwanziger und dreißiger Jahren Selbstbewußtsein und Überlegenheit demonstriert.
Edith Johnson erklärt ihrem Partner, wie austauschbar er sei:

Now if you get loaded, baby, and think you want to go,
Remember, baby, you ain't no better than the man I had had before.[10]

oder preist ihre Überlegenheit mit der Zahl ihrer Liebhaber:

I got a man upstairs, one downstairs, one across the street,
You got your eyes wide open but you're sound asleep.[11]

Und Ida Cox pocht auf die persönliche Unabhängigkeit und das Recht der Selbstbehauptung auch für weibliche Partner:

I've got a different system and a way of my own,
When my man starts kicking I let him find another home.
I get a full good liquor and walk the street all night,
Go home and put my man out if he don't treat me right,
Wild women don't worry, wild women don't have the blues.[12]

Joni Mitchell zeichnet in *Cactus Tree* (1968) das Portrait einer äußerlich freien und unabhängigen Frau, die sich ihre Männer aussucht und aus Furcht, in Besitz genommen zu werden (now she rallies her defences/for she fears that one will ask her for eternity), sie wieder abstößt. Ihr Innenleben bleibt bei aller amouröser Aktivität kalt, weil ihr nicht an dem Erfolg der Beziehungen, sondern an dem geschäftigen Schein ihrer Freiheit liegt:

She will love them when she sees them;
They will lose her if they follow.
And she only means to please them
And her heart is full and hollow
Like a cactus tree,
While she's so busy being free.

In *It ain't me, babe* (1964) erteilt Bob Dylan traditionellen Idealen einer Mann-Frau-Beziehung eine Absage. Er wendet sich gegen weibliche Erwartungen von einer »heroischen, männlichen« Liebe, in der der Mann – stark, treu und gradlinig – in einer Beziehung fürs Leben die Frau verwöhnt, beschützt und verteidigt:

. . . You say you're lookin' for someone
Never weak but always strong,
To protect you and defend you
Wether you are right or wrong,
Someone to open each and every door,
But it ain't me, babe . . .

. . . You say you're lookin' for someone
Who will promise never to part,
Someone to close his eyes for you,
Someone to close his heart,
Someone who will die for you an' more,
But it ain't me, babe,
No, no, no, it ain't me, babe,
It ain't me you're lookin' for, babe.

Über das Aufbrechen traditioneller Regeln in den Beziehungen der Geschlechter spricht auch David Crosby in *Triad* (1969). Sein Song über eine Dreiecksbeziehung entwickelt sich aus der Darstellung einer Situation – dem Nebeneinander zweier Liebesverhältnisse –, die »normalerweise« eine Alternativlösung, d. h. die Trennung von einem der beiden Partner, zur Folge hätte:

You want to know how it will be,
Me and her and you and me
You both sit there with your long hair flowing . . .
. . . Saying to me, what can we do not that we both love you?

Der Vorschlag des Erzählers wirkt außergewöhnlich:

I love you too, but I don't really see,
Why can't we go on as three?

Crosby – man darf die Geschichte autobiographisch aufnehmen – beobachtet und interpretiert die Reaktionen der beiden Geliebten, deren Geschlecht nicht spezifiziert wird (your long hair flowing kann sich auf weibliche und männliche Personen beziehen). Ihre abwehrende, unsichere Haltung versteht sich aus der puritanisch strengen Moralerziehung in Elternhaus und Schule:

You are afraid, embarrassed too,
No one has ever in your sweet short life said such a thing to you.
Your mother's ghost stands at your shoulder,
Got a face like ice, just a little bit colder,
Saying to you, you cannot do that, it breaks all the rules
You learned in school. But I really don't see,
Why can't we go on as three?

Bezeichnenderweise verwendet Crosby das ›konkrete‹, deutliche »cannot« in der Warnung des mütterlichen Gewissens anstelle des umgangssprachlichen »can't«. Die Thematik von *Triad* – das Durchbrechen von Tabus – muß im Rahmen der gesellschaftlichen und psychologischen Veränderungen bzw. Veränderungsbemühungen der sechziger Jahre in den USA und in Westeuropa gesehen werden. Dem Autor geht es aus der speziellen Situation heraus um das Erproben neuer ungewohnter Formen zwischenmenschlicher Beziehungen, wobei ihm bewußt ist, daß das eine gemeinsame Bereitschaft zu Mut, Risiko und einem »Verrücktsein« (im Sinne einer Akzeptierung der »Verrückbarkeit« feststehender Prinzipien) verlangt:

So you see what we can do is to try something new,
If you're crazy too . . .

Komik und Ironie in Love-Songs

Humor, Komik und Ironie, ausgeprägte Bestandteile von Volkstheater und -dichtung, kennzeichnen auch eine große Zahl der Songs der Populärmusik. Oft entsteht die Komik aus der Schilderung typischer Situationen aus dem Leben der Autoren und des Publikums, die mit Absicht überspitzt zu Ausnahmefällen werden.
Das Liebes- und Eheleben boten beliebte Themen für komische und ironische Folk- und Music-Hall-Songs – z. B. die Kuppelei der Mutter und

die Werbung des alten Mannes in *The old man from Lee*, die geprellte und verlassene Braut an der Kirchentür in *Waiting at the Church*:[13]

There was I, waiting at the church . . .
When I found he'd left me in the lurch,
Lord, how it did upset me!
All at once he sent me round a note –
Here's the very note,
This is what he wrote:
›Can't get away to marry you today,
My wife won't let me!‹

Oder die bösartige Ehefrau in dem amerikanischen Folk-Song *The Farmer's Curst Wife*[14], mit der es selbst der Teufel nicht aushalten kann:

The devil put her on his back,
And off to Hell he went, clickity-clack.

When he got her down to the gates of hell,
He says, ›Punch up the fire, we'll scorch her well.‹

In come a little devil, a-draggin' a chain,
She upped with a hatchet and split out his brain.

Nine little devils went a-climbin' the wall,
Says, ›Take her back, daddy, she's a-murderin' us all.‹

The old man was a-peepin' out of a crack,
And saw the old Devil come draggin' her back.

She found the old man sick in his bed,
She upped with a butter stick and paddled his head.

The old woman went whistlin' over the hill,
›The devil won't have me, I wonder who will.‹

Auf eine solche Häufung deftiger Situationskomik, die burlesken Volkskomödien und Slapstick-Filmen zur Ehre gereichen würde, folgt die trocken-ironische Moral zum Verhältnis Mann-Frau:

There's one advantage women have over men.
They can go to hell and come back again.

Willkommenen Stoff für Ironie bieten natürlich erste Liebesabenteuer. Marie Lloyd, einer der berühmtesten Music-Hall-Stars, besingt in *I ne-*

ver lost my last train yet[15] die Verführungen und Reize Londons (the various Metropolitan delights), denen ein Landmädchen (a modest little maiden from the country) auf seinen Abstechern in die Stadt ausgesetzt ist, die es jedoch stets unbescholten übersteht, dem – wie es vielsagend betont – hat es nie den letzten Zug nach Hause verpaßt:

Yes, I've learnt to know the bliss of a stolen kiss,
When you heave a sigh and softly murmer, ›Pet!‹
As you gaze into his face, wrapt in amorous embrace,
But I've never lost my last train yet, Oh No!
I've never lost my last train yet.

Der Song spielt wie viele populäre Songs mit ironischen versteckten Andeutungen; auf einem Ausflug nach Frankreich ist es dann soweit, jedoch verpaßt das Mädchen auch da keineswegs den letzten Zug, sondern das Schiff:

For when looking at the clock
I received a dreadful shock,
On discovering that the sun had gone and set.
So a telegram I wrote:
›Dear Mama, I've missed the boat!‹
But I haven't lost my last train yet, Oh No!
I haven't lost my last train yet.

Pop-Songs seit den fünfziger und sechziger Jahren erzählen ihrer Zeit und ihrem Publikum entsprechend weniger von Eheproblemen und verführten Landmädchen. Die Komik der Songs entwickelte sich vorzugsweise aus ernsten, beinahe tragischen Situationen, wie Untreue, Eifersucht, Frustration, Einsamkeit, Langeweile. Chuck Berrys *Nadine* (1964) zeigt die heitere Verfolgungsjagd einer recht unabhängigen Verlobten:

I saw her from the corner as she turned and doubled back,
She started walkin' t'ward a coffee-coloured Cadillac,
I was pushin' thru the crowd tryin' to get where she was at,
And I was campaignshoutin' like a southern diplomat.

Nadine, Honey, is that you
Seems like ev'ry time I see you darlin',
You got somethin' to do,

Nadine, Honey, is that you,
Seems like ev'ry time I catch you, datcha',
You're up to somethin' new.

Shel Silverstein, Spezialist für komische und oft makabere Songs (in einem Lied beschreibt er, wie er von einer Boa aufgefressen wird, in einem anderen »dokumentiert« er die Gedanken eines Todeskandidaten in den letzten 25 Minuten bis zur Hinrichtung) findet in *I'm gonna tell 'em at the A. S. P. C. A.* (1964) sehr witzige, aber treffende Vergleiche für die schlechte Behandlung durch seine Freundin – u. a. will er sie beim Tierschutzverein melden, weil sie ihn wie einen Hund behandelt. Durch die Verwendung der Abkürzungen (A. F. of L.) und Einzelbuchstaben (D-O-G) entstehen überraschende Reime und Alliterationen:

Now I'm gonna tell the A. F. of L.
You makin' a slave out of me,
And I-m gonna cry to the F. B. I.
That you got no loyalty.
Well, you beat me, mistreat me,
You run around and cheat me,
And you cause me misery.
I'm gonna tell'em at the A. S. P. C. A.
You treat me like a D-O-G,
Oh gee, you treat me like a D-O-G,
Oh gee, Mama, treat me like a D-O-G.

In *She's my ever lovin' machine* (1964) zeigt Silverstein einen bitter-ironischen Ausweg aus der Not verlassener Liebhaber – eine mechanische Liebesmaschine:

. . . I'm an ingenious feller, and as soon as my brain got uncurled,
I tiptoed right down to my cellar and built a mechanical girl.
Oh, her arms are iron, her legs are steel,
Her hips are on wires attached to a wheel,
And her spine is a coil that I now and then oil,
She's my ever lovin' machine.

Diese Geliebte macht keine Probleme, sie ist allzeit bereit, besitzt keinen Geist, ihre Seele ist von der Elektrizität abhängig:

She never complains when I stay out all night,
She never complains I'm not rich.
And each time I want her to cuddle me tight,
I just reach out and turn on 'er switch.

. . . She has no trouble making her mind up
For I didn't giver her a mind,
And her heart is a clock that I wind up,
So I know that she'll love me in time.

. . . Her soul is completely electric,
And she gives me a shock with each hug;
And when the romance gets too hectic,
I simply pull out the plug.

Am Ende läßt Silverstein als letzte komische Überspitzung selbst diese mechanische Geliebte untreu werden:

She always did what she was s'posed-ter,
Right up to this evening but then
She had an affair with the toaster,
And they ran off and left me again.
And the very last word that I heard of 'er,
She was living in sin with some drunk,
And he was a cold, heartless lover,
For he used her, then sold her for junk.

Die letzten Vorwürfe des eifersüchtigen Verlassenen sind herrlich paradox – denn sie gelten einem künstlichen Wesen, das »in Sünde« lebt und einen »kalten, herzlosen« Liebhaber, der eine geist- und seelenlose Maschine benutzt und sie als Alteisen verkauft.
In *Tickle Me* (1966) nimmt Randy Newman die Langeweile und Phantasielosigkeit einer »modernen« Liebesbeziehung aufs Korn; wenn Fernsehen und Radio nicht die Zeit vertreiben können, hilft nur die einfachste, direkteste Belustigung – Kitzeln:

What can you do to amuse me,
Now that there's nothing to do,
The TV-set's busted and can't get a picture,
The radio plays nothing but news.
Why don't you tickle me,
Gee, whizz, won't that be fun,
What a great idea, what a perfect way to kill some time,
Can't stop to think that if we do, we'll lose our minds,
Why don't you tickle me?

Newmans *Lover's Prayer* (1970) ist das ironische Bittgebet eines frustrierten Mannes, der von jungen unerfahrenen Mädchen genug hat und sich eine Frau wünscht:

Don't send me no young girl to love me
With their eyes shinin' bright
All the young girls are afraid of me
Send me a woman tonight.

Junge Mädchen können ihn nicht befriedigen (don't send me no handholdin' baby/'cause I been with babies before), sondern reagieren auf seine Verführungsversuche mit politischen Diskussionen, wo er doch nur seinen »Spaß« haben will:

I was entertaining a little girl up in my room, Lord,
With California wines and French perfumes, Lord,
She started to talk to me about the War, Lord,
I said, »I don't want to talk about the War«.

Newman karikiert den Typ der jungen »aufgeklärten« amerikanischen Studentin, für die Liebe eine akademische Übung ist – sein frustrierter Liebhaber mag keine bebrillten intellektuellen Abendschülerinnen mit modischen Sexualtechniken, sondern erbittet einfach jemanden, der ihn liebt:

Don't send me nobody with glasses
Don't want no one above me
Don't send me nobody takin' night-classes
Send me somebody to love me

Please answer my prayer . . .

Bedürfnis und Befriedigung: Die Darstellung körperlicher Liebe

In weiten Teilen der britischen Balladen- und Folk-Song-Tradition und noch stärker im afro-amerikanischen Blues wurde Liebe selten losgelöst von der körperlichen Beziehung betrachtet. Anders als in von bürgerlich-puritanischer Moral bestimmten Formen – wie vielen Operettenliedern, Schlagern, Music-Hall-Songs, Tin-Pan-Alley-Songs[16] – wurde Sexualität nicht verdrängt, sondern mal offen und direkt, mal hinter mehr oder weniger deutlichen Anspielungen oder phantasievollen Metaphern versteckt dargestellt. Jüngere Pop-Songs haben diese Tradition fortgeführt, obwohl Sexualität auch in den Texten der weißen anglo-amerikanischen Popmusik lange Zeit tabu war und durch ›ungefährliche‹ Teenager-Romantik (*I want to hold your hand*) überdeckt wurde; dieser Zustand dauert in einigen Bereichen rein kommerziell ausgerichteter Popmusik auch heute an.
Eine hervorstechende Eigenschaft vieler Populärmusiktexte ist die ungezwungene, fröhliche Art, mit der Freude und Vergnügen an Erotik und Sex zelebriert werden; sie zeigt sich im Witz, den Wortspiele und Anspielungen versprühen – beispielsweise in der Aufforderung *Keep on chooglin* im gleichnamigen Pop-Song von John Fogerty oder in *Diddie Wa Diddie*[17], einem Nonsense-Vers des Bluessängers Blind Blake aus den zwanziger Jahren mit komischen erotischen Untertönen:

I went out and walked around
Somebody yelled, said: »Look, who's in town –
Mister diddie wa diddie
Mister diddie wa diddie«
I wish somebody would tell me what diddie wa diddie means

Went to church, put my hand on the seat
Lady sat on it, said: »Daddy you sure is sweet,
Mister diddie wa diddie
Mister diddie wa diddie«
I wish some body would tell me what diddie wa diddie means

In der Ballade von *Young Corin and Phyllis*[18], die Sir Charles Sedley, einem aristokratischen Dichter der Restaurationsepoche zugeschrieben wird, sorgt die immer gleichbleibende letzte Zeile »And something else, but what I dare not name« mit ihren je nach Strophe verschiedenen Andeutungen für deftige Komik:

A thousand times he kiss'd her,
Laying her on the Green;
But as he farther press'd her,
Her pretty leg was seen:
And something else, but what I dare not name . . .

The Nymph seem'd almost dying,
Dissolv'd in amorous heat;
She kiss'd and told him sighing,
My Dear your Love is great:
And something else, but what I dare not name.

Erotische Songs spiegeln in ihrer Bildsprache oft die Umwelt und Zeit, in der sie entstanden sind; das ländliche *The Merry Hay-Makers*[19] verwendet landwirtschaftliche Begriffe des ›Heumachens‹ zur Beschreibung von Liebesabenteuern:

In our Country, in our Country
Where Rufferlers was a raking;
And the rarest pastime that ever you see,
Was when Hay-cocks they were a making, to be . . .

And some they Fork, and some they will Rake
When merrily they were a quaffing.
And if you had seen how Jones Buttocks did wag
'Twould a broke a Man's side out of laughing, to be.

De Sola Pinto/Rodway erklären ›Rufferlers‹ als ›boisterous people‹, ›to quaff‹ bedeutet soviel wie gierig, in langen Zügen trinken.
Schwer verständlich bleibt mir allerdings der Gebrauch von ›to be‹ am Ende jeder Strophe.
The Bury New Loom[20] stammt aus dem frühen Industriezeitalter (um 1800) und belegt Fachbegriffe und Techniken der Maschinenweberei[21] mit höchst »realistischen« erotischen Doppelbedeutungen; und auch hier tritt ein unverkrampftes Verhältnis zur Sexualität hervor:

As I walked between Bolton and Bury, 'twas on a moonshiny night,
I met with a buxom young weaver whose company gave me delight.
She says: Young fellow, come tell me if your level and rule are in tune,
Come, give me an answer correct, can you get up and square my new loom? . . .

She took me and showed me her loom, the down on her warp did appear,
The lam jacks and healds put in motion, I levelled her loom to a hair.
My shuttle ran well in her lathe, my tread it worked up and down,
My level stood close to her breast-bone, the time I was squaring her loom.

The cord of my lam jacks and treadles at length they began to give way,
The bobbin I had in my shuttle, the weft in it no longer would stay.
Her lathe it went bang to and fro, my main treadle it still kept in tune,
My pickers went nicketty-nack all the time I was reiving her loom.

My shuttle it still kept in motion, her lams she worked well up and down,
The weights in her rods they did tremble; she said she would weave a new gown.
My strength now began for to fail me, I said: It's now right to a hair.
She turned up her eyes and said: Tommy, my loom you have got pretty square . . .

In Robert Johnsons *Terraplane Blues*[22] aus den dreißiger Jahren dieses Jahrhunderts wird die Geliebte mit einem Auto-Modell verglichen und ihre Untreue an dem Versagen der technischen Einrichtungen gemessen. Die gestörte Beziehung kann nur durch die Wiederherstellung der sexuellen Verbindung »repariert« werden:

I said I'd flash your lights, mama, your horn won't even blow,
Got a short in this connection, and it's way down below

I'm going to hoist your hood, mama, I'm bound to check your oil,
I got a woman that I'm loving, way down in Arkansas

Now you know the coils ain't even buzzing
Little generator won't get the spark
Motor's in a bad condition.,
You gotta have these batteries charged
I'm crying, please, don't do me wrong,
Who's been driving my Terraplane now for you since I've been gone . . .

I'm gonna get deep down in this connection, keep on tangling with your wires
And when I mash down on your little starter, then your spark plug would give me fire.

Und die Bluessängerin Bertha Hill preist sich als *Sports Model Mama*, in deren Reifen ebenso Löcher gefahren werden (die Metapher der »punctures« kann im Deutschen kaum nachvollzogen werden) wie in die von Limousinen:

I'm sports model mama out on the rack for sale
It's a mighty poor dog, won't wag its own tail.

I'm just a plain little sport, have punctures every day,
You may want a limousine, but they puncture the same way.

Berufe und berufliche Tätigkeiten bilden ein reiches und beliebtes Reservoir erotischer Metaphern. In der britischen Ballade *The Hunt*[23] erfreut sich der Jäger an einer »Cunny in the Night,/when she turns up her silver hair«. »Cunny« bedeutet soviel wie »rabbit«, weckt aber auch Assoziationen zu »cunt«.
Da ist der »tinker«, der mit seinem Hammer die Kessel und Töpfe der Damen ausbessert:

I am the bravest tinker that lives beneath the Sun
If you have any work to do, you shall have it well done;
I have brasse within my budget, and punching under my Apron,
I'm come unto your Ladyship, and means to mend your Coldron.
With a hey ho, hey, derry derry down; with hey trey down down, derry.[24]

Da ist die schottische Ballade vom »ploughman«, der den von der Dame angebotenen Acker mit drei besonderen Ochsen (The foremost ox is lang and sma',/The twa are plump and round, jo) pflügt:

Then he wi' speed did yoke his plough,
Which by a gaud was driven, jo!
But when he was between the stilts,
I thought I was in heaven, jo!

But the foremost ox fell in the fur,
The tither twa did founder;
The ploughman lad he breathless grew,
In faith it was nae wonder.[25]

Oder da ist der »jolly driver«, der Dame und Kammermädchen in jeder Hinsicht zufriedenstellend chauffiert:

I understand all kinds of servitude,
And every fashion so tight,
If you hire me as your coachman,
I am a safe driver by night.[26]

Die Ballade *The Jolly Trades-Men*[27] schließt viele verschiedene Handwerkszweige – vom Schlachter bis zum Schneider – und deren Werkzeuge in einer Palette erotischer Bilder zusammen. Eine der gebräuchlichsten volkstümlichen Symbolfiguren ist der Schäfer, dessen ungebundenes Leben in der Natur mit erotischer Ausstrahlung vereint ist.[28] In der englischen Ballade *O Sheperd, O Sheperd*[29] läßt sich der Schäfer auch durch das Versprechen auf die besten Speisen nicht von seiner Herde weglocken, erst die Aussicht auf eine Nacht mit einem schönen Mädchen stimmt ihn um:

What have you got for my lodging
If I do come home tonight? . . .

I'll drive my sheep out of the wilderness,
And I will come home tonight!

Auch im afro-amerikanischen Blues gibt es zahlreiche Beispiele für erotische Berufsmetaphern, besonders auffällig sind die Arzt- bzw. Zahnarztfiguren:

I'm gonna see my dentist,
'Cause my cavity needs filling

Oder im *Bad Blood Blues*:

You got bad blood, baby, and I think you need a shot,
Now turn over, mama, let me see what else you got.

I doctors on women, I don't fool around with men,
Alright, take it easy now, mama, while I stick my needle in.

Aretha Franklin hat in den sechziger Jahren die Arztmetapher aufgegriffen, sie lobt ihren Liebhaber als einen besonders guten Arzt, als *Dr. Feelgood*:

Don't send me no doctor fillin' me up with all of those pills
I got me a man named Dr. Feelgood, oh yeah, that man takes care of all my pains and my ills.

Ein beliebtes Bild für Sex ist im afro-amerikanischen Slang die »jelly roll« oder einfach »jelly«.[30] Dabei besitzt das Bild manchmal weibliche Qualität, wie in

She's got a sweet jelly, my woman's got a sweet jelly roll,
It takes her jelly to satisfy my soul

es hat oft aber auch männlichen Charakter:

I got good jelly, I like to give it away
My sweet woman likes to have it every day

In einigen Blues wird der Vorgang des Backens in das Bild einbezogen:

She said, Can I put an order in for two weeks ahead?
I'd rather have your jelly roll than my home-cooked bread.
I love your jelly roll, I love your good jelly roll.[31]

Mit dem »home-cooked bread« wird wohl auf das Einerlei des häuslichen Ehelebens angespielt.
Weitere Standardmetaphern sind die Zitrone:

Well, you squeezed my lemon, baby, and you started my juice to run . . .

und die Kartoffel:

My good woman had a sweet potato in her hand
If you want good potato you can bake it in my pan . . .

Stärker als britische Balladen schildern Blues neben Abenteuer und Befriedigung auch andere Aspekte der Sexualität – Bedürfnis, Suche, Sehnsucht und Frustration. Blues erzählen weniger in der dritten Per-

son, sondern bieten mehr Raum für unmittelbare Gefühlseröffnungen.
In *»Black Snake Moan«* verpackt Blind Lemon Jefferson sexuelle Frustration in das Bild einer schwarzen Schlange, die am Ende sogar die Frauen ›heim‹treibt, – sicher eine Anspielung auf den Penis und sexuelle Befriedigung:

Mmmmmmmmm black snake crawling in my room
And some pretty mama better come and get this black snake soon . . .

Mmmmmmmmm honey, what's the matter now
Sugar, what's the matter: don't like no black snake no how

Mmmmmmmmm wonder where my black snake gone
Black snake, mama, done run my darling home.[32]

Erotische Bilder aus der Natur sind häufig; der um 1800 in England aufgezeichnete *Pitman's Love Song*[33] enthält gleich mehrere – darunter einige recht drastischer Art:

I wish my love was an old grey mare
And grazing by yon riverside
And I my self was a bonnie saddle,
Oh on that old grey mare how would I ride!

I wish my love was a bell beehive
And I myself was a humble bee
That I might come and creep into her
And gorge myself of her sweet honey.

I wish my love was a ripe turd
And smoking down in yon dykeside
And I my self was a shitten flea,
I'd suck her up before she dried.

»Turd« ist ein Haufen Kot, »yon« eine Dialektform von yonder.
Die Metaphern von Honig und Biene kehren in einer Reihe von Blues wieder, Edith Johnson singt von ihrem »honey dripper«, und Bo Carter brüstet sich als allgewaltige »bumble-bee«:

Hey, I'm old bumble bee, a stinger just long as my arm,
I sting the good-looking women everywhere I goes along . . .

Then when I get to stinging, now I sting just like I should,
And they crying, old bumble bee, you know it hurts so good![34]

Und in *I'm a kingbee* wirbt Slim Harpo weniger mit dem Stachel als mit der »honigsüßen« Qualität seiner Liebe:

Well, I'm a kingbee buzzin' around your hive
Yeah I can make honey, baby, let me come inside

Die Rolling Stones haben *I'm a kingbee* auf ihrer ersten Langspielplatte (1963) nachgespielt, und die Bildsprache erotischer Blues scheint auch auf ihre eigenen Songs abgefärbt zu haben, in denen sich beispielsweise Vergleiche und Bilder aus der Natur finden. In *The spider and the fly* fängt sich der Rocksänger – sicher ein Selbstportrait Jaggers – ein Abenteuer aus Langeweile, wie die Spinne eine Fliege:

She was common surly, she looked about thirty
I would've run away, but I was on my own
She told me later, she's a machine operator
She said she liked the way I held the microphone
I said, my my my,
Like the spider to the fly
Jump right ahead in my web

Im *Stray Cat Blues* (1968) beschreiben Jagger/Richard eine unerlaubte Affaire mit einer frühreifen Fünfzehnjährigen, die sie mit einer streunenden Katze gleichsetzen:

I can see that you're 15 years old
No, I don't want your I. D.
I can see that you're so far from home, but
That's no hanging matter, it's no capital crime

Oh yeah, you're a strange stray cat
Oh yeah, don't you scratch like that
Oh yeah, you're a strange stray cat
I bet your mama don't know that you scream like that
I bet your mama don't know that you spit like that

Die Rolling Stones waren eine der ersten weißen Popgruppen, die Sexualität nicht nur durch Musik und Auftreten, sondern auch durch ihre Texte ausstrahlten. *Let's spend the night together* (1967) – der Song mußte typischerweise für eine amerikanische Fernseh-Show zu *Let's spend some time together* modifiziert werden – äußert unverhülltes Bedürfnis und fordert offen zu sexueller Betätigung auf:

I'm going red and my tongue's getting tied
I'm off my head and my mouth's getting dry
I'm high but I try try try

Let's spend the night together
Now I need you more than ever . . .

I'll satisfy your every need
And I know you'll satisfy me
Let's spend the night together

Wirkungsvoller als solch direkte Aussagen sind jedoch erotische Bilder, die der Phantasie freien Lauf lassen und gleichzeitig eindeutige sexuelle Bezüge erwecken. Jagger/Richards *Parachute Woman* (1969) kombiniert die Bildhaftigkeit der Fallschirmspringerin (land on me tonight) mit unverblümtem Sex-Slang (blow me out; throbber's itching – »throbber« ist eine Neuschöpfung aus dem Verb »to throb«, gleich: pochen, klopfen, pulsieren, zittern):

Parachute woman land on me tonight . . .
Parachute woman join me for a ride . . .
Parachute woman will you blow me out
Well, my heavy throbber's itching
Just to lay a solo rhythm down

In *Jemima Surrender* (1969) der amerikanischen Gruppe The Band erklärt schon der Songtitel die Absicht; der Autor Robbie Robertson verstärkt mit kräftigen Metaphern und Vergleichen aus verschiedenen Bereichen die wilde, leicht ironische Werbung um das Mädchen Jemima. Ein »barker«, wörtlich übersetzt ein »Beller«, ist eine Art Ansager oder Conferencier:

Jememima surrender, I'm gonna give it to you,
Ain't no pretender, gonna ride in my canoe.
If I were a barker in a girly show, tell you what I'd do,
I'd lock the door, tear my shirt and let my river flow . . .
. . . There's a bird on my head and his mouth won't talk,
Won't talk, he's a child,
You know he laughs like a goose, but he looks like a hawk.
Sweet Jemima, you know what I'm trying to say,
Meet me in front and we'll fly away . . .

In *Volcano* (1972) mischt Robertson Bilder aus unserer Zeit mit solchen aus früherer Serenaden- (candle; hold that ladder steady) und Geisterromantik (like a ghost rider in your yard); der wie ein Geisterreiter im Dunkeln gelassene und das Namenschnitzen in die Barke der Straßenbäume sollen Einsamkeit und Enttäuschung verkörpern:

Got my motor runnin', little girl, are you comin'?
Keep your candle burning bright,
Soon as you are ready, hold that ladder steady,
Come tread softly through the night.
Don't leave me in the dark like a ghost rider in your yard
Carving names in bark along the boulevard.

Der Refrain gleicht dem sexuellen Drang mit einem explosiven Vulkan:

Volcano, I'm about to blow,
Volcano, I'm gonna overflow,
Volcano, Look out below.

Wie wir schon bei einigen Straßenballaden (*The Jolly Driver, The Tinker*) gesehen haben, werden Liebeswerbungen gern mit Lobpreisungen der sexuellen Fähigkeiten verbunden. Willie Dixon wirbt für den *Back Door Man* (1961), dessen Geheimnis nur Frauen einschätzen können:

I'm a back door man,
I'm a back door man,
Well, the men don't know,
But the little girls understand . . .

Wilson Picketts *A man and a half* (von Jackson, Moore, Chambers und Leakes) preist einen Supermann, über den schon Shakespeare Gedichte geschrieben haben soll, der wie Donner und Blitzen wirkt und den Frauen die Chance ihres Lebens verspricht:

I'm a man like any other man, I say without a doubt
What makes me different is the half that knocks women out
I'm A Man and a Half . . .

Only once in a lifetime a man like me comes along
Shakespeare wrote poems about me even before I was born
Thunder gave me a lift and lightning knocked on your door
Your chance of a lifetime, woman, might not happen no more
To be loved by a Man and a Half . . .

Pop-Songs stehen in ihrer Zeit und Umgebung – ähnlich wie andere Zeugnisse vergangener und heutiger Populärkultur von Ballade zu Film, ähnlich wie viele Werke der literarischen Tradition zeichnen sie Erscheinungen und Strömungen ihrer Zeit und Erfahrungswelt auf. Genau wie in Romanen, Schauspielen, Filmen oder Zeitschriften schlagen sich daher Entwicklungen und Absonderheiten des Sexuallebens auch in Pop-

Songs nieder. Lou Reed, dessen Songs oft in der New Yorker Halbwelt der sechziger und siebziger Jahre zwischen Bohème und Straße angesiedelt sind, schildert in *Venus in Furs* (1967 für seine Gruppe Velvet Underground verfaßt) eine sadomasochistische Beziehung, deren Rollenverteilung aus der Erzählweise nicht durchsichtig wird:

Kiss the boots of shiney, shiney leather
Shiney leather in the dark
Tongue of thongs, the belt that does await you
Strike him mistress, and cure his heart
Severin, Severin speaks so slightly
Severin, down on your bended knees
Taste the whip, in love not given lightly
Taste the whip, now bleed for me.

Erotische Jugenderinnerungen

I used to wake up in the morning
I used to feel so bad
I got so sick of having sleepless nights
I went and told my dad
He said, son, now here's some little something
And stuck them on my wall
And now my nights ain't quite so lonely
Infact I don't feel bad at all.

Pete Townshends *Pictures of Lily* (1967 für The Who geschrieben) handelt von pubertären Problemen, Unruhe, Schlaflosigkeit, Einsamkeit. Erlöst wird der Junge von diesen durch die Hilfe seines Vaters, der ihm Mädchenphotos zur »Beruhigung« an die Wand klebt:

Pictures of Lily made my life so wonderful
Pictures of Lily helped me sleep at night.

Unglücklicherweise verliebt sich der Junge in das Mädchen an der Wand, bis er erfährt, daß das Mädchen Lily seit vierzig Jahren tot ist. So muß diese Jugendliebe weiterhin auf Träume beschränkt bleiben:

For me and Lily are together in my dreams

Berührt *Pictures of Lily* die Rolle der Selbstbefriedigung in der Pubertät, so geht Paul Simons *Duncan* (1971) auf das erste sexuelle Erlebnis eines Jungen ein. Simon läßt den Jungen seine Geschichte erzählen, wie er sein Elternhaus verläßt, wie er auf dem Weg nach New England verzweifelt und verarmt (holes in my confidence, holes in the knees of my jeans) eine junge Laienpredigerin trifft, die seine Rettung bedeutet:

Well, I told her I was lost
And she told me all about the Pentecost,
And I seen that girl as the road to my survival

Das Mädchen »erlöst« ihn auch von dem Zustand der Unschuld:

Just later on the very same night
When I crept to her tent with a flashlight
And my long years of innocence ended,
Well, she took me to the woods,
Saying, here comes something and it feels so good,
And just like a dog I was befriended, I was befriended.

Der Junge ist von der sinnlichen Erfahrung überwältigt, er scheint seinen Körper neu entdeckt zu haben (thanking the Lord for my fingers). Das wiederholte »I know« bekräftigt dieses »Erkennen« und spielt mit der biblischen Doppelbedeutung des Wortes – zum einen als ironische Aufnahme der religiösen Botschaft, zum anderen natürlich als Ausdruck für Geschlechtsverkehr:

Oh, oh, what a night, oh, what a garden of delight,
Even now that sweet memory lingers.
I was playing my guitar,
Lying underneath the stars,
Just thanking the Lord for my fingers, for my fingers.
I know, I know, I know, I know.

In *Madam George* (1968) läßt der irische Sänger und Autor Van Morrison – vielleicht beeinflußt von seinem Landsmann James Joyce – einen, allerdings binnen- und endgereimten, Strom von Erinnerungen und Eindrücken aus der Vergangenheit vorbeilaufen, der die verschiedenen Sinneserfahrungen erfaßt: die Szenerie der Cypress Avenue, einer Prachtstraße von Belfast, in der Kinder Flaschenverschlüsse sammeln (kids out in the street collecting bottle tops, going for cigarettes and matches in the shops), das Geräusch der hochhackigen Schuhe auf dem Pflaster (the clicking-clacking of the high heeled shoes), der Geruch von Parfüm (that smell of sweet perfume comes drifting through in the cool air like shalimar). Zentrum all dieser Impressionen ist Madam George, vermutlich eine »Lady of the street« (marching with the soldier boy behind), in deren Bann man »fällt«:

. . . happy taking Madam George
and that's when you fall, oh, oh, no,
that's when you fall . . .

Wohin der »Fall« geht, verrät die zweite Strophe:

When you fall into a trance
Sitting on a sofa playing games of chance
With your folded arms in history books you glance
Into the eyes of Madam George.

Mir scheinen diese Zeilen auf »verbotene« Erlebnisse eines Schuljungen (history books) im Zimmer einer Prostituierten oder Glücksspielerin hinzuweisen – jedenfalls kann der autobiographische Erzähler den Einflüssen nicht standhalten:

. . . your getting weaker and your knees begin to sag . . .

Die Vermutung wird bestätigt; Madam George hat Probleme mit der Polizei, und das, was sie nach draußen wirft, könnten sogar bei einer Razzia nicht erwünschte Drogen sein:

And from outside the frosty window raps,
She jumps up and says ›Lord have mercy, I think that it's the cops‹,
And immediately drops everything she gots
Down in the street below,
And you know you gotta go,
On a train from Dublin up to Sandy Row . . .

Der Abschied von Madam George, einer Gestalt zwischen Mutter, Geliebten und Fee fällt schwer (dry your eyes for Madam George), doch ist der Erzähler nicht allein:

And all the little boys comin' round
walkin' away from it all . . .

Die Beziehung bleibt für uns bis zum Schluß mysteriös, im Dunkel, doch ihre Wärme ist spürbar:

And as you're about to leave
She jumps up and says, ›Hey, love, you forgot your glove‹

Der Erwähnung dieser menschlichen, fürsorglichen Geste folgt im Anschluß an den Reim ›love/glove‹ eine übertürmende Flut des Wortes und Lautes ›love‹, die einen Ausbruch von Zuneigung symbolisiert:

And the love that loves the love
That loves the love that loves to love the love . . .

Ray Davies' *Lola* (1971) ist im Londoner Milieu angesiedelt. Der zwar weniger obskure, jedoch ebenfalls geheimnisumwitterte Song erzählt in subjektiver Form die Erlebnisse eines jungen Mannes in Soho:

I met her in a club down in old Soho
. . .
She walked up to me and she asked me to dance
I asked her name and in a dark brown voice she said Lola.

Davies schildert treffend die Atmosphäre von Lokalen in Vergnügungsvierteln, wo man falschen »champagne« trinkt (it tastes just like cherry cola), wo sogar die Beleuchtung »unecht« ist (and danced all night under electric candlelight). Im weiteren ist *Lola* eine komische Ballade von der Verführung eines unerfahrenen Jungen:

Well I left home just a week before
And I'd never ever kissed a woman before
But Lola smiled and took me by the hand
And said dear boy I'm gonna make you a man.

Die Komik entsteht aus der Unsicherheit über Lolas wahre Identität:

Well I'm not dumb but I can't understand
Why she walked like a woman and talked like a man.

Denn Lola ist, so erfahren wir am Schluß, ein Transvestit:

Well I'm not the world's most masculine man
But I know what I am and I'm glad I'm a man
And so is Lola.

Aber auch hier bleibt die Vieldeutigkeit erhalten ›and so is Lola‹ kann sich ebenso auf ›I'm a man‹ wie auf ›I'm glad . . .‹ beziehen. Davies spielt mit der Ambivalenz geschlechtlicher Rollen, er läßt die »vertrauten« Identitätsvorstellungen verschwimmen:

Girls will be boys and boys will be girls
It's a mixed up muddled up shook up world except for Lola.

Ich glaube, es ist interessant darauf hinzuweisen, wie Ray Davies diesen Song bei einem Konzert vorträgt. Angetan mit Seidenjacket und Fliege posiert er und bewegt sich wie etwa Marlene Dietrich. Davies steht damit in der Tradition englischer populärer Unterhaltung; ›female impersonators‹ oder ›drag acts‹ waren Bestandteil der Music-Hall[35]. Noch heute gibt es in einer Reihe von ›pubs‹ und ›clubs‹ – vor allem in London – regelmäßig ›drag shows‹ (Auftritte von Männern in Frauenkleidern) zu sehen.

Lola ist ein ›popular song‹; ich könnte mir zum Beispiel vorstellen, daß er wegen seines Inhalts, wegen seiner eingängigen Melodie und seines ›sing-along‹-Refrains ›La-la-la-la Lola‹ in vielen englischen Pubs gesungen wird.

Ganz offensichtlich um eine homosexuelle Affäre unter Jungen geht es in Paul Simons *Me and Julio down by the schoolyard* (1971). Der Song erläutert nicht näher, was genau hinter dem Schulhof vorgefallen ist, dafür liefert er die Reaktionen der Erwachsenen:

> The mama pajama rolled out of bed
> And she ran to the police station . . .
>
> . . . it's against the law, it was against the law
> Oh what the mama saw, it was against the law.

Die Mutter demonstriert ihre Abscheu:

> The mama looked down and spit on the ground
> Every time my name gets mentioned.

Der Vater möchte den Jungen in eine Anstalt stecken lassen, doch sein Vorhaben wird in Folge der Publizität des Falles in der Presse durch einen fortschrittlichen Priester vereitelt:

> . . . the press let the story leak,
> And when the radical priest came to get me released
> We was all on the cover of Newsweek.

In naiver simpler Umgangssprache und mit ironischem Unterton erzählt Simon diese in pubertärer Erlebniswelt fast normale Begebenheit und ihre Auswirkungen auf moralisierende Autoritäten und eine sensationslüsterne Öffentlichkeit.

›Songs of Innocence and Experience‹
Private und gesellschaftliche Erfahrungen

> Rows and flows of angel hair
> And ice cream castles in the air

And feather canyons ev'rywhere
I've looked at clouds that way

But now they only block the sun
They rain and snow on ev'ryone
So many things I would have done
But clouds got in my way

I've looked at clouds from both sides now
From up and down, and still somehow
It's cloud illusions I recall
I really don't know clouds at all.

Die im folgenden Abschnitt behandelten Songs drücken das Auf und Ab menschlicher Stimmungen, Gefühle und Reaktionen aus, wie es Joni Mitchell in *Both Sides Now* (1967) reflektiert. Mitchells Song der Erfahrungen hat einen klar gegliederten Aufbau. Jeder der drei angeführten Erfahrungsbereiche wird in jeweils einer Strophe aus zwei verschiedenen Blickwinkeln betrachtet – einmal aus einer naiven, träumerischen, optimistischen, zum anderen aus einer erfahrenen, nachdenklichen, pessimistischen Sicht. Die dritte Strophe, der Refrain, vereint die beiden Betrachtungsseiten zu einer Schlußfolgerung.
Mitchells Erfahrungsobjekte sind alle schwer greif- und meßbar; ihr erstes sind die Wolken, die hübsche Bilder von Engelhaar, Eisschlössern und Schluchten aus Federn abgeben, die auf der anderen Seite in das Leben negativ eingreifen, weil sie die Sonne verdecken und Regen und Schnee produzieren.
Danach vergleicht Mitchell ihre Vorstellungen von Liebe – einmal als unbeschwerter romantischer Traum:

Moons and Junes and Ferris wheels
The dizzy dancing way you feel
As ev'ry fairy tale comes real.

Die scheinbare Herrlichkeit einer solchen Liebesauffassung wird auch durch das Zitat eines Standardreims vieler sentimentaler Love-Songs (moon/June) betont.
Doch die Erfahrungen haben Liebe zur spannungslosen Gewohnheit gemacht (but now it's just another show), wo Gefühle und Engagement zurückgehalten werden:

And if you care, don't let them know
Don't give yourself away.

Als drittes betrachtet Mitchell ihre Einstellung zum Leben; es war für sie selbstverständlich, Tränen, Ängste, Stolz und Gefühle offen zu zeigen:

Tears and fears and feeling proud
To say ›I love you‹ right out loud.

Mittlerweile ist sie vorsichtiger, für alte Bekannte unverständlich geworden; fast philosophisch weise akzeptiert sie die Tatsache und den Wert ständiger Veränderung im Leben:

But now old friends are acting strange
They shake their heads, they say I've changed
But something's lost, but something's gained
In living ev'ry day.

Der Refrain, der jede Betrachtung abschließt, verrät, daß auch nach der Erfahrung Ungewißheit und Unsicherheit erhalten bleiben. Mitchell gesteht zu, daß sie auch nach den gewonnenen Einsichten in Natur, Liebe und Leben im Grunde »unerfahren« ist, daß sie wahre Erlebnisse noch nicht angetroffen hat:

I've looked at life from both sides now
From up and down, and still somehow
It's life's illusions I recall
I really don't know life at all.

Spaß und Ärger: Jugendliche und ihre Umgebung

Seit Mitte der fünfziger Jahre zielten Pop-Songs auf jugendliche Konsumenten und bezogen daher ihre Thematik und Szenerie bevorzugt aus deren Erlebnisbereichen.

Mädchen, Vergnügen, Autos

Come into my machine, so we can cruise on out,
I know a swingin' little joint where we can jump and shout,
It's not too far back off the highway not so long a ride,
You park your car out in the open, you can walk inside,
A little cutie takes your hat and you can thank her ma'am,
Ev'ry time you make the scene you find the joint is jammed.

Diese Szene eines Wochenendvergnügens amerikanischer Teenager hat Chuck Berry in *Carol* (1958) beschrieben. Die Sprache ist, wie die Erzählweise, »beteiligt« – Slang, der der geschilderten Umgebung entspricht: »machine« für Auto, »cruise« für fahren, »joint« für Tanzlokal, »cutie« für süßes Mädchen, »to make the scene« für unterwegs, dabei, unter Jugendlichen sein.

In der Folge Chuck Berrys verfaßte Anfang der sechziger Jahre Brian Wilson für die Beach Boys zahlreiche Songs über das Teenagerleben in den USA und besonders in seiner Heimat Kalifornien – über Autos, Wellenreiten, Musik, Tanzen, Mädchen, Vergnügungsparks, über scheinbar sorglosen Spaß, der jedoch von der Großzügigkeit der Eltern abhing:

> Well, she got her daddy's car and she cruised thru the hamburger stand now,
> Seems she forgot all about the library, like she told her ›old man‹ now,
> And with her radio blastin', goes cruisin' just as fast as she can now,
> And she'll have FUN, FUN, FUN, till her daddy takes the ›T-Bird‹ away.

Die Raserei geht so lange, bis der Vater den Wagen wegnimmt. Wie in *Fun, Fun, Fun* (1964) spielen Autos in mehreren Wilson-Songs die Hauptrolle, *Little Deuce Coupe* und *Cherry Cherry Coupe* sind ausschließlich liebevolle Porträts von Autotypen.

Viele amerikanische Teenager-Songs, seien sie von Chuck Berry, Brian Wilson, Jan and Dean, den Everly Brothers etc., strotzen von naivem lokalem und nationalem, eben amerikanischem Patriotismus. In *Amusement Parks U. S. A.* zitieren die Beach Boys die speziellen Vorzüge amerikanischer Vergnügungsparks wie ein Touristenführer, und in *California Girls* loben sie Eigenschaften der Mädchen aus verschiedenen Landesteilen der USA, nur um ihre Heimat Kalifornien zu bejubeln:

> I wish they could all be California Girls

In einer Umgebung, in der äußere Erscheinung und materieller und sozialer Erfolg auch schon unter Teenagern viel gelten, haben es Außenstehende und Benachteiligte besonders schwer. In *At Seventeen* (1975) blickt Janis Ian auf die bitteren Erfahrungen ihrer Teenagerzeit zurück:

> I learned the truth at seventeen
> That love was meant for beauty queens
> And high school girls with clear-skinned smiles
> Who married young and then retired . . .
>
> And those of us with ravaged faces
> Lacking in the social graces

Desperately remained at home
Inventing lovers on the 'phone
Who called to say ›Come dance with me‹
And murmured vague obscenities
It isn't all it seems at seventeen.

Die Erinnerung verbindet Ian mit ihren Schicksalsgenossinnen, »häßlichen Entlein«, die statt Aufmerksamkeit und Liebe Mißachtung, Enttäuschung und Schmerz erfuhren und unbekümmertes Vergnügen nur in ihrer Vorstellung kannten:

To those of us who knew the pain
Of Valentines that never came
And those whose names were never called
When choosing sides for basketball
It was long ago, and far away
The world was younger than today
And dreams were all they gave for free
To ugly duckling girls like me.

Die genannten Beispiele scheinen mir eher das Leben mittelständischer Jugendlicher – oder wenigstens Aspekte davon – zu umreißen. Den »Dschungel« der Großstadtgettos und Vorstädte, auf dessen Pfaden, d. h. neonbeleuchteten Straßen, sich jugendliche Gruppen und Banden aus der Unterschicht ihre nächtliche Freizeit vertreiben, skizziert Bruce Springsteen in *Jungleland* (1975):

The midnight gang's assembled
And picked a rendezvous for the night
They'll meet 'neath that giant Exxon sign
That brings this fair city light
Man there's an opera out on the Turnpike
There's a ballet being fought out in the alley
Until the local cops
Cherry Tops
Rips this holy night
The street's alive . . .

Die Leuchtreklame des Ölkonzerns gibt der Stadt Licht und Leben – ein ironisch-biblisches Bild, die Oper findet auf den bombastischen Ausfallstraßen statt, in den Gassen wird geschlagen und gekämpft mit den Bewegungen eines »realistischen« Balletts.

Elternhaus, Schule Job: Autorität gegen Stolz

Schon in einem früheren Kapitel[36] habe ich die Darstellung des Konflikts zwischen jugendlichem Selbstbewußtsein und der Autorität der Erwachsenen in Rock'n'Roll-Songs wie *Yakety Yak*, *Blue Suede Shoes* oder *Schoolday* angeschnitten.
Die meist ironisch beschriebenen Auseinandersetzungen entzünden sich an dem Drang der Jugendlichen zu Selbständigkeit und Freiheit und an ihrem Unwillen, sich in häusliche, schulische, berufliche Verpflichtungen und Erwartungen zu fügen, deren Erfüllung Eltern, Lehrer, Vorgesetzte mit der Abweisung der jugendlichen Wünsche und Interessen verlangen. Im selbstironischen *Bad Boy* (immerhin von einem Rock'n'Roll-Sänger, Larry Williams, verfaßt) erscheint die Rock'n'Roll-Sucht des Jungen als Wurzel allen Übels:

> He don't want to got to school to learn to read and write,
> He sits around the house playin' rock and roll music all night.
> Well, he pushes back the teacher's chair, pullin' on the little girl's [hair
> Now Junior, behave yourself.

Der Song parodiert typische Klagen und Warnungen der Eltern (this rock and roll has got to stop . . ., go to the barber shop and get that hair cut off your head) in einem barschen, gebietenden Ton, der die Vorbehalte gegenüber der Rockmusik deutlich macht. Chuck Berrys *Schoolday* vertritt dagegen die jugendliche Sicht, er stilisiert in ironischer Übersteigerung den Rock 'n' Roll als Religion oder Heilslehre hoch, die ihre Jünger von den Zwängen des Schulalltags erlöst:

> Hail! hail! Rock 'n' roll,
> Deliver me from the days of old,
> Long live Rock 'n' roll,
> The beat of the drums loud an' bold.

In der Ironie bleibt erkennbar, wie Rockmusik zur Befriedigung bestehender Bedürfnisse dient.
Aber auch weniger »ausgefallene« Jugendliche boten ein Thema; in *Almost Grown* (1959) läßt Berry einen »ordentlichen« jungen Mann zu Wort kommen;

> Yeah, I'm doing all right in school,
> They ain't said I've broke no rule . . .
>
> I don't run around with no mob,
> I got myself a little job . . .

Er möchte einfach nicht gegängelt, sondern anerkannt und als Person respektiert werden:

Don't bother me, leave me alone,
Anyway I'm almost grown.

Die Bevormundung und Benachteiligung von Jugendlichen am Arbeitsplatz und zu Hause hat Eddie Cochran in seinem *Summertime Blues* (1957) am Beispiel eines Schülers, der in den Sommerferien arbeitet, dargestellt. Nacheinander verderben ihm der Boss und die Eltern sein geplantes Liebes- bzw. Sonntagsvergnügen. Einen satirischen Dreh erhält der Song, als der Junge als letzte Rettung die UNO anrufen will; doch auch die Politiker können nicht helfen, da er zu jung zum Wählen ist. Es hilft nichts, er findet kein Mittel gegen seine Sorgen:

I'm gonna raise a fuss, I'm gonna raise a holler
About working all summer just to try to earn a dollar,
Well, I'm tryin' to call my babe, tryin' to get a date,
My boss says, »No dice son, you've got to work late.«

Well, my papa 'n' mama told me, »Son you gotta make some money,
If you wanna use the car to go ridin' next sunday«
Well, I'didn't go to work for the boss I was sick,
»But you can't use the car, 'cause you didn't work all day.«

I'm gonna take two weeks, gonna have a fine vacation,
I'm gonna take my problem to the United Nations,
Well, I called my congressman, but he said, quote,
»I'd like to help you, son, but you're too young to vote.«

Sometimes I wonder what I'm gonna do,
But there ain't no cure for the Summertime Blues.

Auf seiner Schallplattenaufnahme hat Cochran die Fronten und die Rollenverteilung von Erwachsenen und dem Jungen durch unterschiedliche Stimmlagen markiert.
Elternautorität anderer, mehr privater Art demonstriert Janis Ian in *Too old to go away, little girl*, das sie 1966 als Fünfzehnjährige schrieb. Ian hat die moralischen Ermahnungen ihrer Mutter aufgezeichnet und setzt sie in Gegensatz zu der erwachenden, doch gleich eingezäunten und auf die Phantasie beschränkten sexuellen Neugier des jungen Mädchens:

Don't go out in the street, little girl, and don't go out into town,
Now, you don't know who you meet, little girl, there are bad men around,

Your mother, she's in love with you, and she tells you you oughtn't go with guys,
So go to bed at ten, let your mama tuck you in,
And turn on your Mickey Mouse night-light,
Then you make it with your mind . . .

Unzufriedenheit und soziale Zwänge

Up in the mornin' out on the job
Work like the devil for my pay
But that Lucky Old Sun has nothin' to do
But roll around heaven all day

Fuss with my woman, toil for my kids
Sweat till I'm wrinkled and gray
While that Lucky Old Sun has nothin' to do
But roll around heaven all day.

Unzufriedenheit im Alltag – bei der Arbeit und zu Hause, Sehnsucht nach einem sorgenfreien Dasein wie das der Sonne am Himmel – das ist der Kern dieser beiden Strophen von *That Lucky Old Sun* (von Gillespie/Smith geschrieben, 1963 von Ray Charles aufgenommen). Zwänge, die von außen auf den einzelnen einstürmen und Ärger und Unzufriedenheit hervorrufen, sind ein Standardthema der Popmusik; einige der hier angeführten Songs zählen zu den bekanntesten Pop-Songs überhaupt, und das sicher nicht nur aus musikalischen Gründen. Ihre Titel verraten Inhalt und Programm: *Too much monkey business, (I can't get no) Satisfaction*, *Get off of my cloud*, *Substitute*, *Born to run*.
In Chuck Berrys *Too much monkey business* (1956) werden Probleme, Zwänge, Sorgen, Bevormundungen, die aus der Umwelt auf die Persönlichkeit hereinbrechen, als kurze Sätze, Aufzählungen und Ausrufe hingeworfen; Belastungen und Hektik des Lebens werden in passender Form herausgestoßen:

Runnin' to and fro, hard workin' at the mill
Never fails in the mail, there comes a rotten bill . . .

Blond hair, good lookin', tryin' to get me hooked,
Wants me to marry, get a home, settle down, write a book

Pay phone, somethin' wrong, dime gone, will mail,
Ought to sue the operator for tellin' me a tale . . .

Been to Yokohama, been fightin' in the war,
Army bunk, army chow, army clothes, army car!

Workin in the fillin' station, too many tasks,
›Wipe the windows, check the tires, check the oil, dollar gas?

Dazu liefert der Refrain den Kommentar, dessen Einfachheit doch die Abneigung gegen ein Leben voll Hektik und sozialem Druck und den Wunsch nach Ruhe und Unabhängigkeit vermittelt:

Arrgh – Too Much Monkey Bus'ness, Too Much Monkey Bus'ness,
Too Much Monkey Bus'ness for me to be involved in.

Jagger/Richards (*I can't get no*) *Satisfaction* (1965) handelt vom Eingreifen der Medien in das Leben – davon, wie Informationen und Werbung an wahren Bedürfnissen vorbeireden und Frustrationen nicht auflösen, sondern eher bewirken:

When I'm drivin' in my car
And that man comes on the radio
And he's tellin' me more and more
About some useless information
Supposed to fire my imagination . . .

When I'm watchin' my TV
And a man comes on and tells me
How white my shirts can be
But he can't be a man
Cause he doesn't smoke
The same cigarettes as me

I can't get no satisfaction
I can't get no satisfaction
Cause I try and I try and I try and I try
I can't get no.

In der zweiten Strophe wird die Fernsehwerbung umgekehrt, aufgehoben durch den Zuschauer, der einen anderen Werbeslogan beim Wort nimmt: der Waschmittelwerber kann kein richtiger Mann sein, weil er nicht dieselben Zigaretten wie der Zuschauer raucht. Das Thema wird in *Get off of my cloud* (1965) fortgesetzt; hier geht es wieder um die Wirkung der Umwelt auf den einzelnen, der in seiner Freiheit und Ruhe beschnitten wird:

I say hey hey you you
Get off of my cloud
Don't hang around
Cause two's a crowd on my cloud

Aber er kann sich der Umwelt nicht entziehen, sie nimmt Einfluß auf sein Privatleben – in Gestalt von Vertretern, Anrufern, Nachbarn, die sich gestört fühlen, Verkehrspolizisten:

I was sick and tired and fed up with this
And decided to take a drive downtown
It was so very quiet and peaceful
There was nobody not a soul around

I laid myself out I was so tired
And I started to dream
In the morning the parking tickets
Were just like a flag stuck on my windscreen.

Substitute (1966 von Pete Townshend für seine Gruppe The Who geschrieben) handelt von der Versagung von Glück, von gesellschaftlicher und privater Benachteiligung, von dem Ersatz echter durch scheinbare Bedürfnisbefriedigung. Townshend kleidet die Klage des Jungen, der immer die zweite Geige gespielt hat, in treffende, situationsbezogene Bilder – für seine Minderwertigkeitskomplexe (I look pretty tall, but my heels are high), für seine unterprivilegierte Herkunft (born with a plastic spoon in my mouth; my fine looking suit is really made out of sack), für das Liebesverhältnis, in dem er nur zweite Wahl ist (substitute me for him, substitute my coke for gin) und das er mit einer ironischen, leicht bitteren Pointe beendet, indem er die Freundin durch seine Mutter ersetzt, bei der wenigstens das Bedürfnis nach frischer Wäsche erfüllt wird:

You think we look pretty good together,
You think my shoes are made of leather,
But I'm a substitute for another guy
I look pretty tall, but my heels are high,
The simple things you see are all complicated,
I look pretty young, but I'm just backdated, yeah.
Substitute your lies for fact,
I see right through your plastic mac,
I look all white, but my daddy was black,
My fine-looking suit is really made out of sack.

I was born with a plastic spoon in my mouth,
On the Northside of my town that faces East, and the
Eastside faces South,
Now you dare to look me in the eye,
Those crockodile tears are what you cry,
It's a genuine problem you won't try,

To work it out at all, or to pass it by, pass it by.
Substitute me for him, substitute my coke for gin,
Substitute you for my mom, at least I'll get my washing done.

Andere Songs versuchen Auswege aus Zuständen, die Unzufriedenheit, Druck, Benachteiligung produzieren, zu weisen. Meist ist es die Aufforderung, aus einer Lage auszubrechen, wie in einem Anfang der sechziger Jahre verfaßten Song des New Yorker Schreiberpaares Mann-Weil aus der sozialen Not Unterprivilegierter:

We've gotta get out of this place
If it's the last thing we'll ever do
We've gotta get out of this place
Girl, there's a better life for me and you.

In den siebziger Jahren hat Bruce Springsteen diese Thematik aufgegriffen und zur motorisierten Flucht amerikanischer Jugendlicher aus der sozialen Unterdrückung und der in jeder Hinsicht fesselnden Umklammerung der »mörderischen« Großstadt ausgeschmückt:

In the day we sweat it out in the streets of a run-away American dream
At night we ride through mansions of glory in suicide machines
Sprung from the cages out on Highway 9
Chrome wheeled, fuel injected
And steppin' out over the lines
Baby this town rips the bones from your back
It's a death trap, it's a suicide rap
We gotta get out while we're young
'Cause tramps like us, baby we were born to run.

Einen anderen Ausweg zeigt Springsteen in *Meeting Across The River* – den der Kriminalität. Im Gegensatz zum etwas aufgeblasenen Pathos von *Born To Run* werden wir hier Zeuge eines unverzierten Gespräches im Slang – es könnte aus einem Filmdrehbuch stammen. Wir hören nur einen Gesprächspartner; er bittet seinen Freund um Geld und eine Mitfahrgelegenheit zur anderen Seite des Flusses (wir sind in New York), weil er hofft, heute den ganz großen Coup zu landen:

Hey Eddie, can you lend me a few bucks
And tonight can you get us a ride
Gotta make it through the tunnel
Got a meeting on the other side.

Die Sache ist groß (this guy, he's the real thing), fast zu groß:

We gotta stay cool tonight, Eddie
'Cause man we got ourselves out on that line
And if we blow this one
They ain't gonna be looking just for me this time.

Da hilft es, sich und den Bossen Respekt einzuflößen – mit einer Pistolenattrappe in der Tasche:

Here stuff this in your pocket
It'll look like you're carrying a friend

Der Erzähler scheint es öfter versucht zu haben (the word's been passed this is our last chance), heute will er seine Versprechungen erfüllen, will beweisen, daß er Erfolg haben kann – auch vor seinem Mädchen, das ihm fortgelaufen ist, weil er ihr Radio verpfändet hat. Dabei erscheint er sogar unfähig, sich selbst eine Fahrgelegenheit zum anderen Flußufer zu besorgen, er muß den Freund bitten:

And tonight's gonna be everything that I said
And when I walk through that door
I'm just gonna throw that money on the bed
She'll see this time I wasn't just talking
Then I'm gonna go out walking

Hey Eddie, can you catch us a ride?

Enttäuschung und Verzweiflung

Ole' Man Trouble, just leave me alone
Go find someone else to pick on
I lived my life in doubt, you see
Ooh, Old Man Trouble, please stay away from me.

Als *Old Man Trouble*, als guten, ja leider zu guten alten Bekannten hat der schwarze amerikanische Sänger Otis Redding Kummer und Sorgen, die Gründe seiner Verzweiflung, personifiziert. Er hat genug zu erdulden gehabt, er ist des ungebetenen Gastes überdrüssig, er möchte den lästigen alten Mann loswerden. Während sich Reddings Klage gegen die Verzweiflung aufbäumt, verharrt Lennon/McCartneys *I'm a loser* (1964) melancholisch in der Enttäuschung über eine zerbrochene Liebe:

I'm a loser, and I lost someone who's near to me
I'm a loser, and I'm not what I appear to be.

Allerdings reflektiert die Person über ihre Lage, trennt äußere Erscheinung von innerem Schmerz, fragt, ob wirklich der Verlust des Mädchens oder gar verletzter Stolz und Selbstmitleid die wahren Gründe für den Schmerz sind:

Although I laugh and act like a clown,
Beneath this mask I am wearing a frown.
My tears are falling like rain from she sky
It is for her or myself that I cry?

Das vertraute Bild des tragischen Clowns, des Pierrot, der hinter der fröhlichen Maske Trauer und Melancholie verbirgt, taucht auch in anderen Songs auf; besonders auffällig in zwei Songs von Smokey Robinson und seiner Gruppe The Miracles, einem der schwarz-amerikanischen Vorbilder der Beatles, in *Tears of a clown* und in dem älteren *Tracks of my tears* (1965):

Outside – I'm masquerading
Inside – my hope is fading
I'm just a clown – since you put me down
My smile is my make-up,
I wear since my break-up with you.

Daß Enttäuschung und Verzweiflung weitreichendere Konsequenzen nach sich ziehen können, hat Lou Reed beschrieben:

If you'd close the door the night could last for ever
Leave the sunshine out and say hello to never.

Nach der ersten Zeile könnte man noch an eine Einladung zu einer »ewigen« Liebesnacht glauben, doch das ›hello to never‹ scheint den Abschied von Licht und Leben einzuschließen. Der Song heißt *After Hours* – nach Geschäftsschluß, nach der Sperrstunde; der Titel kennzeichnet vielleicht die Nachwehen einer Liebe, die düstere Stimmung eines »Katers«. Aus den nächsten Zeilen sprechen Verbitterung, die Angst vor den Problemen des Lebens und die Sehnsucht, das Unglück durch den Tod zu beenden. Gleichwohl kann die Androhung ein pathetischer Versuch sein, den Partner zurückzugewinnen:

All the people are dancing, and they're having such fun,
I wished it could happen to me,
But if you close the door,
I'd never have to see the day again.

Depressive, dunkle Atmosphäre liegt auch über Jagger/Richards *Paint it black* (1966), symbolisiert durch das Verlangen, Farben, die mit anderen, fröhlicheren Stimmungen assoziiert werden, in schwarz zu verwandeln:

I see a red door, and I want it painted black
No colours anymore, I want them to turn black.

Grund für die verzweifelte Gemütslage ist der Verlust, ja wahrscheinlich der Tod einer Geliebten, der durch die Erwähnung des Leichenzuges angedeutet wird:

I see a line of cars and they're all painted black
With flowers and my love, both never to come back

I see people turn their heads and quickly look away
Like a newborn baby it just happens every day.

Für Außenstehende ist der Tod eine alltägliche Angelegenheit, die nicht weiter berührt, für den Beteiligten ist er jedoch ein Erlebnis der Verzweiflung und Trauer, das hier in der Unfähigkeit, das Licht der Sonne zu ertragen, gipfelt:

I wanna see the sun flyin' high upon the sky
I wanna see it painted, painted black.

Enttäuschung und Verzweiflung brauchen nicht als unmittelbare Klage erscheinen, sie können auch wie das obige Beispiel in Gleichnissen sprechen. In ihrem *Black Mountains Blues*[37] entwirft die legendäre Bluessängerin Bessie Smith eine Reihe paradoxer, unsinniger, überdrehter Charakterisierungen einer unheimlichen Bergregion, um den Schuldigen an ihrer Verzweiflung zu treffen:

Back in Black Mountain a child will smack your face
Babies crying for liquor and all the birds sing bass

Black Mountain people are bad as they can be
They uses gun powder just to sweeten their tea.

Sie will sich an dem Mann, der sie für ein Stadtmädchen verlassen hat (he throwed me down), rächen:

I'm bound for Black Mountain, me and my razor and my gun
I'm gonna shoot him if he stands still and cut him if he run.

Am Ende gesteht sie sich ihre verbitterte Gefühlslage ein; sie ist unruhig und unglücklich, sie hat ihre Verzweiflung mit Alkohol genährt und daraus vielleicht die makaberen Halluzinationen geschöpft, sie hat den *Black Mountain Blues* als Sprachrohr ihres Kummers – und als Rezept dagegen:

Got the devil in my soul and I'm fulla bad booze
I'm out here for trouble and I've got the Black Mountain Blues

Einsamkeit und Entfremdung

Do you hear that lonesome whippoorwill
He sounds too blue to fly
The midnight train is whinin' low
I'm so lonesome I could cry

I've never seen a night so long
When time goes crawlin' by
The moon just went behind the clouds
To hide his face and cry

Did you ever see a robin weep
When leaves began to die
Like me he's lost the will to live
I'm so lonesome I could cry

The silent sob of a fallin' star
Lights up a purple sky
And as I wonder where you are
I'm so lonesome I could cry.

Ich glaube, man kann die Stimmung einer einsamen Nacht kaum vollkommener treffen, als es der Country-Sänger Hank Williams Anfang der fünfziger Jahre in *I'm so lonesome I could cry* getan hat. Zur Darstellung der Einsamkeit und Hoffnungslosigkeit benutzt Williams einfache Bilder aus der ländlichen Umgebung, aus der seine Musik, die Country-and-Western-Musik, gewachsen ist: Vögel (whippoorwill ist eine amerikanische Vogelart), das Heulen des Nachtzuges, der Mond, das »stille Seufzen« eines Meteors, der dunkelrot getönte Himmel. Man spürt buchstäblich das weite Land, den freien Himmel; man kann sich in die Bilder hineinversetzen – und in die Gefühle, die dahinter stehen, obwohl erst in der vorletzten Zeile ihre Ursache – eine verlorene Liebe – direkt erwähnt wird.
In der Nachfolge Hank Williams sind seit den fünfziger Jahren einige

Country-and-Western-Sänger wie Johnny Cash, Merle Haggard, Willie Nelson, Waylon Jennings etc. hervorgetreten, deren Songs greifbar Erfahrungen von Einsamkeit, Enttäuschung, Hoffnungslosigkeit, Sehnsucht, Ausgestoßensein vor dem Hintergrund der Dörfer, Städte und Straßen des nordamerikanischen Südens übermitteln. Dabei spürt man in Musik und Text den Einfluß traditioneller Balladen genauso wie den der afro-amerikanischen Blues. Die besten Songs sprechen in den konkreten aktuellen und regionalen Bezügen allgemeingültige Empfindungen und Erlebnisse aus, wie viele Songs des überzeugendsten der jüngeren Country-Autoren, Kris Kristofferson. Sein *Help me make it through the night* (1969) ist die Bitte an ein Mädchen, ihm Gesellschaft zu leisten, um die Einsamkeit der Nacht zu vertreiben. Der Song beginnt in sanften, sinnlichen, überredenden Tönen:

Take the ribbon from your hair
Shake it loose and let it fall
Layin' soft upon my skin
Like the shadows on the wall
Come and lay down by my side
Till the early morning light
All I'm taking is your time
Help me make it through the night.

In den letzten zwei Zeilen der Strophe wird klar, daß die Sehnsucht nach Liebe ursprünglich mit der Angst vor dem Alleinsein zusammenhängt, Die Bekämpfung der Einsamkeit, der Furcht, die Nacht nicht zu überstehen, erfordert kein Engagement (all I'm taking is your time), keine Beziehung auf Dauer, sondern eine Freundschaft des Augenblicks:

I don't care who's right or wrong
I don't try to understand
Let the devil take tomorrow
Lord, tonight I need a friend.

Das Gestern und das Morgen zählen nicht, es wird buchstäblich dem Teufel überlassen; allein die Sorgen von heute sind wichtig, ironischerweise wird in diesem Fall gerade Gott entgegen allen überlieferten christlichen Vorstellungen um Hilfe gebeten. Hinter dem Song steht eine eher pessimistische Einstellung zum Leben, ohne große Ideale und Perspektiven, aber doch voll Hoffnung, die Bedrohung des Augenblicks durch Freundschaft und Wärme zu überwinden:

Yesterday is dead and gone
And tomorrow's out of sight
And it's sad to be alone
Help me make it through the night.

In *Sunday morning comin' down* (1969) zeigt Kristofferson Einsamkeit am Beispiel einer autobiographischen, jedoch weithin vertrauten Erfahrung – dem Sonntagmorgen nach einer durchzechten Nacht:

> Well, I woke up Sunday morning with no way to hold my head so it didn't hurt,
> And the beer I had for breakfast wasn't bad, so I had one more for dessert
> Then I fumbled through my closet for my clothes and found my cleanest dirty shirt
> And I shaved my face and combed my hair and stumbled down the stairs to meet the day.

Die Beobachtungen treffen genau die Atmosphäre einer leicht chaotischen, »unbürgerlichen« Existenz, die zwar ungebunden aber auch »ungeborgen« ist:

> I'd smoked my brain the night before on cigarettes and songs that I'd been pickin'
> But I lit my first and watched a small kid cursin' at a can that he was kickin'
> Then I crossed the empty street and caught the Sunday smell of someone fryin' chicken
> And it took me back to somewhere along the way.

»Picking« bedeutet hier die Zupftechnik beim Gitarrenspiel. Der Geruch eines Sonntagsessens weckt Erinnerungen an die Vergangenheit, der Spaziergang durch die leeren Straßen, vorbei an Familienvätern und Sonntagsschulen, Kirchenglocken in den Ohren, erzeugt in der Katerstimmung ein unbestimmtes Gefühl der Einsamkeit und Leere, das ein Rausch abstellen würde:

> On the Sunday morning sidewalks, wishin' Lord that I was stoned,
> Cause there's something in a Sunday, makes a buddy feel alone
> And there's nothin' short of dying, half as lonesome as the sound
> On the sleepin' city sidewalks, Sunday morning comin' down.

War Einsamkeit in den obigen Beispielen mehr ein seelischer Zustand, so ist sie in Shel Silversteins *Carry Me Carrie* mit physischer Hilflosigkeit verbunden. Silverstein zeigt einen Tramp auf New Yorks Straßen, der um Beistand bittet, menschlichen Kontakt sucht, um aus der Isolation herauszukommen, der allein verloren ist, der aber immer noch hofft, es mit Unterstützung »schaffen« zu können – wobei das »I can make it if I lean on you« im wörtlichen wie im übertragenen Sinn zu sehen ist:

Second Street and Broadway, sittin' in a doorway
Head held in his hands, looked to all the world like he was prayin'
Foot wrapped in an old rag, bottle in a brown bag
I saw him try to stand, then I heard the words that he was sayin'
He said, »Come on, Carrie, carry me a little farther,
Come on, Carrie, carry me one more mile
I don't know where it's leadin' to
But I know I can make it if I lean on you . . .

Von derselben Hoffnung spricht Bessie Smith, wenn sie das Leben einer langen alten beschwerlichen Straße vergleicht, an deren Ende Vertrauen und Freundschaft (hier vielleicht sogar in religiöser Bedeutung) stehen:

It's a long old road, but I'm gonna find the end
And when I get there I'm gonna shake hands with a friend.[38]

Die Bekämpfung der Einsamkeit beinhaltet eine Suche nach Liebe und Glück. Joni Mitchell schildert diese Suche in *The Same Situation* (1973) als ein sich ständig wiederholendes, scheinbar nie endendes Unterfangen. Mitchell hängt ihre Reflektionen über den Kreislauf von Hoffnung auf Liebe, Zweifel, Enttäuschung und Desillusionierung an die Beschreibung einer typischen Beziehung an:

Again and again the same situation
For so many years
Tethered to a ringing telephone
In a room full of mirrors
A pretty girl in your bathroom
Checking out her sex appeal
I asked myself when you said you loved me
»Do you think this can be real?«

Es ist immer dasselbe, man ist ans Telefon gefesselt, das Mädchen überprüft ihre Reize und mißtraut Liebesversprechen. Und doch hofft und betet sie, obwohl sie weiß, daß das nicht »zeitgemäß« ist in einer Periode, in der der Himmel voll Astronauten hängt, ein machtloser Gott auf die Hinrichtung wartet und seine Millionen verlassener Kinder sich gegenseitig bekämpfen und nach Liebe suchen. Mitchell charakterisiert trefflich die seelische Leere und Entfremdung in einer rücksichtslosen modernen Zivilisation und spiegelt Strömungen in der Philosophie, Soziologie und Psychologie dieses Jahrhunderts:

Still I sent up my prayer
Wondering where it had to go

With heaven full of astronauts
And the Lord on death row
While the millions of his lost and lonely ones
Call out and clamour to be found
Caught in their struggle for higher positions
And their search for love that sticks around.

Die dritte Strophe kehrt zum Mann-Frau-Verhältnis zurück, zu den kühlen Abwägungen, ob der eine Partner den Ansprüchen des anderen genügt:

You've had lots of lovely women
Now you turn your gaze to me
Weighing the beauty and the imperfection
To see if I'm worthy
Like the church
Like a cop
Like a mother.

Mitchell vergleicht die kontrollierenden Blicke des Partners mit den traditionellen Kontrollorganen Kirche, Polizei, Eltern. Auch nach solchen Erfahrungen gibt sie die Suche nicht auf, betet, ohne zu wissen, wer ihr zuhört, mit Millionen anderer Verlassener und Einsamer für die Erlösung – bewußt werden religiöse Begriffe eingesetzt – durch einen starken und wenigstens »irgendwie« (somewhat) ehrlichen Menschen – die Erwartungen sind in einer unehrlichen Welt doch schon zurückgeschraubt:

Still I sent my prayer
Wondering who was there to hear
I said send me somebody
Who's strong and somewhat sincere
With the millions of the lost and lonely ones
I called out to be released
Caught in the struggle for higher achievement
And my search for love
That doesn't seem to cease.

Eine Vision der Kontaktlosigkeit, Einsamkeit, Kälte sieht Paul Simon in *The Sounds of Silence* (1964) – Menschen im Neonlicht, die sich einander nicht mitteilen können, die innerlich isoliert sind, obwohl sie Geräusche (sounds) produzieren, Szenen, die an die Filmvisionen in Ingmar Bergmans *Das Schweigen* erinnern:

In restless dreams I walked alone
Narrow streets of cobblestone;
'neath the halo of a street lamp
I turned my collar to the cold and damp,
When my eyes were stabbed by the flash of a neon light
That split the night and touched the sound of silence

And in the naked light I saw
Ten thousand people, maybe more
people talking without speaking
people hearing without listening
people writing songs that voices never share
no one dare disturb the sounds of silence.

Auf einen konkreten Fall von Einsamkeit und Isolierung und deren Konsequenzen im Selbstmord geht Simon in *A most peculiar man* (1965) ein. Mit Erinnerungen und Kommentaren versucht er, in die stille, enge Welt (his silent world and his tiny room) des abgeschlossenen »seltsamen« Mannes, der eines Samstags den Gashahn aufgedreht hat und dessen Schicksal die Mitmenschen erst nachher und nur oberflächlich anrührt, hineinzuleuchten:

He was a most peculiar man
He lived all alone, within a house,
Within a room, within himself
A most peculiar man . . .

Simons *I am a rock* (1966) ist eine Studie der Verschlossenheit, gewollten Einsamkeit, Kontaktangst an der eigenen Person:

I've built walls
A fortress deep and mighty
That none may penetrate
I have no need of friendship
Friendship causes pain
Its laughter and it's loving I disdain
I am a rock, I am an island.

Er verschließt sich, um Gefühlsregungen zu entgehen; Simon hat die Isolierung mit guten Bildern verdeutlicht (walls, fortress). Die Metaphern »I am a rock« and »I am an island« werden weiter erläutert, Felsen und Inseln kennen keine Schmerzen oder Tränen, sie sind unempfindlich gegen Liebe und Freundschaft:

I am a rock, I am an island
And a rock feels no pain
And an island never cries.

Eines der eindrucksvollsten Porträts der Einsamkeit und Hoffnungslosigkeit ist zweifellos Lennon/McCartneys *Eleanor Righby* (1966). Die alte Frau, die den von einer Hochzeit liegengebliebenen Reis aufsammelt, der Pfarrer, der eine Predigt schreibt, die niemand hören wird und der nachts, wenn niemand da ist, seine Socken stopft – sie verkörpern mitfühlend das Schicksal »all der einsamen Leute«, das im Refrain besungen wird und als Motto über dem Song steht:

All the lonely people, where do they all come from?
All the lonely people, where do they all belong?

Die Stimmung der Melancholie und leisen Verzweiflung findet in der dritten Strophe ihren Höhepunkt; die Frau stirbt, ihre Existenz und ihr Name sind ausgelöscht, auch der Tod bringt keine Erlösung:

Eleanor Rigby died in the church and was buried along with her name – nobody came,
Father McKenzie wiping the dirt from his hands as he walks from the grave – no one was saved.

Einsamkeit, Entfremdung, emotionale Leere und Frustration in der städtischen Zivilisation – das sind Themen, die bevorzugt in der Literatur des 19. und 20. Jahrhunderts von Baudelaire über T. S. Eliot (vor allem in *The Love Song of Alfred J. Prufrock* und *The Waste Land*) bis Harold Pinter – wenn auch auf anderer Ebene und in größerer stilistischer Vielfalt als in den zitierten Songs – verarbeitet wurden.
W. H. Auden zeichnete 1940 in seinem satirischen Gedicht *The Unknown Citizen*[39] das bittere Porträt eines Durchschnittsbürgers einer bürokratisch organisierten Massengesellschaft, dessen Konsumansprüche als »moderner Mensch« und Ratenzahler erfüllt sind (He was fully sensible to the adventages of the Instalment Plan/And had everything necessary to the Modern Man,/A phonograph, a radio, a car and a frigidaire), dessen Leben sich in anonymer, unauffälliger Gleichförmigkeit abspielt:

He was found by the Bureau of Statistics to be
One against there was no official complaint,
And all the reports on his conduct agree
That, in the modern sense of an old-fashioned word, he was a saint,
For in everything he did he served the Greater Community . . .

In ähnlicher Weise beschäftigt sich der englische Songschreiber Ray Davies in einer Reihe von Songs mit den Lebensbedingungen in der »modernen« Zivilisation unserer Zeit und den Auswirkungen dieser Zivilisation auf die Menschen. Grundtendenzen dieser Songs sind die Absage an die technisierte, automatisierte Industriegesellschaft und die Bewahrung älterer, »menschlicher« Lebensformen.
In *Acute Schizophrenia Paranoia Blues* zeichnet Davies ein tragikomisches Bild von der modernen Gesellschaft und der Angst und Unsicherheit ihrer Mitglieder:

> I'm too terrified to walk out of my own front door,
> They're demonstrating outside I think they gonna start the third world
> I've been to my local head shrinker, [war
> To help classify my disease,
> He said it's one of the cases of acute schizophrenia he sees.

Die beschriebene Szene hat Bezüge zur Gegenwart, könnte aber auch aus einem Zukunftsroman in der Art von *1984* stammen; »local head shrinker« bezeichnet wohl einen Arzt oder Psychiater, und dieser kräftige Ausdruck weist auf die Funktion des individuellen Verstandes in der gezeigten Gesellschaft hin: Kopf und Gehirn sind nicht gefragt und werden »eingeschrumpft«. Die »Zivilisationskrankheiten« nehmen Züge von Verfolgungswahn an:

> »Well the milkman's a spy, and the grocer keeps on following me
> And the woman next door's an undercover for the K. G. B.«

›K. G. B.‹ ist eine Abkürzung für den russischen Geheimdienst. Die Privatsphäre des Lebens ist zerstört:

> And the man from the Social Security
> Keeps on invading my privacy,
> Oh there ain't no cure for acute schizophrenia disease.

Der Gedanke der »privacy« und ihrer Beeinträchtigung durch das Eindringen staatlicher Stellen und Organe in das Privatleben taucht bei Davies öfter auf; so in *20th Century Man*:

> I was born in a welfare state
> Ruled by bureaucracy
> Controlled by civil servants
> And people dressed in grey
> Got no privacy, got no liberty
> Cos the twentieth century people
> Took it all away from me.

Die Vision des allmächtigen Staates und seiner anonymen Bürokratie, die die persönliche Freiheit beschneiden, malt Davies in *Here Come the People in Grey* weiter aus:

> The people in grey have come and taken away my right to voice my complaint,
> Her Majesty's Government have sent me a form I must complete it today.
> But it's making me blue, don't want to tell all my secrets to
> The people in grey.

Die zitierten Stellen handeln übersteigernd und parodisierend von den direkten Auswirkungen staatlicher Verwaltung auf das alltägliche Leben des einzelnen. Der Lösungsvorschlag, um sich vom Druck der »people in grey« und den Zwängen der Gesellschaft zu befreien, ist ebenfalls – da von jeglicher Realität entfernt – »tongue-in-cheek« gemeint und könnte aus einem Science-Fiction-Film oder -Roman herrühren:

> Me and my baby's gonna get on a train that's gonna take us away,
> I'm gonna live in a tent, we're gonna pay no more rent, we're gonna pay no more rates,
> We're gonna live in a field, we're gonna buy me a gun, to keep the policemen away.

Obwohl ironisch gedacht, scheint mir diese Stelle auf Pessimismus und ein naiv-idealistisches Wunschdenken hinzudeuten, bei dem tatsächlich soziale Probleme nicht gesehen werden. In *20th Century Man* findet sich auch allgemeiner gefaßte Zeitkritik:

> This is the age of machinery
> A mechanical nightmare,
> The wonderful world of technology,
> Napalm, hydrogen bombs, biological warfare.

Davies drückt hier Abscheu über die Unmenschlichkeit und den Mißbrauch moderner Technik und ihrer Errungenschaften, die der Zerstörung von Leben dient, aus. Mir erscheint Davies in dieser Art genereller Kritik, die in der Popmusik schon seit 1963/64 aus den *protest songs* vertraut ist, fast modisch und weniger genau stichhaltig als in seinen Beschreibungen von Situationen und Erfahrungen aus dem englischen Leben, die ich in den folgenden Kapiteln behandeln werde. Der gesellschaftskritische Effekt geht gänzlich verloren, wenn Davies in Nostalgie verfällt:

> It's the age of insanity,
> What has become of the green pleasant fields of Jerusalem.

Der Bezug auf William Blakes *Jerusalem* wirkt meiner Ansicht nach pathetisch, beinahe snobistisch, ebenso wie die Zeilen:

You keep all your smart modern writers
Give me William Shakespeare
You keep all your smart modern painters
I'll take Rembrandt, Titian, Da Vinci and Gainsborough.

Die Sehnsucht nach der »guten alten Zeit« beschreibt Davies – jedoch mit Ironie – schon in *The Village Green Preservation Society*:

We are the Office Block Persecution Affinity,
God save the little shops, china clocks, and virginity,
We are the Sky-Scraper Combination Affiliates,
God save Tudor houses, antique table divinitates.

Aber auch hier überdecken Nostalgie, »whimsicality« (Schrulligkeit, Absonderlichkeit – in »virginity«) und Snobismus (china clocks, antique table) das zeitkritische Element (Office Block, Sky-Scraper).

Freude und Sinnlichkeit

Oh baby
Yes baby,
Woo baby,
Havin' me some fun tonight.

(Aus *Long Tall Sally*, 1956 von R. Penniman, E. Johnson und R. Blackwell.)
Das Hinausschreien, das Zelebrieren von Freude, Spaß, Vergnügen stand von Anfang an im Mittelpunkt der Rockmusik. Der Rock'n'Roll-Sänger Little Richard hat – wie in *Long Tall Sally* – das ungestüme Ausleben von Wünschen und Bedürfnissen in anderen einfachen Songs gefeiert, *Rip it up* beschreibt das sorgenlose Vergnügen des Samstagabends mit jugendlichem Jargon entsprechenden Verben – »to shake«, »to rip«, »to rock«, »to ball«. Zwanzig Jahre später (1975) hat Bruce Springsteen das dominierende Thema im Leben vieler Jugendlicher in *Night* wieder aufgegriffen – das »ungebundene« abendliche Freizeitvergnügen, um die Belastung und Bevormundung des Tages zu verdrängen:

You get up every morning at the sound of the bell
You get to work late and the boss man's giving you hell
Till you're out on a midnight run

Losing your heart to a beautiful one
And it feels right
As you lock up the house
Turn out the lights
And step out into the night.

Ein morgendliches Gefühl von Lebensfreude und Optimismus nach einer durchfeierten Nacht (I'm dappled and drowsy) versprüht Paul Simons *The 59th Street Bridge Song* (*Feelin' Groovy*) (1966). Das unbeschwerte Wohlfühlen (›groovy‹ ist ein Slangausdruck für gut, schön, toll) soll nicht durch Hast (die man eigentlich sonst mit dem Morgen assoziiert) zerstört, sondern ausgedehnt und genossen werden:

One, two, three, slow down, you move too fast
You got to make the morning last
Just kickin' down the cobblestones
Lookin' for fun and feelin' groovy.

Morgendliche Freudenstimmung vermittelt auch Joni Mitchells *Chelsea Morning* (1967), ein Liebeslied, das an das Erlebnis eines Morgens geknüpft ist. Der Verkehr klingt wie Musik in den Ohren, der Tag wird in einem schönen Bild wie ein Kleid angezogen:

Woke up it was a Chelsea morning, and the first thing that I heard,
Was a song outside my window, and the traffic wrote the words
It came ringing up like Christmas bells, and wrapping up like pipes [and drums
Oh won't you stay
We'll put on the day
And we'll wear it 'till the night comes.

Wieder zeigt sich Mitchells Gabe für treffende lebendige Bilder und Vergleiche; die Sonne strömt (schon das »pour« ist bildhaft) über die morgendliche Szenerie wie Karamell und bleibt in Fortführung des Vergleiches an den Sinnen kleben:

And the sun poured in like butterscotch and stuck to all my senses.

Am Ende jeder Strophe wird der Geliebte gebeten zu bleiben, den Tag zusammen zu erleben – hier mit der Versicherung, das Glück des Augenblicks ohne große Zukunftserwartungen und -versprechungen zu genießen:

Oh, won't you stay
We'll put on the day
And we'll talk in present tenses.

In Van Morrisons *And it stoned me* (1969) ruft die sinnliche Erfahrung des Wassers Glücksgefühle hervor. Das Wasser wird von einem Jungen in verschiedenen Situationen erlebt, im Regen, beim Schwimmen (let it run all over me), beim Trinken (get it myself from the mountain stream). Jedesmal hat es eine berauschende Wirkung (stoned), die Van Morrison sogar mit sexuellen Glücksgefühlen (jelly roll) vergleicht:

And it stoned me to my soul
Stoned me just like jelly roll
And it stoned me.

Der Tanz ist eine der ältesten Äußerungen von Freude und Vergnügen. Van Morrison scheint in *Moondance* an heidnische und mittelalterliche Mai- oder Mittsommernachtsbräuche und an Naturriten anderer Kulturen anschließen zu wollen. Die Verbindung von nächtlichem Naturerlebnis, Liebe und Tanz schafft eine romantische sanfte Stimmung, deren ›Zauber‹ von schönen Bildern (your heart strings play soft and low, 'neath the cover of October skies), von der Schöpfung des ›portmanteau‹-Wortes[40] ›fantabulous‹, von den fließenden Rhythmen und runden Klängen und Reimen gestützt wird:

Well it's a marvelous night for a moondance,
With the stars above in your eyes,
A fantabulous night to make romance,
'neath the cover of October skies,
And all the leaves on the trees are falling
To the sound of the breezes that blow,
And I'm trying to please to the calling
Of your heart strings that play soft and low,
And all the night's magic seems to whisper and hush,
And the soft moonlight seems to shine in your blush . . .

Tanzen und Populärmusik gehören unmittelbar zusammen, ein Großteil älterer und neuerer Populärmusik ist – nicht ausschließlich, aber eben auch – Tanzmusik.[41] Diese Funktion wird in zahlreichen Pop-Songs auch im Text betont. *Dancing in the street* (1966, von Martha and the Vandallas gesungen, von Stevenson, Gaye und Hunter geschrieben) proklamiert das uneingeschränkte offene Vergnügen an Musik und Tanz zum universalen Gemeinschaftserlebnis, zu einer Art »Heilslehre«, die über die USA in die Welt hinausgeht. Tatsächlich ist damit die Bedeutung amerikanischer Popmusik gut erfaßt, es dürfte auf der Welt keinen Winkel geben, in dem nicht nach amerikanischer Jazz-, Soul-, Disco-, Rockmusik getanzt würde:

Calling out around the world are you ready for a brand new beat
Summer's here and the time is right for dancing in the street
They're dancing in Chicago, down in New Orleans, in New York City
All we need is music, we need music, there'll be music everywhere,
There'll be swinging and swaying and records playing and dancing in
the street . . .

Viele Pop-Songs dienten dazu, neue Modetänze, auch aus kommerziellem Interesse, populär zu machen; ich nenne nur einige Beispiele aus den sechziger und siebziger Jahren: Twist, Hully Gully, Shake, Jerk, Locomotion, Bump etc. Chris Kenners *Land of 1000 Dances* preist in einem Song die Vorzüge gleich einer ganzen Handvoll von Tänzen. Manchmal geben solche Songs genaue Instruktionen zur Ausführung der Tänze; der R+B-Sänger Rufus Thomas hat sich auf witzige Tanzkreationen (z. B. *Funky Penguin* oder *Push and Pull)* spezialisiert. Seine Anleitungen zu *Funky Chicken* hat er in einzelne »spasms« untergliedert; hier ist die erste »Zuckung«:

You raise your left arm up and your right arm too
Let me tell you just what to do
Start both arms flapping, start your feet a-ticking
That's when you know you're doing the Funky Chicken.

»Funky« hat nichts mit der britischen Bedeutung »feige« zu tun, sondern kommt aus dem Slang der Afro-Amerikaner und beschreibt alles, was mit Soulmusik zusammenhängt, wird aber dazu auch als positives Attribut (funky girl) eingesetzt. Derartige Tanzinstruktionen sind in der Populärmusik nichts Neues. 1951 veröffentlichte in London ein Buchhändler namens John Playford ein Musikbuch mit *jigs* und *reels*, das er *The English Dancing Master* nannte. Seine Absicht war, Anleitungen und Musik zu Tänzen zu geben (Plaine and easie Rules for the Dancing of Country Dances, with a Tune to each Dance)[42]. Playford's Dancing Master wurde ein Riesenerfolg und erlebte achtzehn Editionen; hier ein Beispiel aus der neunten Ausgabe von 1965:

Cast off, Tom, behind Johnny,
Do the same, Nanny,
Eyes are upon ye;
Trip in between
Little Dicky and Jane
And set in the second row:
Then cast back you must too . . .![43]

Dieses »calling« von Gemeinschaftstänzen ist in den nordamerikanischen *square-dances* übernommen und ausgebaut worden. In der Vermischung von englischen, irischen, schottischen und afrikanischen Einflüssen entwickelten sich in den USA originelle Varianten der überlieferten britischen Tänze, Rhythmen und Melodien – aber die ungestüme Freude am Tanzen blieb erhalten, wie im folgenden Tanzlied aus dem 19. Jahrhundert, das im Text beinahe wie ein Rock-Song unserer Zeit klingt:

I danced with a gal with a hole in her stockin'
And her heel kep' a-rockin' an' her toe kep' a-knockin',
I danced with a gal with a hole in her stockin'
And I danced by the light of the moon.[44]

Und somit hätten wir den Kreis zu Van Morrisons *Moondance* geschlossen.

Beobachtungen und Geschichten aus der Umwelt

›I love to live so pleasantly, live this life of luxury‹ – ›Gesellschaftsnachrichten‹ aus den oberen Schichten –

In diesem Abschnitt stehen drei Songs von Ray Davies aus dem Jahre 1966 im Mittelpunkt, aus einer Zeit, in der in Großbritannien überbrachte gesellschaftliche Privilegien besonders starker Kritik ausgesetzt waren – allerdings war diese Thematik für Pop-Songs (zwei der Songs kamen in die britischen, europäischen und amerikanischen Hitparaden) neu und ungewöhnlich.
A Well Respected Man ist eine Satire auf das »wohlanständige«, »wohlangesehene« (well respected) Bürgertum; eine Satire deswegen, weil in Davies' ironisch-komischer Darstellung der »upper middle class« starke gesellschaftskritische Momente enthalten sind.
Der von Davies gezeichnete »well respected man« ist nach außen hin ein »ordentlicher« Geschäftsmann:

'Cos his world is built on punctuality; it never fails

Er ist erfolgreich, angesehen, konservativ, gesund, sportlich, er hat immer einen »klaren Kopf« und weiß, was er will:

And he's oh so healthy in his body and his mind
He's a well respected man about town,
Doing the best things so conservatively.

Das wiederholte »oh so . . .« ironisiert die Adjektive »fine«, »good«, »healthy«. Seine Betätigungen entsprechen seinem gesellschaftlichen Status:

And he plays the stocks and shares,
And he goes to the regatta.

Er ist fest von sich und seiner privilegierten Stellung überzeugt:

And he likes his own backyard,
And he likes his fags the best,
And he's better than the rest,
And his own sweat smells the best.

»Fags« ist ein Slangwort für »Zigaretten«. Das bildhafte »his own sweat smells the best« verdeutlicht besonders treffend ein bald an Arroganz grenzendes Selbstvertrauen.
Das Familienleben geht weniger respektabel zu:

And his mother goes to meetings,
While his father paws the maid.

In ausdrucksstarker Sprache (paws the maid) karikiert Davies eine doppelbödige und scheinheilige Moral:

And she stirs the tea with counsellors
While discussing Foreign Trade,
And she passes looks as well as bills
At every suave young man.

Kommerzielles Denken und finanzielle Interessen bestimmen das Leben, z. B. als Gesprächsthema (while discussing Foreign Trade). Sogar die Zuvorkommenheit junger Männer (suave young man) muß mit Geldscheinen bezahlt werden.
Der Sohn hat es darauf abgesehen, sich den Besitz des Vaters anzueignen:

And he hopes to grab his father's loot,
When his Pater passes on.

Allein der Gebrauch des Ausdrucks »loot« (Beute) für Vermögen ist schon ein gesellschaftskritischer Kommentar. Und eheliche Verbindungen werden ebenfalls nach finanziellen Gesichtspunkten entschieden:

But his mother knows the best
About the matrimonial stakes.

»Stakes« ist eine Bezeichnung für die Geldpreise, die bei Pferderennen gewonnen werden können.

In *A Well Respected Man* hat Ray Davies ein beißend-satirisches Bild gutbürgerlicher Sitten gezeichnet.
Sunny Afternoon ist die »Klage« eines Angehörigen der Oberschicht – vielleicht eines Adeligen –, der in finanziellen und privaten Schwierigkeiten steckt:

The taxman's taken all my dough,
And left me in my stately home.

Im Slang ist »dough« ein Ausdruck für Geld. Wieder wirkt der Gegensatz von »niederer« und »höherer« Sprache (stately home) ironisierend. Davies spielt auf die Besteuerung von Großgrundbesitz an, die vor allem im 20. Jahrhundert viele Adelige relativ arm gemacht hat; das bringt Umstellungen im Lebensstil mit sich:

And I can't sail my yacht,
He's taken everything I've got.

Die finanzielle Not der Aristokratie war schon länger Anlaß für Witz und Satire. Noël Coward, Autor von Komödien, Revuen, Musicals und Filmdrehbüchern, hat in einigen seiner Songs den ›heruntergekommenen‹ Adel – allerdings wohlmeinend (schließlich wurde er später selbst geadelt) – karikiert. *The Stately Homes of England*[45] aus *Operette* (1938) ist ein Beispiel:

The Stately Homes of England we proudly represent,
We only keep them up for Americans to rent.
Tho' the pipes that supply the bathroom burst
And the lavat'ry makes you fear the worst
It was used by Charles the First quite informally,
And later by George the Fourth on a journey North,
The State Apartments keep their historical renown,
It's wiser not to sleep there in case they tumble down;
But still if they ever catch on fire, which with any luck they might,
We'll fight for the Stately Homes of England.

Für das ›Opfer‹ in Davies' Song bleibt nur ein etwas melodramatisches Resignieren:

All I've got is this sunny afternoon

und ein hilfesuchendes:

Save me, save me, save me from this squeeze,
I've got a big fat momma tryin' to break me

»Squeeze« bedeutet hier etwa »wirtschaftlicher Druck«, »Krise«. Mit »big fat momma« ist wohl der Staat, die Regierung gemeint, die die Ausübung eines genießerischen »life-style« zu beeinträchtigen scheinen:

And I love to live so pleasantly,
Live this life of luxury,
Lazing on a sunny afternoon, in the summertime.

Charles Dickens hat in einer *street ballad*, *The Fine Old English Gentleman* aus dem Jahre 1841, die »gentlemen« der englischen Oberschicht so kritisiert:

I'll sing you a new ballad, and I'll warrant it first-rate,
Of the days of that old gentleman who had that old estate;
When they spent the public money at a bountiful old rate
On ev'ry mistress, pimp, and scamp, at ev'ry noble gate,
In the fine old English Tory times;
Soon they may come again![46]

Der Song von Davies ist weniger eine Kritik, als ein ironisches Porträt.
Die Krise setzt sich im privaten Bereich fort:

My girlfriend's gone off with my car,
And gone back to her ma and pa,
Telling tales of drunkenness and cruelty.

Die Reaktion ist apathisch:

Now I'm sitting here
Sipping at my ice-cold beer
Lazing on a sunny afternoon.

Sunny Afternoon behandelt Probleme der britischen »upper class« aus »populärer« Sicht – vergleichsweise der des *Daily Mirror*: gezeigt wird das ›leichte Leben‹ eines typischen reichen Bohemien.
Daß Steuern Schichten mit höheren Einkommen härter treffen, hat 1966 George Harrison in seiner Satire *Taxman* bezeugt; er hätte den Song sicher nicht einige Jahre früher als unbekannter, schlecht verdienender Liverpooler Musiker geschrieben:

Let me tell you how it will be
There's one for you, nineteen for me,
'Cos I'm the Taxman, yeah, I'm the Taxman.
Should five per cent appear too small,

Be thankful I don't take it all . . .
If you drive a car, I'll tax the street,
If you try to sit, I'll tax your seat,
If you get too cold, I'll tax the heat,
If you take a walk, I'll tax your feet.

Harrison hat durch den Erfolg der Beatles die Probleme der Oberschicht auf der eigenen Haut gespürt.
In *End of the Season* setzt Ray Davies seine ironischen Betrachtungen zum Schwinden überkommener Standesprivilegien fort. Der Song verbreitet Abschiedsstimmung – zunächst Abschied vom Sommer und von einer Liebe:

Since you've been gone – end of the season,
Winter is here – close of play.

Die trauernde Person – vielleicht eine Art Playboy – stammt offenbar aus ›besseren‹ Kreisen:

I get no kicks walking down Savile Row,
There's no more chicks left where the green grass grows.

Savile Row ist eine Straße im Londoner Westend, in der die teuersten und feinsten Schneider ihren Sitz haben. ›Chicks‹ ist eine Bezeichnung im jugendlichen Slang für Mädchen, etwa mit dem deutschen »Miezen« oder (älter) »Bienen« vergleichbar. Auch die Liebesbeziehung bewegt sich in ›standesgemäßer‹ Gesellschaft:

You're on a yacht near an island in Greece,
Though you are hot, forget me not.

Das Motiv der Jahreszeiten taucht bei Davies' auch in *Autumn Almanac*, das ich später behandeln werde, auf. *End of the Season* ist eine »mock elegy«, »Trauer« und »Sehnsucht« nach dem verflossenen Sommer werden ironisch ausgedrückt:

Back in the scrum on a wet afternoon,
Down in the mud dreaming of flowers in June.

Wieder wird mit Gegensätzen gearbeitet. »Scrum«, »wet afternoon«, »mud« beziehen sich auf ein Rugbyspiel. Wollte man Sportarten in England gesellschaftlich einordnen, so würden Cricket und Rugby eher den mittleren und oberen, Fußball den unteren Schichten zugerechnet werden.[47]
Die Stimmung von Abschied, Vergänglichkeit und Sehnsucht, die der

Song ausstrahlt, hat eine soziale Dimension; *End of the Season* steht auch für den ›Untergang‹, die Auflösung von Standesprivilegien:

> I just can't mix in all the clubs I know,
> Now Labour's in, I have no place to go.

Davies spielt hier ironisch auf gesellschaftliche und politische Veränderungen der sechziger Jahre (now Labour's in) an, die – auch durch die Bedeutung der aus der ›working class‹ hervorgegangenen Pop-Bewegung[48] – in gewissem Ausmaß ein Aufbrechen sozialer Schranken mit sich brachten.
Noch eine Bemerkung zur Musik: Die »zerbrechliche«, in Music-Hall-Manier vorgetragene Melodie ist Vorbildern aus den zwanziger und dreißiger Jahren nachempfunden und verstärkt die nostalgische Atmosphäre.

Soziale Lage und Lebensgewohnheiten der unteren Schichten

Kein Autor von Pop-Songs hat das Leben der englischen Unterschicht treffender beschrieben als Ray Davies; daher gehe ich zunächst wieder auf einige seiner Songs näher ein.
Autumn Almanac (1967) stellt die Reflexion eines (wahrscheinlich älteren) Angehörigen der Unterschicht dar. Ähnlich wie in *End of the Season* hängt Davies den Song an der Atmosphäre einer Jahreszeit – des Herbstes – auf:

> Breeze blows leaves of a musty coloured yellow,
> So I sweep them in my sack,
> Yes, yes, yes, it's my Autumn Almanac.

Autumn Almanac – der Herbstkalender – drückt die Regelmäßigkeit und Gewohnheit der Stimmungen und Verhaltensweisen in bestimmten Jahreszeiten aus, so zum Beispiel im familiären und nachbarlichen Bereich:

> Friday evenings, people get together,
> Hiding from the weather,
> Tea and toasted buttered currant buns
> Will compensate for the lack of sun.

Gemeinsamkeit und häusliche Wärme helfen das schlechte Wetter vergessen. Mit Ironie führt Davies typische Reaktionen vor:

> Because the summer's all gone,
> La, la, la, la, my poor rheumatic back.

Der folgende Teil von *Autumn Almanac* verliert den Bezug zur herbstlichen Stimmung, behält aber die Schilderung von Lebensgewohnheiten der englischen Unterschicht bei:

I like my football on a Saturday,
Roast beef on Sunday's alright,
I go to Blackpool for my holiday,
Sit in the open sunlight.

In *Autumn Almanac* findet sich – ähnlich wie in anderen Davies-Songs (*Dead End Street*, *Shangri-La*) – das Motiv der Straße als Bild der Zugehörigkeit zu einer gesellschaftlichen Gruppe:

This is my street,
And I'm never gonna leave it,
And I'm always gonna stay,
If I live to be ninety-nine.

Herkunft und Umwelt beschränken im Falle der unteren Schichten die Möglichkeit, aus der durch die gesellschaftlichen Zustände bedingten Rolle und Umgebung auszubrechen:

'Cos all the people I meet
Seem to come from my street,
And I can't get away,
'Cos it's calling me: »Come on home, come on home.«

In wenigen Zeilen hat Davies hier eine Kurz-Analyse der sozialen Lage der Unterschicht gegeben.
Holiday (1971) baut auf der oben zitierten Zeile ›I go to Blackpool for my holidays . . .‹ auf; der Song beschreibt in ironischem Ton Gedanken und Gefühle einer Person in einer – besonders für Mitglieder der unteren Schichten – typischen Situation, dem (offensichtlich seit einiger Zeit ersten) Urlaub.[49] Es handelt sich dabei wahrscheinlich um eine ältere Person, die zur Erholung an die See geschickt worden ist. Der Song drückt in einer Art Monolog die Freude und Dankbarkeit darüber aus:

Holiday, oh what a lovely day today,
I'm so glad they sent me away.

Mit »they« sind vielleicht Kinder, die Familie oder der nationale Gesundheitsdienst gemeint.
Da es sich wohl um ein englisches Seebad wie Brighton oder Blackpool handelt (I'm just standing on the end of a pier), wird auf das – ironischerweise auch im Urlaub – schlechte Wetter angespielt:

Lookin' in the sky, for a gap in the clouds
Sometimes I think that sun ain't never coming out.

Aber auch das ist leichter an der Küste als in schmutzigen alten Industriestädten zu ertragen:

But I'd rather be here than in that dirty old town,
I had to leave the city 'cos it broke me down.

Die verpestete Luft und der Lärm der Großstadt ließen schon in früheren Zeiten die Menschen an die Küste fliehen; das bezeugen die folgenden Zeilen des Londoner Tavernensängers Thomas Hudson aus dem Jahre 1820, in denen er einen Dampferausflug von London nach Margate besingt:

A short farewell to smoke and noise,
We're off to taste sweet Margate's joys;
The Steam Boats wait – you'll be too late,
If you don't make haste to th' Tower Stairs . . .[50]

In Davies' Pop-Song sind für die Dauer des »holiday« soziale Schwierigkeiten und die Hetze des Stadtlebens vergessen und brauchen nicht mit Beruhigungs- und Schlaftabletten unterdrückt werden:

I'm leaving insecurity behind me,
The environmental pressures got me down,
I don't need no sedatives to pull me round,
I don't need no sleeping pills to help me sleep sound.

Davies baut gerne schwierige Ausdrücke und Fremdworte wie ›environmental pressures‹, die eigentlich nicht zum umgangssprachlichen Ton seiner Songs passen, in seinen Stil ein. Die letzte Strophe von *Holiday* ist wieder voller Ironie, wenn Davies weniger angenehme Seiten eines Urlaubs an der See beschreibt:

Lying on the beach with my back burned rare,
And the salt gets in my blisters and the sand gets in my hair.

Nach der aus dem Kulinarischen übernommenen Metapher ›my back burned rare‹ zu urteilen, scheint jetzt wohl die Sonne zu scheinen, aber außer den Unannehmlichkeiten durch Salzwasser und Sand stört der Geruch des Meeres. Mit einem deutlichen Bild fügt Davies eine kritische Bemerkung zur Umweltverschmutzung an, unter der besonders die Menschen leiden müssen, die sich keinen Aufenthalt in einem exklusiven Ort am Mittelmeer leisten können:

And the sea's an open sewer,
But I really couldn't care,
I'm breathing through my mouth so I don't have to sniff the air.

Have a Cuppa Tea (1971) beschäftigt sich mit einer der wichtigsten und beliebtesten Gewohnheiten der englischen Gesellschaft, dem Teetrinken. Schon der Gebrauch des umgangssprachlichen Ausdrucks ›Cuppa Tea‹ im Titel deutet darauf hin, daß Davies von der Rolle des Teetrinkens in den Familien der englischen Unter- bzw. Mittelschicht ausgeht. Der Song beginnt mit häuslichen Szenen, zunächst mit der Beschreibung einer energischen Großmutter, die ständig Tee aufbrüht:

And she's always brewing up tea

Die ›granny‹ wird durch die alliterierenden Verbformen ›ravin' and rantin'‹, ›puffin' und pantin'‹, ›screaming and shouting‹ effektvoll gekennzeichnet.
Die Familienszene berichtet weiter über die Eßgewohnheiten des Großvaters, der sein Dinner mit einem Brandy und einer frischen Tasse Tee herunterspült.
Der Refrain oder *Chorus* zeigt besonders starke Beziehungen zur Tradition englischer Populärmusik, er scheint mir musikalisch und textlich wie für ›community singing‹ in Pubs und *music halls* geschaffen zu sein:

Have a cuppa tea, have a cuppa tea . . .
Halleluja, halleluja, halleluja, Rosie Lea.

Davies ironisiert die Bedeutung des Teetrinkens in den nächsten Strophen. Tee wird als Granny's immer griffbereites Allheilmittel gegen jedes Unwohlsein und jede Krankheit hingestellt:

Take granny's stand-by potion
For any old cough or wheeze.

Komisch ist die Zusammenführung von offiziellen Krankheitsbezeichnungen und volkstümlichen (z. B. wheeze):

It's a cure for hepatitis, it's a cure for chronic insomnia,
It's a cure for tonsilitis and for water on the knee.

Tee ist in der Tat eine ständige Einrichtung der englischen Gesellschaft – wie es Davies beschreibt: Tee zu jeder Tageszeit, bei jedem Wetter, so daß er schon fast zu einer Plage wird:

For Christ sake have a cuppa tea

Das Ritual des Teetrinkens dient besonders in den unteren und mittleren Bevölkerungskreisen als Mittel zum Kommunizieren und Kennenlernen bei verbindlichen und unverbindlichen Gesprächen, Besuchen, Begrüßungen, in angenehmen und unangenehmen Situationen, bei freudigen und traurigen Anlässen.[51] Diese Funktion des Teetrinkens parodiert Davies in der letzten Strophe von *Have a Cuppa Tea*, indem er Tee zum verbindenden Element der Menschheit – aller Rassen, Religionen, Klassen und politischen Richtungen – hochstilisiert:

Whatever the situation whatever the race or creed
Tea knows no segregation, no class or pedigree
It knows no motivations, no sect or organisation,
It knows no one religion, nor political belief.

She Bought A Hat Like Princess Marina (1969) ist eine Parodie auf die ›Verehrung‹ der ›upper class‹ durch Angehörige der unteren Schichten. Davies karikiert in diesem Song den Versuch, sich durch Äußerlichkeiten und ›Statussymbole‹ (wie hier Kleidungsstücke) den Anschein einer ›besseren‹ gesellschaftlichen Stellung geben zu wollen, womit die tatsächliche soziale Ungleichheit nicht aufgehoben ist.
Davies parodiert durch Gegensätze, indem er Anspruch und Realität gegenüberstellt:

She's bought a hat like Princess Marina's
To wear at all her social affairs,
She wears it when she's cleaning the windows,
She wears it when she's scrubbing the stairs,
But you will never see her at Ascot.

Der Hut dient zur Selbsttäuschung und gibt ein ›Ersatzgefühl‹ von etwas ›Höherem‹:

He bought a hat like Anthony Eden's,
Because it makes him feel like a Lord;
But he can't afford a Rolls or a Bentley,
He has to buy a secondhand Ford.

Zwischen die drei beschreibenden Strophen hat Davies eine melodramatische Klage geschoben, um die Tragikomik des Gegensatzes arm/reich zu erhöhen:

Buddy, can you spare me a dime,
My wife is getting hungry and the kids are crying;

This poverty is hurting my pride,
Buddy, can you spare me a dime.

Es ist interessant, daß Davies hier die amerikanischen Begriffe ›buddy‹ und ›dime‹ benutzt, vielleicht hat er dabei an eine Szene aus einem amerikanischen Spielfilm gedacht. In der letzten Strophe geht es wieder um die Illusion des gesellschaftlichen Aufstiegs:

But to look at her you'd think she was wealthy,
'Cause she smiles just like a real millionaire,
'Cause she bought a hat like Princess Marina,
So she don't care.

Die soziale Wirklichkeit wird durch den ›Schein‹ des Reichen verdrängt (she smiles just like a real millionaire). Die Faszination von Moden der Oberschicht auf die ›working class‹ wird auch in einer *street ballad*, *A New Song called The Curling of the Hair*, behandelt:

The Chimney Sweeper's Daughter Sue,
She swears she'll drive up the Rear'o
And tho' she's neither stocking or shoe
She'll Buckle and Curl her Hair'o.[52]

Der Traum von einer höheren gesellschaftlichen Stellung war schon im vierzehnten Jahrhundert ein Thema, damals hauptsächlich auf das aufstrebende städtische Bürgertum bezogen. Chaucer hat im Prolog zu den *Canterbury Tales* die Aufstiegswünsche der Frauen von fünf Handwerksmeistern ironisiert:

Their wisdom would have justified a plan
To make each one of them an alderman;
They had the capital and revenue,
Besides their wives declared it was their due.
And if they did not think so, then they ought;
To be called ›Madam‹ is a glorious thought,
And so is going to church and being seen
Having your mantle carried like a queen.[53]

Zurück zu den unteren Schichten des Industriezeitalters; zwei englische Songs mit gleichem Titel befassen sich mit dem Leben junger Fabrikarbeiterinnen. Jagger/Richards *Factory Girl* (1968) ist ein schmuckloses ironisches Porträt aus der Sicht eines Freundes, der am Fabriktor wartet:

Waiting for a girl who's got curlers in her hair
Waiting for a girl she's got no money anywhere
We get buses ev'rywhere waiting for a factory girl.

Die Beschreibung ist realistisch und nicht gerade schmeichelnd (Her knees are much too fat/. . . her zipper's broken down the back/. . . she's got stains all down her dress), doch sie trifft bei aller Vereinfachung typische Verhaltensweisen:

Waiting for a girl and she gets me into fights
Waiting for a girl we get drunk on Friday nights . . .

Mit seinem *Factory Girl*[54] (1969) zeichnet Ralph McTell dagegen ein vollständigeres Bild, das tiefer in die Belastungen und Zwänge des Arbeitslebens eindringt. Seine Beobachtungen folgen mitfühlend dem Tagesablauf des Mädchens, von der Hast zum Arbeitsplatz (Hurrying across the bridge before the sirens call), dem Anstellen vor der Stechuhr (where she will wait in line to cross the yard, to clock her card in time) durch die Eintönigkeit der Arbeit (No change today, like yesterday the same), aus der die Unterbrechungen herausragen (But dinner soon, then afternoon), bis zur Heimkehr in der Abenddämmerung (Then hurrying home in the fading light). Ein Grund der Eile ist die Hoffnung auf Abwechslung, die der Abend verspricht:

The factory girl is going out tonight

Das Mädchen flüchtet in die Nacht, um den Tag zu vergessen, auch wenn die Umgebung keine romantischen Illusionen aufkommen läßt:

And out on the rainy streets, hoping that the night will last
No whispering palms on the beach, just the swish of the cars.

McTell kann sich glaubhaft in die Gefühle und Gedanken seiner Figur versetzen, wenn diese beispielsweise von der Einzigartigkeit ihrer Glückserfahrung überzeugt ist:

And she believes no one could feel the same,
Touching and whispering in the rain.

Oder wenn sie in der morgendlichen Hast zur Arbeit mit ihrem Schatten spielt:

This morning she's chasing her shadow all along the factory wall.

Die letzte Strophe schließt den Kreis; wieder eilt das Mädchen zur Fabrik, zögert am Tor, kehrt aber auf das Zeichen der Sirene hin in die Alltagswelt zurück.
Das Ausbrechen aus der eintönigen Arbeitswelt, die Suche nach Ausgleich und Abenteuer, das Vergessen der Alltagssorgen sind auf das Wochenende, vor allem auf den Samstagabend konzentriert. Das ist heute genauso wie in früherer Zeit, wie *Saturday Night*, eine Ballade aus der Zeit um 1800, beweist.
In regelmäßigen vierhebigen achtzeiligen Strophen (in denen die fünfte und siebente Zeile dazu noch binnengereimt sind) schildert sie lebhaft die Szenerie eines Samstagabends in einer englischen Stadt. Da sind die Kaufleute und Handwerker, die ihr Geld zählen, da sind Kneipen mit politisierenden Gästen, fahrende Händler und Marktschreier, schimpfende Ehefrauen, die ihre Männer vom Trinken abbringen wollen, Mädchen, die mit Metzgern um das Sonntagsfleisch handeln, da sind Balladensänger und Liebespaare, die sich in dunklen Gassen verstecken:

Here maids with their baskets are to and fro walking
In Shambles to bargain with butchers for meat,
While some boy ballad singer so slowly is stalking
And warbles so sweetly his lays in the street.
Here's calandars crying and people come buying,
Around the hoarse fellow in crowds – such a sight;
For, as suits your palates, confessions or ballads
Are all at your service on Saturday night.
When through the dark alleys, if slyly one passes,
What fun you may have if an ear you will lend:
Such sighs and soft wishes from lads and from lasses
Who tell their fond tale a dark entry's end.
When he to his true-love cries, ›Polly, adieu, love‹,
And kisses and squeezes his lassie so tight,
She'll blushing say, ›Fie, sir‹, then softly she'll cry, ›Sir,
Can't you stay a bit longer, it's Saturday night?‹

Szenen aus dem Getto New Yorks im 20. Jahrhundert führt der schwarze amerikanische Song-Autor Bill Withers in *Harlem* (1970) vor:

Summer night in Harlem, man, it's really hot
It's too hot to sleep, I'm too cold to eat, I don't care if I die or not.

Der unerträglichen Sommerhitze stellt Withers die Erfahrung der Winterkälte in schlecht geheizten Wohnungen gegenüber:

Winter night in Harlem, radiator won't get hot,
Well, the mean old landlord he don't care if I freeze to death or not.

Am Samstagabend werden die Sorgen überdeckt – von Musik, Tanz, Vergnügen:

Saturday night in Harlem, now everything's alright,
You can really swing and shake your pretty thing, the parties are out of sight.

Die Schilderung endet am Sonntagmorgen; die Gettobewohner sind herausgeputzt, die einen, weil sie nach Hause kommen, die andern, weil sie zur Kirche gehen:

Sunday morning here in Harlem, now everybody's all dressed up,
The hip folks getting home from the party and the good folks just got up . . .

Der Druck und die Langeweile des Alltags

When I was young I used to sport and play,
But now I'm married and the cradle's in the way.
Oh, what a life, what a weary, weary life,
Ye'd better be a maiden as a poor man's wife . . .[55]

Die in diesem Abschnitt behandelten Songs ergänzen die Thematik des vorigen; es geht weiterhin um soziale Bedingungen und Situationen, allerdings – wie die oben zitierte britische Ballade schon andeutet – unter Bezugnahme auf die Belastungen und die Routine des Alltags.
In *Lady Madonna* (1968) skizzieren Lennon/McCartney in typisch leichter, ironischer Art die schwierige Existenz einer kinderreichen finanzschwachen Mutter:

Lady Madonna children at your feet
Wonder how you manage to make ends meet
Who finds the money when you pay the rent?
Did you think that money was heaven sent?

Vielleicht wurde der Song durch einen italienischen Film angeregt (*Lady Madonna*), da er kaum aus unmittelbarer Erfahrung stammen wird. Wochentage mit Bildern und Vergleich versehen werden aufgezählt, um die ausweglose Eintönigkeit darzustellen:

Friday night arrives without a suitcase
Sunday morning creeping like a nun
Monday's child has learned to tie his bootlace
See how they'll run.

Die dreimal im Song auftauchende Zeile »see how they'll run« trifft in geschickt angewandter Mehrdeutigkeit auf Schnürsenkel, Kinder und Strümpfe mit Laufmaschen zu:

Thuesday night your stockings needed mending
See how they'll run.

Der direkten Erfahrung einer Hausfrau entsprang dagegen sicherlich der folgende amerikanische Folk-Song aus dem 19. Jahrhundert. *The Housewife's Lament*[56] ist eine bittere Klage über das Leben der Hausfrau, in dem Sorgen, Last und Arbeit an die Stelle von schwindender Liebe, Freude und Schönheit treten:

Oh, life is a toil and love is a trouble,
Beauty will fade and riches will flee,
Pleasures they dwindle and prices they double
And nothing is as I would wish it to be.

Die Last wird am Ablauf eines Vormittags detailliert:

It's sweeping at six and it's dusting at seven,
It's victuals at eight and it's dishes at nine.
It's potting and panning from ten to eleven
We scarce break our fast till we plan how to dine.

Und ein Traumbild, das der Sisyphus-Geschichte eine originelle Variante hinzufügt, verdeutlicht den nicht enden wollenden Kampf gegen den Schmutz und die erdrückende Masse der Hausarbeiten:

Last night in my dreams I was stationed forever
On a far little rock in the midst of the sea
My one chance of life was a ceaseless endeavor,
To sweep off the waves as they swept over me.

Ray Davies' *Two Sisters* (1968) ist eine »mock ballad« über zwei »ungleiche« Schwestern, von denen die eine durch Hausarbeit und Familie gebunden ist, während die andere »frei« und »unabhängig« lebt:

Sybilla looked into her mirror,
Priscilla looked into the washing machine,
And the drudgery of being wed,
She was so jealous of her sister.

Priscilla beneidet ihre Schwester um ihre »liberty and her smart young friends«, um »her way of life and her luxury flat«. Sie versucht, aus der beengenden hausfraulichen Welt auszubrechen:

She threw away her dirty dishes, just to be free again,
Her woman's weekly magazines, just to be free again,
And put the children in the nursery, just to be free again.

Aber die Umkehr folgt bald:

Priscilla saw her little children,
And then decided she was better off
Than the wayward lass that her sister had been.

Dieser moralisierende Schluß wirkt wie eine Parodie auf triviale Zeitungs- und Illustriertengeschichten im Stil der *News of the World*, die mit Skandalen und Sensationen Ideale von »Heim und Familie« gegen eine »permissive society« (daher »wayward lass«) verteidigen wollen.

Aber die »Moral« ist nicht nur parodistisch, die letzten Zeilen drücken auch ein neues Selbstbewußtsein, eine Bereitschaft zur Bewältigung der eigenen Situation aus:

So she ran around the house with her curlers on
No longer jealous of her sister.

Einen anderen Verlauf nimmt die Identitätskrise einer Hausfrau in Shel Silversteins *The Ballad of Lucy Jordan*. Eines Morgens wird ihr klar, daß ihre Jugendträume nicht in Erfüllung gegangen sind:

At the age of thirty-seven she realized
She'd never ride through Paris with the warm wind in her hair.

Sie kann die häusliche Welt nicht mehr ertragen und bricht aus – ins krasse Gegenteil, wider alle Konventionen:

Her husband he was off to work and the kids were off to school
And there were oh so many ways for her to spend the day
She could clean the house for hours or rearrange the flowers
Or run naked down the shady street screamin' all the way.

Silverstein schildert die Kurzschlußreaktion, den Weg in den Wahnsinn (am Ende des Songs wird die Frau in eine Heilanstalt gebracht) so, als ob sich dies logisch aus den Alltagstätigkeiten ergeben würde; er will wohl andeuten, wie schmal die Schwelle zum psychischen Zusammenbruch bei vielen Menschen ist.

Über einen anderen Ausweg aus den Problemen des Alltags ziehen Jagger/Richard her, ihr *Mother's Little Helper* (1966) ist eine bittere Satire über die Pillensucht vieler Hausfrauen – vor allem in den USA. Der umgangssprachliche Vorspruch ist gleichzeitig schon zusammenfassender Leitsatz:

What a drag it is getting old

Künstliche Mittel sollen das Altern besiegen oder wenigstens verdecken. Jede Strophe erwähnt einen Aspekt »moderner«, veränderter Hausfrauenerfahrung (immer wieder heißt es »I hear every mother say«), zu dessen Bewältigung Hilfe – Mutters »little helper« ist eine treffende Metapher – benötigt wird: die Kinder, das vorfabrizierte, tiefgekühlte Essen, die unbefriedigten Männer. In jeder Situation schaffen die kleinen gelben Pillen Beruhigung und Befreiung:

and though she's not really ill
there's a little yellow pill
she goes running for the shelter
of a mother's little helper
and it helps her on her way
gets her through her busy day.

Die letzte Strophe findet eine breitere, allgemeinere Ursache:

life's just much too hard today
I hear every mother say
the pursuit of happiness just seems a bore.

Ein Kerngedanke der amerikanischen Verfassung (pursuit of happiness) ist in desillusionierte Langeweile umgeschlagen. An den Schluß stellen Jagger/Richard eine düster-makabere Warnung vor der möglichen Endstation solcher ›Hilfe‹ – Pillen können auch über den Todestag hinweghelfen:

and if you take some more of those
you will get an overdose
no more running for the shelter
of a mother's little helper
They just helped you on your way
through your busy dying day.

Von Alkohol und anderen Drogen

For I like a drop of good beer,
I like a drop of good beer;
And damn his eyes who ever tries
To rob a poor man of his beer . . .[57]

So beliebt wie das Trinken und die Wirkung von Alkohol im Leben sind, so beliebt waren sie auch als Themen in Balladen und Folk-Songs – allerdings mit unterschiedlichen Absichten, einmal wie im obigen Zitat als Verteidigung und Lobpreisung, zum anderen wie in den Songs der Temperance-Bewegung[58] als Warnung vor den Gefahren übermäßigen Genusses. Einer der bekanntesten englischen Folk-Songs ist die mysteriöse Ballade vom Kampf gegen einen gewissen Sir John Barleycorn. *John Barleycorn*[59], von dem eine gedruckte Version aus der Zeit James' I. überliefert ist und von dem der schottische Dichter und Balladensammler Robert Burns im 18. Jahrhundert eine eigene Fassung geschrieben hat, ist so geheimnisvoll, weil es Elemente eines alten Mythos vom Tod und der Auferstehung des Korngottes enthält und gleichzeitig in der Personifizierung des ›Ritters Hans Gerstenkorn‹ den Kampf gegen den Alkohol symbolisiert. Die mythischen Anspielungen treten in der ersten Strophe stark hervor; drei Männer kommen aus dem Westen, um ihr Glück zu suchen, sie schwören feierlich, *John Barleycorn* zu töten, sie pflügen, säen, eggen, bedecken ihn mit Erde. Die folgenden drei Strophen zeigen am Bild der aufwachsenden und später verfolgten Person Barleycorn den Weg des Korns – vom Aufgehen der Saat (little Sir John sprung up his head), über die Reife (he growed a long beard and so became a man), die Ernte (they hired men with the scythes so sharp / To cut him off at the knee), das Verladen (pricked him to the heart) und den Transport (bound him to the cart), über das Dreschen (They hired men with the crabtree sticks / To cut him from skin and bone) bis zur Mühle (ground him between two stones). In der letzten Strophe erscheint das Korn dann als alkoholisches Getränk, Sir John hat alle Verfolgungen und Qualen überstanden:

And little Sir John in the nut-brown bowl
Proved the stronger man at last.

Der Kampf gegen den Alkohol ist verloren, das Trinken gehört zum alltäglichen Leben – diesen Schluß scheinen die letzten Zeilen zu ziehen:

And the huntsman he can't hunt the fox,
Nor so loudly blow his horn,
And the tinker he can't mend kettles or pots
Without a little of Barleycorn.

Barleycorn ist – das überrascht kaum – die umgangssprachliche Bezeichnung für eine Art Schnaps.
Der Genuß von Alkohol ist sicherlich Teil des irischen Lebens. Die Tradition der Trinkfreudigkeit und des Temperaments der Iren wird in der Geschichte von *Finnegan's Wake*[60] (die Quelle für Joyce's Romanüberschrift) kräftig unterstrichen. Diese irische Music-Hall-Ballade aus der

Mitte des 19. Jahrhunderts sprudelt von burlesker Situationskomik und schwarzem Humor beinahe über. Der Trinker Tim Finnegan (With the love of liquor he was born) fällt von einer Leiter und bricht sich den Schädel; man bahrt ihn zu Hause auf, umrahmt von Getränken (With a gallon of whisky at his feet,/And a barrel of porter at his head), und zelebriert die Totenwache in feuchter Fröhlichkeit. Natürlich kommt Streit auf, ein volles Whiskey-Glas (jetzt wird es mit ›e‹ geschrieben: ›a noggin of whiskey‹) trifft die Leiche, die prompt Lebenszeichen zeigt:

Bedad he revives, see how he rises,
And Timothy rising from the bed
Says, »Whirl your liquor round like blazes,
Thanam o'n dhoul, do ye think I'm dead?«

›Thanam o'n dhoul‹ ist Gälisch für ›zum Teufel mit Euch‹.
Das folgende Trinklied *Rye Whiskey*[61] wurde nicht in irischen Pubs, sondern unter nordamerikanischen Cowboys des 19. Jahrhunderts gesungen:

. . . Rye whiskey I cry,
If you don't give me rye whiskey
I surely will die.
E . . .ah . . . h . . . (hiccup) (hiccup) . . Ah.

Diese Verse des Songs, die sicher beim Singen variiert und ergänzt wurden, mischen fröhliche mit ernsteren Gedanken und vermitteln einen guten Eindruck von der schillernden Faszination des Alkohols. Da ist das komisch-originelle Bild von der Ente und dem Whiskey-Meer:

If the ocean was whiskey, and I was a duck,
I'd dive to the bottom and never come up.

But the ocean ain't whiskey, and I ain't no duck,
So let's round up the cattle and then we'll get drunk.

Da wird aber auch der personifizierte Schurke Alkohol im Bewußtsein der Abhängigkeit angeklagt, ja herausgefordert:

O whiskey you villain, you've been my downfall,
You've kicked me, you've cuffed me, but I love you for all.

O whiskey, O whiskey, you're no friend to me.
You killed my old daddy, goldarn you, try me.

Die Verdammung des personifizierten Alkohols erinnert an den in einem früheren Kapitel behandelten Ray Davies-Song vom »demon alcohol«.
Obgleich der Alkohol noch immer – auch und besonders unter Jugendlichen – das weitaus gebräuchlichste Rauschmittel ist, ist er als Thema von Pop-Songs in den sechziger und siebziger Jahren weitgehend von »moderneren« Drogen abgelöst worden, an denen der Hauch des Neuen, Besonderheiten, Verbotenen hängt bzw. hing.
Dem Titel nach könnte Shel Silversteins *I got stoned and I missed it* auch einen Alkoholrausch beinhalten – »stoned« bedeutet in der Umgangssprache sowohl »betrunken« als auch »unter dem Einfluß« weicher Drogen wie Haschisch oder Marihuana –; schon die ersten Zeilen schaffen Klarheit:

I was sittin' in my basement, I'd just rolled myself a taste
Of somethin' green and gold and glorious to get me through the day.

Silverstein karikiert die Realitätsflucht und Lethargie ständiger Drogenbenutzer; an der Hauptfigur des Songs ziehen normale und außergewöhnliche Ereignisse des Lebens unbemerkt vorüber, sie bekommt nichts mit, weil sie mit der Realität der Drogen voll ausgelastet ist:

But when my earthly race is over and I'm ready for the clover,
And they ask me how my life has been, I guess I'll have to say:
I was stoned and I missed it, I was stoned and I missed it . . .

Drogen-Songs sind jedoch keineswegs eine Erfindung der sechziger Jahre. *Take a sniff on me* (*The Cocaine Song*)[62] entstand zu Beginn dieses Jahrhunderts unter schwarzen Lagerarbeitern im Südwesten der USA, wo Kokain frei erhältlich war und als Ersatz für Alkohol genommen wurde:

You bring a nickel and I'll bring a dime,
You buy the coke and I'll buy the wine

Hi, Hi, baby, take a sniff on me,
All you bummers take a sniff on me,
Take a . . .! on me, take . . .! on me,
An' a Hi, Hi, honey take a . . .! on me.

Laut Lomax wurde an den freigelassenen Stellen (. . .) das Schnupfen imitiert. Ähnliche Lautmalerei findet sich auch in den Versen:

Whifforee and a whifforye,
Gonna keep a-whiffin' boys, till I die.

Offensichtlich war dem Autor des Songs schon damals bewußt, daß Kokain süchtig macht und das Leben bedrohen kann:

Now the cocaine habit is mighty bad,
It kill everybody I know it to have had.

In den dreißiger und vierziger Jahren nahmen amerikanische Jazz- und Bluesmusiker Songs auf, die sich ausführlich mit Drogen in zu der Zeit aktuellem Slang befaßten. Gängige Bezeichnungen für »the stuff« waren »weed«, »tea« oder »jive«, geraucht wurde es als »reefer« oder »gage«; entsprechende Song-Titel lauteten *Sweet Marijuana Brown*, *The stuff is here*, *Reefer Man*, *Weed Smoker's Dream* oder *Light Up*, während in den Texten gefleht (Mama, mama, where did you hide my tea) oder eingeladen wurde:

Wrap your chops round this stick of tea,
Come on, blow this gage and get high with me.[63]

Ich habe Drogenassoziationen in Pop-Songs schon in früheren Kapiteln (4 und 5) angesprochen; zahlreiche Songschreiber (beispielsweise Lennon/McCartney, Jimi Hendrix, Donovan etc.) versuchten zunächst, ihren erweiterten Bewußtseinserfahrungen in Phantasiegebilden Ausdruck zu verleihen. So ersann S. Keene 1967, um ein Drogenerlebnis zu beschreiben, in einem Song für The Who eine Stadt am Himmel, in der Farben und Dinge aus dem Lot sind:

Armenia city in the sky
But the sky is grass
But the sea is brown
And everyone is upside down.

Auch die von Grace Slick in Anlehnung an Lewis Carroll geschaffene Welt des Drogen-Songs *White Rabbit* ist verdreht und aus den logischen Angeln gehoben:

When men on the chessboard get up and tell you where to go
And you've just had some kind of mushroom and your mind is moving low
Go ask Alice I think she'll know

When logic and proportion have fallen sloppy dead,
And the White Knight is talking backwards and the Red Queen lost her head
Remember what the Dormouse said: Feed your head . . .

Als besonders offensichtliches Bild für einen Drogen-Trip bietet sich das Fliegen an; so wurde 1966 *Eight Miles High* der Byrds – Impressionen von einem Flug in ein fremdes Land – sogleich mit der Droge LSD in Verbindung gebracht und von vielen Radiostationen der USA boykottiert:

Eight miles high,
And when you touch down
You'll find that it's stranger than known . . .

Rain, gray town
Known for its sound
In places small faces unbound

Round the squares
Huddled in storms
Some laughing some just shapeless forms.

Nach einer Periode naiver Begeisterung nahm die ernsthaftere Auseinandersetzung mit Drogenerfahrungen zu. Pete Townshend blickte 1971 in einem Abschiedslied an Mary Jane, die personifizierte Droge, mit kritischen Augen auf deren Schönheit und Gefahr zurück:

Mary Jane, you've been a good friend to me
You showed me there's a different way to be
But now has come the time
To move further down the line
So get your tingling fingers off'a me

Mary Jane, you've promised me so much
My soul has been used to your touch
But for everything you gave
I then became your slave
Mary Jane, please take your hands off'a me.

Songs über »weiche« Drogen haben oft die Tendenz zu verniedlichen, indem sie phantastische Abenteuer und Visionen erzählen; »harte« Drogen mit ihren nicht verwischbaren Aspekten der Sucht, des Schmerzes, der Angst inspirieren offenbar realistischere Darstellungen. Lou Reeds *Heroin* (1967 für seine Gruppe Velvet Underground geschrieben) ist ein beeindruckendes, quälendes Dokument, ein dramatischer Monolog eines Heroinsüchtigen über seine Gefühle, Gedanken, Kämpfe, Ängste:

. . . it makes me feel like I'm a man
When I put a spike into my vein
And I tell you things aren't quite the same
When I'm rushing on my run
And I feel just like Jesus' son.

Durch die Verwendung des Vokabulars der »junkies«, der Süchtigen, schafft Reed eine beklemmend echte Atmosphäre: »spike« (Nadel, Spritze), »vein«, »dropper's neck« (Nadelspitze), »mainer« (Einstich), »smack« (Heroin), »blood«:
Der Erzähler ist sich der zerstörerischen Wirkung seiner Sucht voll bewußt:

I have made a big decision
I am gonna try to nullify my life.

Die Außenwelt und alle Angebote zur Hilfe sind ihm gleichgültig:

And you can't help, and not you guys
Or all you sweet girls with all your sweet talk
You can all go take a walk.

Doch sicher ist er sich seiner Entscheidung nicht, vielleicht möchte er die Rückkehr in die normale Welt versuchen; jede Strophe endet mit einem verzweifelten, schwankenden

And I guess that I just don't know.

In der dritten Strophe treten die Wünsche und Träume, die romantische Suche nach Abenteuer und Glück, die in seiner Welt unerfüllt bleiben müssen, hervor:

I wish that I was born a thousand years ago
I wish that I'd sailed the talking seas on a great big clipper-ship.

In diesen Wünschen wird die eigentliche Ursache seiner Sucht klar – die Gesellschaft der Großstadt, in der man sich nicht von eigener Schwäche und schlechtem Einfluß von außen befreien kann:

. . . Away from the big city where a man cannot be free
of all the evils of this town and of himself and those around.

Dafür ist jetzt Heroin sein Leben – und notwendigerweise sein Tod; die Metaphern »life«, »wife« verdeutlichen die vollkommene Hingabe:

Heroin, be the death of me
Heroin, it's my wife and it's my life.

Nichts anderes zählt mehr, die Umwelt mit all ihren verächtlichen Streitigkeiten, Lügen, Grausamkeiten kümmert ihn nicht:

I really don't care anymore about all the gingins in this town
And all the politicians making greasy sounds
And everybody putting everybody else down
And the dead bodies piled up in rounds.

Mit »gingins« sind vielleicht die Trinker gemeint; »greasy« ist ein plastisches, äußerst zutreffendes Attribut für die glatte, ›triefende‹ Ausdrucksweise vieler Politiker.
Reed zeichnet den Verlauf eines »Schusses« genau nach, von der Spritze ins Blut, über das Blut ins Gehirn:

Because when the smack begins to flow then I really don't care anymore
Oh, when the heroin is in my blood and the blood is in my head.

Der Süchtige ist dankbar, daß er in diesem Moment unfähig ist, seine hoffnungslose Lage genau einzuschätzen, er ist froh, sich ohne Nachdenken einem kurzen apathischen Hochgefühl hingeben zu können:

. . . And then thank God that I'm good as dead
And thank your God that I'm not aware
And thank God that I just don't know . . .

Heroin wäre wahrscheinlich weniger eindrucksvoll, wenn Lou Reed es nicht so beängstigend »wahr« aufgenommen hätte – Reed spricht, singt, stottert, spuckt und schreit mit einer Intensität und Überzeugung, die die Dramatik des Textes fast ins Unerträgliche steigern.
Reed hat mehrere Songs in der Drogenszene New Yorks angesiedelt; *I'm waiting for the man* (1967) beschreibt das Warten des Süchtigen (twenty-six dollars in my hand) auf den großspurig gekleideten Heroinhändler, der seine Kunden warten lassen kann – sie sind ihm ausgeliefert:

I'm waiting for my man
Here he comes, he's all dressed in black
Heeled shoes and a big straw hat
He's never early, he's always late
First thing you learn is that you always got to wait.

Danny O'Keefe überschreibt sein Porträt eines Drogenverkäufers an der Straßenecke *Junkman* (1973) – ›junk‹, eine Bezeichnung für Abfall, Müll, Mist, hat im Slang die Bedeutung »harte Droge« angenommen. O'Keefe verbindet seine Szenenbeschreibung mit prägnanten kommentierenden Bildern:

There's a man on the corner with some goods to sell
He's sellin' minutes in heaven for a lifetime in hell.

Das Bild dreht die christliche Lehre herum – die Heilsversprechen des »junkman« gewähren kein ewiges, sondern ein auf Minuten beschränktes Glück, auf das zudem noch ein Leben voller Höllenqualen folgt. Dieser Straßenhändler hätte vielleicht in früheren Zeiten Tropfen, Salben, Kräuter und Wässerchen verkauft – oder gar Ablässe. O'Keefe klagt an, indem er dem Händler entlarvende Aufforderungen und bildhafte Anpreisungen in den Mund legt:

Street corner peddler cryin', »Come on try my wares
Simple Simon, come on and try my wares
I got bottles of laughter, baskets of eyes that just stare
I got junk for sale . . .«

Die Bilder ›bottles of . . .‹ und ›baskets of . . .‹ bewahren bewußt den Charakter des Straßenverkaufs.
Opfer harter Drogen im persönlichen Erfahrungsbereich haben einige Autoren zu bewegenden anklagenden Songs veranlaßt. Neil Young resümiert ein solches Erlebnis (I watched the needle take another man) mit einem traurigen melancholischen Vergleich:

I've seen the needle and the damage done
a little part of it in everyone,
but every junkie's like a setting sun.

Kris Kristoffersons *Billy Dee* (1971) ist der Nachruf auf einen süchtigen Freund, ein liebevolles, stimmungsreiches Porträt, das Persönlichkeit und Umwelt greifbar werden läßt:

Billy Dee was seventeen when he turned twenty-one
Fooling with some foolish things he could have left alone
But he had to try to satisfy a thirst he couldn't name
Driven towards the darkness by the devils in his veins
All around the honky tonks, searching for a sign
Gettin' by on gettin' high on women words and wine
Some folks called him crazy, Lord, and other called him free
But we just called us lucky for the love of Billy Dee.

Kristofferson kleidet die Geschichte Billys in phantasievolle und einleuchtende Bilder – das zu frühe Erwachsenwerden (. . . was seventeen . . .), der undefinierbare Drang ins Ungewisse (driven . . .), der ihn auf die Suche nach Glück durch die Kneipen trieb – und enfache, aber fließende milieugerechte Formulierungen (gettin' by on gettin' high on . . .).
Billy geht seinen eigenen Weg, hört nicht auf Warnungen, nimmt alles wahr, was sich ihm bietet und muß dafür bezahlen:

Busy goin' his own way and speakin' his own words
Facin' and forgettin' every warnin' that he heard
Makin' friends and takin' any crazy chance he could
Gettin' busted for the bad times and believin' in the good
Billy took a beatin' from a world he meant no harm
The score was written in the scars up on his arm
Some felt he was payin' for the life he tried to lead
But all we felt was sorry for our good friend Billy Dee.

Billys Drängen und Suchen bringt ihn in Konflikt mit der Außenwelt; Kristofferson bringt den Zusammenhang dieses Konfliktes mit der Sucht in einem sprachlich wie klanglich durchschlagenden Bild aus dem Sport zum Ausdruck:

the score was written in the scars up on his arm

Er wiegt die Beurteilungen ab (some felt . . .) und muß sich selbst vorwerfen, nur Mitleid gehabt zu haben.
Kristofferson sucht weiter nach Ursachen für das Schicksal seines Freundes, vielleicht war dessen Sehnsucht nach Gefühl und Wärme in einer kalten traurigen Umwelt zu stark, die Enttäuschung zu groß:

It may be his soul was bigger than a body's oughta be
Singin' songs and bringin' laughter to the likes of you and me
Cause the world he saw was sadder than the one he hoped to find
But it wasn't near as lonesome as the one he left behind
Yesterday they found him on the floor of his hotel
Reachin' towards the needle, Lord, that drove him down to hell
Some folks called it suicide, and others blamed the speed
But we all called it crucified when Billy Dee O. D.'d.

Erst zum Schluß erfahren wir von Billys Tod im Detail, die Szene wird beschrieben, die Theorien – Selbstmord oder Aufputschmittel – erwähnt. In seinem Urteil verwendet Kristofferson ein biblisches Bild – wie so oft in seinen Songs (man beachte die Häufigkeit der Begriffe »devil«, »hell«); er setzt Billys Tod durch eine Überdosis (O. D. bedeutet

›over-dose‹ und wird abgekürzt auch als Verb gebraucht; dabei zeigt sich hier in der Verbindung ›Billy Dee O. D.'d‹ wieder Kristoffersons Vorliebe für Alliterationen, Binnenreime, Klänge und Wortspiele) mit einer Kreuzigung gleich, mit einer Kreuzigung durch eine Welt, die jetzt noch kälter, verständnisloser und einsamer ist:

Cause the world he saw was sadder than the one he hoped to find
But it wasn't near as lonesome as the one he left behind . . .

Sozial- und Zeitkritik

›Songs of the lower classes‹

Die Überschrift zu diesem Abschnitt habe ich einer sozialkritischen *street ballad* aus der Mitte des 19. Jahrhunderts, *The Song of the Lower Classes* von Ernest Jones, entlehnt:

We're low – we're low – we're very very low.
Yet from our fingers glide
The silken flow – and the robes that glow
Round the limbs of the sons of pride.
And what we get – and what we give –
We know, and we know our share;
We're not too low the cloth to weave,
But to low the Cloth to wear![64]

Die im folgenden behandelten Songs setzen die Thematik des Abschnitts über die Lage der unteren Schichten fort, allerdings mit gezielter Sozialkritik: sie beschreiben typische Situationen und Entwicklungen und klagen mit unterschiedlicher Ausprägung Mißstände und Ungerechtigkeiten an.
Ray Davies' *Dead End Street* (1966) stellt die soziale Lage der Unterschicht an den Erfahrungen eines Arbeitslosen dar. Der Song beginnt mit einer Schilderung der Wohnverhältnisse und Lebensbedingungen:

There's a crack up in the ceiling,
And the kitchen sink is leaking,
Out of work and got no money,
A Sunday joint of bread and honey.

»A Sunday joint . . .« bedeutet hier wohl die gemeinsame Mahlzeit, die auch am Sonntag nur aus Brot und Honig besteht. Aber es bleibt nicht bei der Beschreibung dieser Situation – die man sich so ähnlich in den ärmeren Vierteln englischer Industriestädte vorstellen könnte[65] –; eine Art kritischer Einschätzung der Lebensverhältnisse setzt ein:

What are we living for –
Two roomed apartment on the second floor,
No money coming in,
The rent collector's knocking, trying to get in.

Das »what are we living for« drückt Desillusionierung und die aufkommende Erkenntnis sozialer Benachteiligung aus. Diese Einsicht wird in den nächsten Zeilen präzisiert:

We are strictly second class and don't understand
Why we should be on dead end street.

Der Arbeitslose in *Dead End Street* hat seine Lage »analysiert«, er ist sich der bestehenden Ungleichheit bewußt, will sie aber nicht akzeptieren: er und seine Gruppe (we) sehen nicht ein, warum sie auf dem »Abstellgleis« der Gesellschaft stehen sollen. »Dead end« bedeutet in Verbindung mit »street« soviel wie »Sackgasse«, »a street . . . that is closed at one end«.[66] Im übertragenen Sinne bezeichnet es »a position that offers no hope of progress; blind alley . . .«[67] Der Begriff »dead end street« steht in Davies' Song als Ausdruck für die Hoffnungslosigkeit der sozialen Lage einer unterprivilegierten Schicht. Die zweite Strophe ist wie die erste aufgebaut, zunächst werden konkrete Erfahrungen beschrieben:

On a cold and frosty morning
Wipe my eyes and stop me yawning,
And my feet are nearly frozen,
Pour the tea and put the toast on.

Es ist wichtig, darauf hinzuweisen, daß in England ein großer Teil der älteren Reihenhäuser keine Zentral- oder Ofenheizung in den Schlafräumen besitzen.
Im folgenden kommentierenden Teil der Strophe herrscht ein pessimistischer, aber die Mißstände anklagender Ton vor:

No chance to emigrate,
I'm deep in debt – now it's much too late,
People want to work so hard – we can't get a chance.

Zusammen mit ›we are strictly second class‹ aus der ersten Strophe macht ›we can't get a chance‹ den Kern von ›Dead End Street‹ aus, nämlich Erkenntnis der eigenen Lage (hier der arbeitslosen Mitglieder der unteren Schichten) und Anklage gegen soziale Ungerechtigkeit. Darin entspricht *Dead End Street* den von mir im Kapitel 1 zitierten *street ballads*. Der Song schließt mit Resignation und ›Galgenhumor‹:

People live in dead end street,
People are dying on dead end street,
I'm gonna die on dead end street,
Dead end street, that's my street.

Die Straße, als Bild der Zugehörigkeit zu einer Schicht als Ausdruck der Abhängigkeit von sozialer Herkunft und des »Gefangenseins« in der »working class«, taucht bei Ray Davies öfter auf. Ich weise in diesem Zusammenhang auf *Shangri-La* und *Autumn Almanac* hin. In *Shangri-La* beschäftigt sich Davies mit dem ›kleinbürgerlichen Glück‹ der ›oberen‹ Unterschicht, deren ökonomische Lage sich scheinbar verbessert hat. Er tut das nicht in Form eines subjektiven »Erfahrungsberichts« wie in *Dead End Street*, sondern vom Standpunkt eines außenstehenden Beobachters und Kommentators aus.
Der Begriff »Shangri-La« stammt aus dem Roman *Lost Horizon* (1933) von James Hilton, in dem ein Phantasieland so genannt wird. Im allgmeeinen Sprachgebrauch (hauptsächlich im amerikanischen Englisch) bedeutet ›Shangri-La‹ ›a paradise on earth‹[68] oder »a remote, usually idyllic hideaway«.[69]
In Davies' Song ist mit *Shangri-La* das »Paradies des kleinen Mannes«, ein Eigenheim, gemeint. Es stellt die Erfüllung seiner Wünsche nach einem eigenen »Reich« dar:

Now that you've found your paradise,
This is your kingdom to command;
You can go outside and polish your car,
Or sit by the fire in your Shangri-La.

Ironisch und kritisch betrachtet Davies den sozialen Aufstieg der ›working class‹; das ›kingdom to command‹ und die leichteren Lebensbedingungen sind die ›Belohnung‹ für hartes Arbeiten.

Here's your reward for working so hard,
Gone are the lavat' ries in the backyard.

Die gewonnene »Zufriedenheit« – symbolisiert durch »sit by the fire«, »polish your car«, »put on your slippers«, »sit back in your rocking chair« – bedeutet Resignation und Rückzug auf das eigene »Reich«, die sozialen Gegensätze werden durch Wohlstandssymbole nur verdrängt:

Put on your slippers and sit by the fire,
You're reached your top and you can't get any higher.
You're in your place and you know where you are,
In your Shangri-La.

Davies will deutlich machen, daß trotz des materiellen Aufstiegs der »working class« ihre gesellschaftliche Benachteiligung bestehen geblieben ist.

Sit back in your rocking chair,
You need not to worry, you need not to care,
You can't go anywhere.

Im zweiten Teil von *Shangri-La*, der auch musikalisch deutlich unterschieden ist, weicht Davies von der Form der direkten Anrede ab. Er führt die kritische Beschreibung der Verhältnisse in einem breiteren Rahmen fort; zunächst erzählt er von einem »little man« – der genauso typisch ist wie der »Kleinbürger« des ersten Teils – und seinen finanziellen Schwierigkeiten, über die er sich nicht beklagt:

Got a mortage hanging over his head
But he's too scared to complain,
'cause he's conditioned that way.

Davies gibt den Grund für die Einstellung des »kleinen Mannes« an, ihm ist durch seine Herkunft, Erziehung, Umwelt etc. beigebracht worden, zu akzeptieren und sich nicht zu beschweren. Dann kehrt Davies zum »Paradies« der »housing estates« zurück, er beschreibt die Einheitlichkeit und Eintönigkeit der Häuser, die Uniformität des Geschmacks:

Same chimney pots, same little cars, same window panes

Er ironisiert die Rolle der Nachbarn, ihren Tratsch, er stellt ihre Besuche als scheinheilige Rituale hin:

They say their lines, they drink their tea, and then they go,
They tell you business in another Shangri-La.

Zum Schluß kommt Davies auf den finanziellen Druck durch Raten und Rechnungen, auf die allgemeine wirtschaftliche und soziale Unsicherheit der »belohnten« Unterschicht zu sprechen:

The gas bills and the water rates and the payments on the car,
Too scared to think about how insecure you are.

Davies' letzte Bemerkung ist die Kernaussage seines Kommentars:

Life ain't so happy in your little Shangri-La

Das kleinbürgerliche Glück der eigenen vier Wände stellt auch nur eine scheinbare Erfüllung dar.
Das in *Shangri-La* beinahe kalt und zynisch aufgedeckte Dilemma der unteren Schichten, das Gefühl des Ausgeliefertseins, der Machtlosigkeit, beobachten auch Jagger/Richard:

spare a thought for the stay at home voter
his empty eyes gaze at strange beauty shows
and a parade of grey suited grafters
a choise of cancer or polio.

Die Wahl zwischen Krebs oder Kinderlähmung ist keine Wahl; Krankheiten sind wie am Fernsehen vorüberziehende Schönheitsköniginnen und korrupte Beamte (grafters) nicht faßbar und (fast) nicht zu beeinflussen. Das Zitat stammt aus dem nach einem Bibelwort benannten *The Salt of the Earth*[70] (1968), ein »toast« mit mitleidigem Unterton an die unterprivilegierte Bevölkerung, das »Salz der Erde«:

let's drink to the hard working people
let's drink to the lowly of birth
let's think of the two tousand millions
let's think of the humble of birth.

Daß dieses »Gedenken« von außen, ja von oben herab kommt, bestätigt Jagger, wenn er seine direkte Beziehung zur Bevölkerung, das Erlebnis eines anonymen, unwirklichen Massenpublikums von der Bühne herab, beschreibt:

and when I search a faceless crowd
a swirling mass of grey and black and white
they don't look real to me
in fact they look so strange.

Dagegen spricht Woody Guthrie aus seiner eigenen unmittelbaren Erfahrung von sozialer Ungerechtigkeit, einer Erfahrung, die er mit Millionen teilt, die in den dreißiger Jahren heimatlos auf der Suche nach Arbeit durch die USA zogen:

Well I ain't got no home, I'm just rambling around
Just a rambling worker, go from town to town
Police makes it hard wherever I may go

I ain't got no home in this world anymore.
All my brothers and my sisters have stranded on this road
That's a hard dusty old road that a million feet have trod
Rich men took our home and drove us from our door
Man can't frame his home in this world anymore.

Guthrie klagt den Gegensatz zwischen arm und reich als Ursache der Ungerechtigkeiten an.
Wie sein Vorbild Guthrie steht Bob Dylan in seinen sozialkritischen Songs (besonders in denen der Jahre 1963/64) betont auf der Seite der Unterprivilegierten. Allerdings spricht Dylan darin nicht oder selten aus eigenen Erfahrungen, sondern nimmt den Standpunkt eines engagierten Chronisten, Kritikers und Anklägers ein; er baut auf der Tradition ›journalistischer‹ politischer Straßenballaden auf.
The Lonesome Death of Hattie Caroll (1964) schildert die grundlose Ermordung einer Küchengehilfin durch einen reichen Jüngling und dessen skandalös milde Verurteilung, *North Country Blues* (1964) zeichnet in der Erzählung der weiblichen Hauptperson, einer Bergmannsfrau, den wirtschaftlichen Niedergang einer Bergbauregion und den damit verbundenen Zerfall einer Familie nach. Während der *North Country Blues* der Form nach eine Ballade ist, benutzt Dylan in *Ballad of Hollis Brown* (1964) das gebräuchlichste Blues-Schema – ein Indiz für die historische, inhaltliche und formale Verwandtschaft von Blues und Volksballaden. Mit der Geschichte des kleinen Farmers Hollis Brown greift Dylan die Not der Landbevölkerung während der Besiedlung der USA auf:

Hollis Brown, he lived on the outside of town
With his wife and five children and his cabin fallin' down

In einfachen Versen wird der verzweifelte Zustand der Farmersfamilie festgehalten:

Your baby's eyes look crazy, they're a-tuggin' at your sleeve
You walk the floor and wonder why with every breath you breathe.

Von einer außenstehenden Zustandsbeschreibung steigert sich der Song zu einem beteiligten Gedanken- und Gefühlsprotokoll des Familienvaters:

Your babies are crying louder, it's pounding on your brain
Your wife's screams are stabbin' you like the dirty drivin' rain
Your grass is turning black, there's no water in your well
You spent your last lone dollar, on seven shotgun shells.

Die katastrophalen Auswirkungen der Natur scheinen als logische Folge den Weg in eine private Katastrophe zu weisen, Strophe um Strophe nähert sich die Handlung einem dramatischen Höhepunkt:

Your brain is a-bleedin', and your legs can't seem to stand
Your eyes fix on the shotgun that you're holdin' in your hand
There's seven breezes a-blowin' all around the cabin door
Seven shots ring out like the ocean's pounding roar.

In poetischer Verbildlichung stellt Dylan die Schüsse als Windstöße dar und vergleicht ihr Knallen mit dem Brüllen des Meeres. Die letzte Strophe kehrt zur »neutralen« Berichterstattung zurück und läßt gleichzeitig den Song auf einem optimistischen Ton enden, der die zuversichtliche, wenn auch rücksichtslose, Grundhaltung der nordamerikanischen Besiedlung beschwört – an die Stelle der sieben Toten werden sieben Neugeborene treten:

There's seven people dead on a South Dakota farm
Somewhere in the distance there's seven new people born.

Die soziale Not und Benachteiligung der Slums und Gettos der Großstädte sind die Ausgangspunkte zu John D. Loudermilks *Tobacco Road* (etwa 1960). Ein Jugendlicher berichtet über einige Stationen seines deprimierenden Lebensstarts:

I was born in a dump
My mama died and my daddy got drunk
He left me here to die or grow
In the middle of Tobacco Road
I grew up in a rusty shack
All I owned was a-hangin' on my back . . .

Aber in die Verachtung mischt sich ein starkes Gefühl der Zugehörigkeit und Zuneigung:

But it's home, the only life I've ever known
But the Lord knows I loathe Tobacco Road
But I loves you 'cause you're home.

Diese Haßliebe fördert auch die Hoffnungen auf ein Ausbrechen aus dieser Umgebung, auf eine bessere Zukunft – der Junge will reich werden, um die Slums niederreißen zu können und an ihrer Stelle eine neue Stadt mit gleichem Namen aufzubauen:

I'm gonna leave and get a job
With the help and the grace of God
Save my money and get rich I know
And bring it back to Tobacco Road
Bring dynamite and a crane
Blow it up and start all over again
I'll build a town, I'll be proud to show
And keep the name Tobacco Road.

Auch wenn diese Hoffnungen nur Illusionen bleiben werden, geben sie doch aufmunternde Impulse zur Bekämpfung von Mißständen. In Ray Davies' *The Contender* (1971) gibt sich der »Herausforderer« aus der Unterschicht ebenfalls nicht mit seiner Umgebung zufrieden:

Got to get out of this life somehow
Got to be free got to be free now.

Er akzeptiert nicht die ihm zugedachte Rolle:

I don't want to be a constructor of highways,
A sweeper of sidewalks, I've got to do it my way.

Er sieht seine Grenzen (I'm to ill-equipped), er erkennt, daß nur Gemeinsamkeit (We're not the greatest when we're separated) seiner Schicht den Erfolg bringen kann, den er für sich wünscht:

I don't want to be like a fascist dictator
A saint or a sinner, I want to be a winner.

Über die Fesseln, Zwänge und Bevormundungen eines Aufwachsens in der Unterschicht reflektiert John Lennon in dem autobiographisch gefärbten, typischerweise erst nach dem Auseinanderbrechen der Beatles 1970 veröffentlichten *Working Class Hero*. Lennon sieht in dieser bitteren Abrechnung mit der Vergangenheit das Leben eines »working class kid« als Prozeß der Einschüchterung und Unterdrückung:

They hurt you at home and they hit you at school
They hate you if you're clever and they despise a fool
Till you're so fucking crazy you can't follow their rules
A working class hero is something to be.

When they've tortured and scared you for 20 odd years
Ten they expect you to pick a career
When you can't really function you're so full of fear
A working class hero is something to be . . .

Die Unterdrückung erstreckt sich nicht nur auf die unmittelbaren Erfahrungsbereiche von Elternhaus, Schule und Beruf, sondern wirkt unterschwellig durch psychologische Manipulierung in Religion, Sexualität und Medien; die »freie«, »klassenlose« Gesellschaft ist Illusion:

Keep you doped with religion and sex and TV
And you think you're so clever and classless and free
But you're still fucking peasants as far as I can see
A working class hero is something to be . . .

Den Traum vom Aufstieg aus der Unterschicht kann sich nur der erfüllen, der sich anpaßt und rücksichtslos seinen Weg geht – Lennon verdeutlicht das mit beißender Schärfe in dem Bild »learn how to smile as you kill«:

There's room at the top they are telling you still
But first you must learn how to smile as you kill
If you want to be like the folks on the hill
A working class hero is something to be.

Lennon selbst ist ein Beispiel für einen erfolgreichen Aufsteiger zu Reichtum (verkörpert durch »the folks on the hill«) und Ruhm – ein »Held der Arbeiterklasse« (das Wortspiel ist sicher beabsichtigt), der allerdings auf einem der beiden Karrierewege, die »traditionell« der Unterschicht offenstehen, Show-Business und Sport, nach oben gekommen ist; und fast ironisch fordert er zur Nachahmung auf:

Yes, a working class hero is something to be
If you want to be a hero well just follow me.

Protest und Anklage

In den vergangenen Jahrhunderten sind populäre Songs oft zu politischen Äußerungen – als Beitrag zu Diskussionen, als Kritik, Protest oder Agitation – benutzt worden; in englischen Straßenballaden wurden zum Beispiel alte Privilegien und aktuelle Gesetzgebungen angeprangert oder gleiche Rechte für alle Schichten gefordert. Aus der politischen Thematik neuerer Songs möchte ich zwei Bereiche herausgreifen, Songs gegen atomare Waffen und Songs gegen den Krieg allgemein.

Anti-Atombomben-Songs

In den frühen sechziger Jahren erreichten in der westlichen Welt die Bewegungen gegen atomare Bewaffnung große Publizität und wurden in ihren Aktivitäten – vor allem bei den jährlichen Ostermärschen – vornehmlich von Studenten und Jugendlichen getragen. In den USA und in Großbritannien fanden die Bewegungen die Unterstützung politisch engagierter Folk-Sänger wie Pete Seeger; der Song *What have they done to the rain?* (1962) der amerikanischen Sängerin Malvina Reynolds wurde zu einer Art Hymne – obwohl der Song keine flammende Anklage, sondern eher eine besinnliche Warnung vor den Gefahren radioaktiver Verseuchung ist:

Just a little rain falling all around,
The grass lifts its head to the heavenly sound,
Just a little rain, just a little rain,
What have they done to the rain?

Zur damaligen Zeit führten die Atommächte unkontrolliert auch überirdische Testexplosionen durch, deren Auswirkungen in der ganzen Welt als radioaktiver Niederschlag spürbar wurden. Auf die Übertragung bestrahlter Wolken durch den Wind spielt Reynolds in der zweiten Strophe an:

Just a little breeze with some smoke in its eye

Zum Schluß beschwört sie die mögliche Zerstörung von Mensch und Natur in dem traurig-melancholischen Bild eines Jungen, der im scheinbar zarten ungefährlichen Regen steht:

Just a little boy standing in the rain
The gentle rain that falls for years
And the grass is gone, and the boy disappears
And the rain keeps falling like helpless tears . . .

Die Bedrohung durch Regen schwebt auch über Bob Dylans *A Hard Rain's A-Gonna Fall* (1963), einer ungleich komplexeren und packenderen Vision von Chaos und Untergang. Der Song lehnt sich formal an die traditionelle britische Ballade *Lord Randal*[71] an, deren Fragen zu Beginn jeder Strophe er in leicht veränderter Form übernimmt:

Oh, where have you been, my blue-eyed son?
Oh, where have you been, my darling young one?

In den folgenden Zeilen jeder Strophe antwortet der junge Kundschafter oder Abenteurer auf jeweils eine Frage – woher er kommt, was er gesehen, was er gehört, wen er getroffen hat, was er tun will. Die Antworten verbreiten in grausamen apokalyptischen Bildern verwirrte düstere Eindrücke einer Katastrophe, der »blue-eyed son« hat dem Tod in die Augen gesehen:

I've been out in front of a dozen dead oceans,
I've been ten thousand miles in the mouth of a graveyard . . .
I saw ten tousand talkers whose tongues were all broken,
I saw guns and sharp swords in the hands of young children . . .
I met a young woman whose body was burning . . .

Daß es hier nicht nur um die Auswirkungen eines Unwetters oder einer Flut (»rain« könnte auch dafür stehen) handelt, folgt erst aus der Assoziation des radioaktiven Niederschlags mit »hard rain«; auf das Erlebnis einer Atomkatastrophe und deren zerstörerischer Gewalt lassen auch die beiden folgenden Zeilen aus der dritten Strophe schließen:

I heard the sound of a thunder, it roared out a warnin'
Heard the roar of a wave that could drown the whole world . . .

In der letzten Strophe skizziert Dylan die Figur des Erzählers etwas näher, sie erscheint als mahnender Unglücksbote, der nach Erfüllung seiner Aufgabe zu den Opfern zurückkehrt:

I'm going back out 'fore the rain starts a-fallin',
I'll walk to the depths of the deepest black forest,
Where the people are many and their hands are all empty,
Where the pellets of poison are flooding their waters . . .

Vielleicht verkörpert sich der Autor im Selbstverständnis eines warnenden, anklagenden Barden persönlich in dieser Figur eines Propheten, der seine Schreckensgeschichte unverdrossen bis zum eigenen Untergang verkündet:

And I'll tell it and think it and speak it and breathe it,
And reflect it from the mountain so all souls can see it,
Then I'll stand on the ocean until I start sinkin' . . .

Anti-Kriegs-Songs

Hand in Hand mit dem Kampf gegen Atomwaffen ging in den frühen sechziger Jahren eine allgemeine Protestbewegung gegen Krieg und Unterdrückung – als Reaktion auf die militärischen Drohungen, Herausforderungen und Konfrontationen des Kalten Kriegs. Die Stimmung jener Zeit reflektierte damals Bob Dylan in einigen berühmt gewordenen Anti-Kriegs-Songs. In *Blowin' in the Wind* (1963) stellt er ungeduldige anklagende Fragen nach dem Ende des Tötens und Leidens, der Ignoranz und Verbohrtheit:

How many roads must a man walk down
Before you call him a man?
Yes, 'n' how many seas must a white dove sail
Before she sleeps in the sand?
Yes, 'n' how many times must the cannon balls fly
Before they're forever banned?

An den Anfang jeder Strophe setzt Dylan symbolische Fragen, die den konkreten Bezug unterstützen:

How many years can a mountain exist
Before it's washed to the sea?
Yes, 'n' how many years can some people exist
Before they're allowed to be free? . . .

Der Refrain gibt jeweils die melancholisch-pessimistische Antwort, in der neben der Ungewißheit jedoch Hoffnung mitschwingt:

The answer, my friend, is blowin' in the wind,
The answer is blowin' in the wind.

Sein *Masters of War* (1963) ist eine direkte zornige Anklage gegen Kriegspolitiker und Waffenhersteller:

Come you masters of war
You that build all the guns
You that build the death planes
You that build the big bombs
You that hide behind walls
You that hide behind desks
I just want you to know
I can see through your masks.

Dylan prangert die Unmoral ihrer Feigheit und Profitsucht an:

You that never done nothin'
But build to destroy
You play with my world
Like it's your little toy
You put a gun in my hand
And you hide from my eyes
And you turn and run farther
When the fast bullets fly.

Der Angriff des hilflosen einzelnen auf die Mächtigen, die mit seiner Welt »spielen«, endet mit dem leidenschaftlichen Wunsch nach deren baldiger und endgültiger Vernichtung:

And I hope that you die
And your death 'll come soon
I will follow your casket
In the pale afternoon
And I'll watch while you're lowered
Down to your deathbed
And I'll stand o'ver your grave
'Til I'm sure that you're dead.

In der Ballade *With God on Our Side* (1964) unternimmt Dylan einen kritischen Rückblick auf die amerikanische Geschichte. Er läßt Kriege vorüberziehen, die mit Vertrauen in Gott und die gerechte patriotische Sache durchgeführt und legitimiert wurden:

Oh the history books tell it
They tell it so well
The cavalries charged
The Indians fell
The cavalries charged
The Indians died
Oh the country was young
With God on its side.

Der in Geschichtsbüchern beschönigten Ausrottung der Indianer schließt Dylan den Spanisch-Amerikanischen Krieg, den Bürgerkrieg, den Ersten (The reason for fighting/I never got straight) und den Zweiten Weltkrieg an:

When the Second World War
Came to an end
We forgave the Germans
And we were friends
Though they murdered six million
In the ovens they fried
The Germans now too
Have God on their side.

Jede Strophe endet mit einem bitter-ironischen Bezug auf den göttlichen Beistand der »Guten«, der jede Unternehmung im »nationalen Interesse« wie selbstverständlich rechtfertigt, wie zum Beispiel einen Einsatz chemischer Waffen:

And you never ask questions
When God's on your side.

Dylan beendet seine Absage an Krieg und Gewalt unter patriotischer Flagge mit der Darstellung eines persönlichen Gefühls der Verwirrung, Angst, Unsicherheit, in der auch Hoffnung durchschimmert – Hoffnung auf die »Einsicht« Gottes, keine weiteren Kriege zuzulassen, wenn er tatsächlich auf der Seite der Menschen ist:

So now as I'm leavin'
I'm weary as Hell
The confusion I'm feelin'
Ain't no tongue can tell
The words fill my head
And fall to the floor
If God's on our side
He'll stop the next war.

Dylans Anti-Kriegslieder sind politische Anklagen und Proteste mit moralischen Grundsätzen, weniger vom Standpunkt eines Betroffenen erzählt, als von dem eines mahnenden Kritikers. Ganz anders – als Eindringling in das persönliche Schicksal – wird der Krieg in den folgenden Blueszeilen erlebt:

Got my questionaire, baby,
You know I'm headed off to war
If I wanna kill somebody
Won't have to break no kind of law . . .

Uncle Sam ain't no woman,
But he sure can take your man . . .

Durch das militärische Engagement in Vietnam mußten viele Amerikaner in den sechziger und frühen siebziger Jahren die unmittelbare Erfahrung von Krieg, Tod und Gewalt machen, sei es als Soldat, als Angehöriger oder durch die täglichen Kriegsberichte des Fernsehens. Nur ein solch direktes Erleben ermöglicht bewegende glaubhafte Äußerungen des Ekels und der Verzweiflung, wie sie Joe McDonald für seine Gruppe Country Joe and the Fish 1969 in *Maria* aufgeschrieben hat; in dem Song bekennt ein Soldat seiner Frau oder Freundin zu Hause, daß er die Grausamkeiten des Krieges, unter denen Unschuldige leiden, nicht länger ertragen kann:

I'm growing so tired of fighting this war, Maria
I feel like I just can't go on any more

The sounds we make as they're dying
Hearing their screams and their crying
The children, their eyes are weeping,
We filled them with pain
You know the reason I joined up to fight in this war
You know the reason I refuse to fight anymore.

Die Auseinandersetzung mit dem Vietnam-Krieg prägte einige von Joe McDonalds besten Songs; *Untitled Protest* (1968) ist eine bittere Abrechnung mit der Rolle der Amerikaner in Indochina. In kräftigen, schneidenden Bildern und Metaphern bringt McDonald das Grauen der Kriegsmaschinerie nahe – die Tränen des getroffenen Mädchens sind blutig und dick (red and swollen tears), kalte Silbervögel werfen den Bombentod zur Erde, die Soldaten sind in Khaki gekleidete christliche Priester, die eine grauenvolle Auslegung von Nächstenliebe predigen, auf einem Leviathan, einem biblischen Meeresungeheuer, ziehen sie zerstörend über unbekanntes Land – vielleicht will McDonald hier unter Bezug auf Hobbes' *Leviathan* auf die monströse Großmacht USA und ihre Gesandten des Todes (delegates from the western land to join the death machine) anspielen. Und die Landsleute zu Hause – und zu diesen zählt sich der Erzähler – sitzen ohnmächtig oder gleichgültig da und geben dem Töten der jugendlichen Supermänner moralische Unterstützung mit Karten, Briefen, Gebeten, Ehrungen:

Red and swollen tears tumble from her eyes
While cold silver birds who came to cruise the skies
Send death down to bend and twist her tiny hands
And then proceed to target ›B‹ in keeping with their plans
Khaki priests of Christendom interpreters of love
Ride a stone Leviathan across a sea of blood
And pound their feet into the sand of shores they've never seen
Delegates from western land to join the death machine
And we send cards and letters.

The oxen lie beside the road their bodies baked in mud
And fat flies chew out their eyes then bathe themselves in blood
And super heroes fill the skies, tally sheets in hand
Yes, keeping score in times of war takes a superman
The junk crawls past hidden death its cargo shakes inside
And soldier children hold their breath and kill them as they hide
And those who took so long to learn the subtle ways of death
Lie and bleed in paddy mud with questions on their breath
And we send prayers and praises.

Diese bittere Elegie auf Opfer und »Helden« des Vietnamkriegs trifft jene Grundsätze, die der 1918 mit 25 Jahren gefallene Wilfred Owen, der wichtigste der englischen War-Poets, im Entwurf des Vorwortes zu seinem geplanten ersten Gedichtband für seine Arbeit aufstellte: »Es geht hier nicht um Helden. Die englische Poesie ist noch nicht fähig, über sie zu sprechen. Aber es geht auch nicht um Heldentaten oder Länder oder so etwas wie Ruhm, Ehre, Macht, Würde, Herrschaft oder Gewalt, außer Krieg. Vor allem beschäftige ich mich nicht mit Poesie. Mein Thema ist der Krieg und das Elend des Krieges. Die Poesie liegt im Elend. Für unsere Generation haben die Elegien aber nichts Tröstliches. Vielleicht für die nächste Generation. Ein Poet kann heute nur warnen. Deshalb müssen die wahren Poeten auch aufrichtig sein.«[72] Vielleicht haben die Warnungen Joe McDonalds indirekt zum Ende des Vietnamkrieges beigetragen.

Politische Satiren

Satire verhöhnt, veralbert, macht lächerlich – nicht um des Witzes oder des komödiantischen Effekts willen, sondern mit der Absicht zu treffen, eine Person oder Situation anzuprangern. Gesellschaftskritische und politische Satiren sind beliebte Mittel der politischen Auseinandersetzung, weil sie in der komischen Überzeichnung auch übermächtige Gegner schwächlich und lächerlich und ungeliebte oder verhaßte Zustände in voller Bedeutung und Konsequenz erscheinen lassen können. So wurde in satirischen Straßenballaden des 17. Jahrhunderts wie *The Old and the New Courtier* und *The Map of Mock-Begger Hall* der aufsteigende Geldadel bekämpft, und der Dichter Andrew Marvell nutzte im englischen Bürgerkrieg seine weniger bekannten politischen Satiren zur Propaganda gegen die Royalisten.[73]
In der Popmusik sind politische Satiren verhältnismäßig selten, vielleicht weil sie ein außergewöhnliches Maß an Engagement und scharfem, souveränem Witz erfordern. Die nachstehend behandelten Satiren über amerikanische Politik und Gesellschaft zählen daher meiner Ansicht nach zu den intelligentesten Pop-Songs überhaupt.
In *Superbird* (1967) verspottete »Country« Joe McDonald seinen ungeliebten Präsidenten Lyndon B. Johnson, indem er ihn als »Supervogel« wie eine Comic-Figur durch die Lüfte fliegen ließ:

It's a bird, It's a plane, it's a man insane,
It's my president L. B. J.
He's flyin' high, way up in the sky, just like Superman.

In der Welt der Comics kann der übermächtige Präsident bekämpft werden:

But I've got a little piece of kryptonite,
Yes, I'll bring him back to land.

Der Refrain ist eine direkte Herausforderung im Stil einer Gangsterverfolgung, als Bestrafung wird die Verbannung des Texaners Johnson auf seine heimatliche Ranch angedroht. Ein Jahr, nachdem dieser Song geschrieben wurde, zog sich Johnson freiwillig nach Texas zurück:

Come out Lyndon with your hands held high,
Drop your guns, baby, and reach for the sky,
I've got you surrounded and you ain't got a chance,
Gonna send you back to Texas, make you work on your ranch.

McDonalds bekanntester Song ist eine bittere Satire auf den Krieg in Vietnam. Der *I-Feel-Like-I'm-Fixing-To-Die-Rag* (1968) gewann unmittelbare politische Bedeutung, da er auf Kundgebungen und Protestmärschen gesungen wurde und die Anti-Kriegspropaganda wirkungsvoll unterstützte. Der Song hat die Form eines fröhlichen Tanzliedes (Rag), das munter zum Sterben aufruft. Die makabre Mischung von Frohsinn und bitterer Realität produziert den beißenden, aufrüttelnden Effekt:

Come on all of you big strong men
Uncle Sam needs your help again
He's got himself in a terrible jam
'Way down yonder in Viet Nam
So put down your books 'n' pick up a gun,
We're gonna have a whole lotta fun

And it's one, two, three, what are we fightin' for?
Don't ask me, I don't give a damn, next stop is Viet Nam
And it's five, six, seven, open up the pearly gates
Well, there ain't no time to wonder why, Whoopee, we're all gonna die.

Im weiteren zielt McDonald auf die Hintermänner des Krieges, auf Generäle, die Kommunisten hassen (Now you can go out and get those Reds-/Cause the only good Commie is one that's dead), auf Geschäftsleute, die mit dem Krieg Profit machen (There's plenty good money to be made/By supplyin' the Army with the tools of the trade). Der Song schließt mit einem sarkastischen Appell an Mütter und Väter, ihre Söhne schnell nach Vietnam zu schicken, um sie postwendend als Tote zurückzubekommen:

Come on Mothers throughout the land,
Pack your boys off to Viet Nam
Come on Fathers don't hesitate,
Send your sons off before it's too late
Be the first ones in your block
To have your boy come home in a box.

Der beklemmende Spott dieser Anspielung auf den Kriegsenthusiasmus der älteren Generation läßt das Lachen erfrieren, da hier die grausame Sinnlosigkeit des Krieges am deutlichsten wird.
Die erschütterte Stellung der allerseits kritisierten Weltmacht USA war der Anlaß für Randy Newmans satirischen Versuch, das angekratzte Selbstbewußtsein der Amerikaner durch eine ›eindrucksvolle‹ Demonstration ihrer atomaren Stärke aufzupolieren:

We give them money – but are they grateful
No, they're spiteful and they're hateful
They don't respect us – so let's surprise them
We'll drop the big one and pulverize them.

Dieses Spiel mit der »big one«, der Atombombe, hat Newman mit *Political Science* überschrieben. Die Lösungsvorschläge und Argumente einer solchen politischen ›Wissenschaft‹ sind ›gradlinig‹ und einfach; in ihnen karikiert Newman überzogenen Patriotismus und Überheblichkeit:

Asia's crowded and Europe's too old
Africa is far too hot
And Canada's too cold
And South America stole our name
Let's drop the big one
There'll be no one to blame us.

Nachdem so Mißgunst, Undank und Kritik ausgeschaltet sind, ist der Weg zur Amerikanisierung der Welt frei:

Boom goes London and boom Paree
More room for you and more room for me
And every city the whole world round
Will just be another American town.

Über die von der Propaganda des Kalten Krieges angefachte Angst vor kommunistischer Infiltration machte sich 1963 Bob Dylan in seinem *Talkin' John Birch Paranoid Blues* lustig. Nach dem Muster eines halb gesungenen, halb gemurmelten »Sprech-Blues« erzählt er die Angstgefühle und Wahnvorstellungen eines ›Bedrohten‹:

Well, I was feelin' sad and feelin' blue,
I didn't know, what in the world I wus gonna do
Them Communists they wus comin' around,
They wus in the air,
They wus on the ground
They wouldn't gimme no peace.

Der »Verfolgte« wird Mitglied der John Birch Society, eines Vereins zur Bekämpfung von kommunistischem Einfluß und ist von nun an auf der Suche nach »roten« Landesverrätern. Hier karikiert Dylan die Kommunistenjagd der McCarthy-Periode:

I wus lookin' high an' low for them reds everywhere,
I wus lookin' in the sink and underneath the chair
I looked way up my chimney hole
I even looked deep down inside my toilet bowl
They got away . . .

Die Grenzen zwischen Satire und witziger Unterhaltung sind fließend. *The Wall Street Shuffle* (1974 von Stewart und Gouldman für die Gruppe 10cc geschrieben) könnte mit seiner Tanz-Metapher als Satire auf das Auf und Ab, Hin und Her der Geldgeschäfte der Wall Street ausgelegt werden:

Do the Wall Street shuffle
Hear the money rustle
Watch the greenbacks tumble
Feel the sterling crumble.

Mir scheint jedoch dahinter eine kritische Absicht zu fehlen, der Song besticht eher durch seine witzige Vermischung von Umgangssprache und Finanz-Jargon:

You're gotta be cool on Wall Street
When your index is low
Dow Jones ain't got time for the bums.

Das utopische Traumbild einer Gesellschaft, in der nicht mehr mit Geld gehandelt wird, zeichnet der englische Folk-Song *Poor Man's Heaven*[74], in dem vermutlich ein aus den USA zurückgekehrter Auswanderer seine Erfahrungen verarbeitete. In dieser Utopie sind die Verhältnisse auf den Kopf gestellt:

We'll run all the banks and shoot all the cranks
And we won't give a darn who we hurt;

And the millionaire's son won't have so much fun
When we put him so shovelling dirt.
In Poor Man's Heaven we'll have our own way
And we won't have nothing to fear
And we'll eat all we please from ham and egg trees
That grow by the fountains of beer.

Daß diese recht versponnenen Träumereien eine reale satirische Absicht enthalten, scheinen mir die letzten Zeilen zu beweisen; darin wird die Erfüllung der Ansprüche, die in der amerikanischen Hymne besungen werden, von der Verwirklichung des imaginären Paradieses der Armen abhängig gemacht:

In the Poor Man's Heaven we'll own our own home
And we won't have to work like a slave;
And we'll be proud to sing right out loud
The land of the free and the brave.

Der Autor will mit seiner utopischen Satire die Forderung unterstreichen, daß Ungerechtigkeiten und Benachteiligungen in der täglichen Wirklichkeit abgestellt werden.

Der Rassenkonflikt in den USA

Anklage und das Verlangen nach Gleichberechtigung

Bis in die sechziger Jahre mußte die schwarze Bevölkerung der USA gegen die Rassentrennung in den Südstaaten und für die Zubilligung und gesetzliche Verankerung der Bürgerrechte kämpfen; oft genug traf sie dabei auf die Einschüchterungsversuche und den gewalttätigen Widerstand weißer Bevölkerungsteile, am grausamsten verkörpert in den Taten des wiedererwachten Ku-Klux-Klan, einer Vereinigung weißer Rassenfanatiker. In ihrem Kampf wurden die Schwarzen des Südens unter anderem von gemischt-rassigen Gruppen wie CORE (Congress of Racial Equality) und später SNCC (Student Non-Violent Coordinating Commitee) aktiv bei Protestmärschen, *sit-ins*, Demonstrationen, *freedom rides* und ähnlichen Aktionen gegen die Segregation unterstützt.[75]
Das Engagement vieler, oft jugendlicher weißer Nordstaatler für die Bürgerrechtsbewegung spiegelt sich auch in den Songs über den Rassenkonflikt, die aus der in den Großstädten und Universitäten des Nordostens konzentrierten Folk-Song-Bewegung kamen.
Hezekiah Jones (*Black Cross*) von Lord Buckley, einem legendären Folk-Sänger, schildert den Lynchmord an einem bildungshungrigen Schwarzen (reading ain't no good for an angered nigger) durch seine

weißen Nachbarn, die auch noch von einem weißen Geistlichen legitimiert werden, da er Hezekiah als Ungläubigen hinstellt:

> And they hung Hezekiah as high up as a pigeon
> White folks around said, »Well he had it coming;
> The son of a bitch he had no religion.«

Die anonyme Ballade *The Death of Emmet Till* berichtet über die sinnlose Ermordung eines jungen Schwarzen im Staat Mississippi und über den Freispruch der Schuldigen durch ein südstaatliches Gericht. Das Lied hat einen moralistisch-pädagogischen Tenor und betont die patriotische Verpflichtung zur Abschaffung der Mißstände:

> This song is just a reminder to remind you fellow men
> That this kind of thing still lives today in that ghost-robed Ku-Klux-Klan
> But if all of us folks that think alike, if we gave all we could give,
> We'd make this great land of ours a greater place to live.

In *A church is burning* (1963) schildert Paul Simon in dramatischer Weise einen Brandanschlag des Ku-Klux-Klan (three hooded men) auf eine Negerkirche:

> Three hooded men through the backroad did creep
> Torches in their hands while the village lies asleep
> Down to the church where just hours before voices were singing
> And hands were beating and saying, ›I won't be a slave anymore.

Auch die Darstellung dieses Verbrechens liefert den Aufhänger für einen trotzigen (You can burn down my churches but I will be free), aufmunternden Appell zu gemeinsamem Handeln aus Gerechtigkeitssinn und patriotischer Verantwortung:

> Now a church is more than just timber and stone
> And freedom is a dark road when you're walking it alone
> But the future is now and it's time to take a stand
> So the lost bells of freedom can ring out in my land.

Eine Art Analyse der Gesellschaftsstruktur des Südens gibt Bob Dylan in *Only a Pawn in Their Game* (1963); er betrachtet die Rolle der »poor whites«, der weißen Unterschicht, die zum Rassenhaß erzogen wird:

> He's taught in his school
> From the start by the rule
> That the laws are with him

To protect his white skin
To keep up his hate.

– die von Politikern als namenlose (he's taught how to walk in a pack), machtlose Hilfstruppe ausgenutzt wird, wie Bauern im Schachspiel (a pawn in their game), und die doch in Armut (from the poverty shacks, he looks from the cracks to the tracks) und unterprivilegierter Stellung verharren muß:

And the Negro's name
Is used it is plain
For the politican's gain
As he rises to fame
And the poor white remains
On the caboose of the train
But it ain't him to blame
He's only a pawn in their game.

Dylan umrahmt diese leidenschaftliche Betrachtung mit einem – 1963 – aktuellen Ereignis, der Ermordung des NAACP-Führers[76] von Mississippi Medgar Evers durch einen Heckenschützen:

A bullet from the back of a bush took Medgar Evers' blood.

Der aktuelle Fall von Rassenhaß löst allgemeine Überlegungen aus, die in der letzten Strophe wieder im Beispiel des Schützen münden, der auch nur ein verblendetes Werkzeug ist:

Only a pawn in their game.

Die zitierten Songs sind Erzählungen, Anklagen und Aufrufe aus politischer und moralischer Überzeugung – verwandt der politischen Rede und dem politischen Journalismus. Ihre Autoren beobachten und berichten von einem engagierten aber nicht direkt beteiligten Standpunkt.
Die Erfahrungen einer unmittelbar von Rassenvorurteilen betroffenen Person erzählt Janis Ian in dem von ihr 1966 als Fünfzehnjährige veröffentlichten *Society's Child*. Es sind die Erfahrungen eines Mädchens, dessen Freundschaft mit einem schwarzen Jungen letztlich an der negativen Reaktion der Umwelt zerbricht:

Come to my door, baby, face is clean and shining black as night,
My mother went to answer, you know she looks so fine,
Now, I could understand your tears and your shame,
She called you boy instead of your name

When she wouldn't let you inside
When she turned and said, honey, he's not our kind,
She says, I can't see you anymore, baby, can't see you anymore.

Auch die angeblich so toleranten und liberalen Lehrer verhalten sich abweisend:

. . . preachers of equality, think they believe it,
And why won't they just let us be . . .

Aus diesen Erlebnissen zieht das Mädchen den Entschluß, gegen die Vorurteile anzukämpfen (I'm gonna stop my listening, gonna raise my head up high), gleichzeitig gibt es zu, daß der Entschluß im Augenblick nur rhetorische Bedeutung hat, daß es zu schwach ist, aus seiner Gesellschaft auszubrechen – als Konsequenz beendet das Mädchen die Freundschaft von sich aus:

. . . that day will have to wait for a while,
Baby, I'm only society's child
When we're older things may change,
But for now this is the way they must remain,
I say, I can't see you anymore, baby,
I don't wanna see you anymore, baby.

Behandelt *Society's Child* Auswirkungen des Rassenkonflikts von der Warte einer zwar betroffenen, jedoch weniger benachteiligten – weil »weißen« – Position, möchte ich nun auf einige Songs eingehen, in denen Schwarze ihre Erfahrungen und Hoffnungen oder die anderer Afro-Amerikaner ausdrücken. B. B. Kings *Why I sing the blues* stellt ungenügende Bildungsmöglichkeiten und Armut in eine lange Reihe von Ungerechtigkeiten, die den Afro-Amerikanern seit der Verschleppung in die Sklaverei widerfahren sind:

When I first got the blues, they brought me over on a ship
Men was standing over me and a lot more with a whip . . .

My kid's gonna grow up, gonna grow up to be a fool
'Cause they ain't got no more room, no more room for him in school . . .

I walk through the city, people, on my bare feet,
And had a fill of catfish and chitlins up and down Beale Street
You know I'm singin' the blues. I really have to sing my blues
I've been around a long time people, I've really paid my dues.

Auch hinter dieser Klage steht der Wunsch nach einem besseren Leben in Freiheit und Gerechtigkeit; *I wish I knew how it would feel to be free* (von Taylor/Dallas für Nina Simone geschrieben) gibt diesem Wunsch Form:

I wish I knew how it would feel to be free.
I wish I could break all the chains holdin' me.

Gegen Einschüchterung, Unterdrückung, Vorurteile und Rassentrennung fordert der Song den Mut zur offenen Anklage:

I wish I could say all the things I should say
Say 'em loud, say 'em clear, for the whole round world to hear.

Die Sehnsucht nach Befreiung und Erlösung hatte schon die Spirituals der Afro-Amerikaner in der Sklaverei geprägt (siehe Kap. 1); auch im 20. Jahrhundert war der Kirchengesang der Schwarzen, Gospel genannt, Ausdruck der Hoffnung, der Aufmunterung, der Selbstbehauptung in einer kraftvollen emotionalen Sprache, die den Weißen verschlossen blieb. Die Gospelsängerin Rosetta Morgan hat die Bedeutung des Evangeliums (Gospel) für die schwarze Bevölkerung so erklärt: »Der Gospel war die Waffe des schwarzen Mannes; seine Freude selbst mit all den Lasten auf seinen Schultern; das war seine Sprache zum Reden oder zum Singen, sie wurde von anderen Schwarzen verstanden, hatte aber für Weiße keine Bedeutung; und das war sein Sound, ein widerhallender Sound der Unterdrückten, von Gott, von seiner Entfremdung vom Angesicht menschlicher Würde, und das war das Mittel, mit dem er seine Geschichte erzählte und sogar auch heute noch erzählt.«[77]
Aus der kirchlichen Gospelmusik erwuchs in den fünfziger und sechziger Jahren die »weltliche« Unterhaltungsmusik der Schwarzen – die Soulmusik. Fast alle wichtigen Soulsänger und -sängerinnen von Ray Charles bis Aretha Franklin und Stevie Wonder haben mit Gospelgesang begonnen, oft erscheint es, als ob sie später nur das »Jesus« mit einem »Baby« vertauscht hätten. Die Verwandtschaft von Gospel und Soul erstreckt sich nicht nur auf die beschwörenden und ekstatischen Qualitäten der Musik, sondern auch auf Motive wie Hoffnung und Zuversicht.
Sam Cookes *A change is gonna come* (1963 verbindet eine Reflexion über die Beschwernisse des Lebens mit einem optimistischen Ausblick auf Veränderungen:

I was born by the river in a little old tent
And just like the river I've been running ever since
It's been a long time coming
But I know a change is gonna come.

Der schöne Vergleich mit dem fließenden Fluß (running river) versinnbildlicht den rastlosen unaufhörlichen Existenzkampf. Die Zuversicht in eine bessere Zukunft gibt Durchhaltevermögen und Kraft, auch Rückschläge und schwere Situationen zu überwinden:

Every time I fall I know it won't last too long
And somehow right now I feel I'm able to carry on
It's been a long time coming
But I know a change is gonna come.

Der Song geht über ein rein persönliches Bekenntnis hinaus, er vertrat auch die Gefühle der schwarzen Bevölkerung allgemein, die in den sechziger Jahren auf eine Verbesserung ihrer Lage hoffte.

Schwarzes Selbstbewußtsein

In den sechziger Jahren mehrten sich in der Soulmusik Songs, die das erwachte soziale, kulturelle und vor allem politische Selbstgefühl der Afro-Amerikaner widerspiegelten.[78] Mit gestiegenem Selbstbewußtsein machten viele Afro-Amerikaner ihrer Enttäuschung über die andauernde Benachteilung der schwarzen US-Bürger nun deutlicher Luft, einige artikulierten sich in politischen Organisationen, andere ließen ihre Verbitterung und Ungeduld mit dem chancenlosen Leben der Großstadtgettos in Rassenunruhen explodieren. Nach dem Vorbild politischer Anführer – vom anfänglich gemäßigteren Martin Luther King bis zu den »radikaleren« wie Stokely Carmichael und den »Black Panthers« – äußerten Lieder schwarzer Autoren die Unzufriedenheit mit sozialen Mißständen und der weißen Rassenpolitik offener denn je; im *Backlash Blues* (1966) setzten der Schriftsteller Langston Hughes und die Sängerin Nina Simone der weißen Reaktion (backlash – eigentlich ›zurückpeitschen‹) zornigen Widerstand entgegen:

When I try to find a job to earn a little cash
All you got to offer is your mean old white Backlash
But the world is big, big and bright and round,
And it's full of folks like me who are black, yellow, beige, and brown
Mister Backlash, I'm going to leave you with the Backlash Blues.

Vordringlich ging es um das Erkennen des eigenen Wertes und der gemeinsamen Stärke; mit dem Bild der Zeile »we the people who are darker than blue« beschwor Curtis Mayfield den Zusammenhalt aller farbigen Amerikaner im Kampf um Recht und Anerkennung:

We the people who are darker than blue
Are we gonna stand around this town and let what others say come true

We're just good enough for nothing they all figure . . .

Viele dieser Songs ähneln in Form und Aussage Predigten, politischen Reden und Aufrufen; sie fordern, plädieren, ermuntern, klagen an, appellieren in völliger Identifikation – wenn auch viellleicht nur rhetorischer – von Autor/Sänger und Publikum. James Browns *Say it loud – I'm black and proud* (1968) war ein beschwörender, aufputschender Slogan, der Minderwertigkeitskomplexe abbauen und Selbstbewußtsein fördern sollte:

Say it loud, I'm black and I'm proud
Say it loud, I'm black and I'm proud
Some people say we got a lot of malice
Some say it's a lot of nerve
But I say we won't quit moving
Until we get what we deserve
We've been 'buked and we've been scorned
We've been treated bad talked about as sure as you're born
But as sure as it takes two eyes to make a pair
Brother we can't quit until we get our share.

Das gestiegene Vertrauen der Schwarzen in ihre politische und gesellschaftliche Stärke wurde von einem tieferen Besinnen auf die eigene Identität, auf die afrikanische Herkunft begleitet. Dies äußerte sich in der Auseinandersetzung mit afrikanischer Kultur, in der großen Beliebtheit ›natürlicher‹ afrikanischer Moden, in der stärkeren Betonung eigener schwarzer Schönheitsideale und Wertvorstellungen. *Black is beautiful* (1968 von Wood/Cacavas für Nancy Wilson geschrieben) nahm den Slogan auf, der das neue Selbstgefühl propagierte:

Black is an onyx that is gleaming bright,
Black is a panther in the jungle night,
Black is feeling something deep,
Makes you laugh, or makes you weep.
Black is mystery.
Black is beautiful, don't you see?

Curtis Mayfield hat in mehreren Songs das Selbstbewußtsein, das Gefühl des »wir stellen etwas dar«, die Stimmung des Aufbruchs und der Hoffnung auf die Bewältigung aller Probleme mitreißend erfaßt und mit politisch-pädagogischer Intention vermittelt. *We're a winner* (1967) sollte den Glauben an die eigene Kraft stärken, Angst und Zweifel vertreiben, Mut und Zuversicht geben:

We're a winner and let never anybody say
Boy you can't make it 'cause a feeble mind is in your way
No more tears do we cry and we have finally dried our eyes
And we're movin' on up, movin' on up
Lord have mercy, we're movin' on up, movin' on up.

In *We're rolling on* (1968) schöpfte Mayfield in Bildern vom Aufbruch, Übersetzen, Vorwärtsmarschieren noch deutlicher aus Gospel-Motiven:

People get ready I've got good news for you
How we got over like we're all supposed to do
Let us all say amen and together we'll clap our hands
'Cause we're rolling on, we're rolling on . . .

Mayfield bezog sich in seinem Appell zum Durchhalten direkt auf die letzte Rede des 1968 ermordeten Martin Luther King, in der King den beschwerlichen Weg der Schwarzen mit biblischer Metaphorik als Zug auf die Bergspitze dargestellt hatte; Mayfield forderte auf, dem Weg Luther Kings zu folgen:

Brothers and Sisters, we're rolling on
The road is hard to find and it's hard to climb
But we cannot stop until we've reached that mountain top.

Viele Hoffnungen der Schwarzen fanden in den folgenden Jahren keine Erfüllung, die politischen Aktivitäten zogen sich auf lokale Ebenen zurück oder erloschen in den siebziger Jahren ganz, während sich die Lage der schwarzen Gettobevölkerung kaum verbesserte. Vielleicht ist es bezeichnend, daß Curtis Mayfield seit etwa 1972 in seinen Songs immer seltener soziale Bereiche (wenn, waren es konkrete Probleme wie die Drogensucht schwarzer Jugendlicher) und dafür um so öfter private Themen wie Liebe und Sex berührte.

Rockmusik: Erregung und Geschäft

Sehr beliebte Popmusikthemen sind die Musik selbst und ihre Begleiterscheinungen – Begeisterung, Erfolg, Berühmtheit, Kommerz und Ausbeutung.

Chuck Berry hat in vielen Songs die Faszination der Rockmusik gepriesen; er stellt diese Faszination in Beziehung zur jugendlichen Umwelt – zur Schule (*School Day*), zum Elternhaus (*Sweet Little Sixteen*), zu Erotik und Tanzen (*Little Queenie*). Dabei erhält die Rockmusik stets den Charakter des Neuen, Unbekümmerten, Erregenden, Jugendlichen. In *Rock 'n' Roll Music* (1957) setzt Berry das einfache Vergnügen des Rock 'n' Roll vom »anspruchsvollen«, erwachsenen Modern Jazz ab:

> I've got no kick against modern Jazz,
> Unless they try to play it too darn fast;
> And change the beauty of the melody,
> Until they sound just like a symphony,
> That's why I go for that rock 'n' roll music
> Any old way you choose it;
> It's got a back beat, you can't loose it
> Any old time you use it.
> It's gotta be rock 'n' roll music
> If you wanna dance with me
> If you wanna dance with me.

Im ironischen *Roll over Beethoven* (1956) vergleicht Berry die Erregung des Rock mit Fieber und Krankheit und betont das Neue, Umwälzende mit einer überheblichen Absage an die klassische Musik:

> You know my temperature's rising and the jukebox blows a fuse,
> My heart's beating rhythm and my soul keeps singing the blues,
> Roll over Beethoven and tell Tchaikowski the news,
> I got the rockin' pneumonia, I need a shot of rhythm and blues . . .

Naive Unbefangenheit und der Glaube an eine berauschende, befreiende Wirkung von Rockmusik sprechen aus John Sebastians *Do you believe in magic* (1965); Jugendlichkeit, Optimismus und Musik werden gleichgesetzt:

> Do you believe in magic,
> Believe in the magic of the young girls' soul,
> Believe in the magic of the rock 'n' roll,
> Believe in the magic that can set you free,
> Do you believe like I believe in magic . . .

Während Sebastian eine vage unreflektierte Stimmung von Rockmusikbegeisterung umschreibt, widmet Chuck Berry in *Sweet Little Sixteen* (1958) dem Typ eines enthusiastischen weiblichen Teenagers ein detailliertes Porträt. Der Enthusiasmus zielt dabei weniger auf die Musik als auf deren Begleiterscheinungen wie Starrummel (She's just got to have about half-a-million signed photographs) und Konzertatmosphäre (It's such a sight to see somebody steal the show).[79]

Joni Mitchells *Blonde in the bleachers* (1972) ist ebenfalls in erster Linie vom Milieu der Rockmusik bestimmt, von der erotischen Ausstrahlung der Musiker auf der Bühne, von der Kontaktsuche weiblicher Bewunderer:

The blonde in the bleachers
She flips her hair for you
Above the loudspeakers
You start to fall
She follows you home
But you miss living alone.

Mitchell analysiert die Problematik kurzfristiger Groupie-Beziehungen (Groupies sind Mädchen, die Beziehungen mit berühmten Rockgruppen suchen) vom Standpunkt der Musiker aus:

It's pleasure to try'em
It's trouble to keep 'em
'Cause it seems like you've gotta give up
Such a peace of your soul
When you give up the chase.

Ein Ausdehnen einer derartigen Beziehung würde dem hektischen, zigeunerhaften, nach Unbekanntem strebenden, die Erfüllung des Augenblicks suchenden Charakters des Rock 'n' Roll widersprechen:

You're in Rock 'n' Roll
It's the nature of the race
It's the unknown child
So sweet and wild
It's youth
It's too good to waste.

Diese idealisierende Kennzeichnung der Unstetigkeit, Schnelligkeit, Unbekümmertheit, aber auch der Oberflächlichkeit des Rock-Milieus läßt Mitchell in der resignierenden Reaktion eines Mädchens spiegeln, das sich die Illusion einer festen Beziehung gemacht hatte:

She tapes her regrets
To the microphone stand
She says ›You can't hold the hand

Of a Rock 'n' Roll man
Very long
Or count on your plans
With a Rock 'n' Roll man
Very long
Compete with the fans
For your Rock 'n' Roll man
Very long . . .‹

Zeilen wie »She tapes . . .« erhöhen die atmosphärische Dichte der Darstellung und tragen dazu bei, daß Mitchell der Faszination des Rockmusik-Milieus der sechziger und siebziger Jahre in *Blonde in the bleachers* so erfolgreich auf den Grund gehen kann.

Rock Stars: Sozialer Aufstieg und kommerzielle Verwertung

Chuck Berry hat nicht nur die Bedeutung der Rockmusik für das Publikum beschrieben; einige seiner Songs zeigen das Vergnügen des Musikmachens und dessen weitreichende Auswirkungen und Möglichkeiten für die Musiker. In *Johnny B. Goode* (1958) erzählt er die wahrscheinlich autobiographische Geschichte vom Aufstieg eines jugendlichen Gitarristen aus dem ländlichen Süden (Deep down in Lousiana, close to New Orleans . . .), der Heimat des Rock 'n' Roll:

There stood an old cabin made of earth and wood,
Where lived a country boy named Johnny B. Goode,
Who'd never ever learned to read or write so well,
But he could play a guitar just like a-ringin' a bell.

Berry zeichnet an der Figur des Johnny den Weg des Rock 'n' Roll von der ländlichen Unterschicht des Südens zum überregionalen Erfolg; die Musik bietet dem Landjungen die Chance, soziale Schranken zu überwinden – die Karrieren vieler Rocksänger wie Elvis Presley etc. haben das gezeigt:

His mother told him, »Some day you will be a man,
And you will be the leader of a big old band;
Many people comin' from miles around,
To hear you play your music till the sun goes down.
Maybe some day your name'll be in lights
A-sayin' JOHNNY B. GOODE tonight.«

Im Fortsetzungs-Song *Bye, Bye, Johnny* (1960) wird der Junge mit Mutters Hilfe nach Kalifornien geschickt, er hat den Sprung geschafft:

She drew out all our money at the Southern Trust,
And put our little boy aboard a Greyhound bus,
Leavin' Lousiana for the Golden West,
Down came the tears from her happiness,
Her own little son named Johnny B. Goode,
Was gonna make some motion pictures out in Hollywood.

Der Refrain betont das Wortspiel mit der Doppelbedeutung des Namens Johnny B. Goode – ›Johnny be good‹ (sei brav):

Bye, bye, Johnny, Good-bye, Johnny B. Goode . . .

Berry malt ein recht unbeschwertes Bild vom Weg zum Erfolg, *On Broadway* (1962, von Mann/Weil/Leiber/Stoller) sieht die Suche nach der großen Karriere realistischer:

They say that I won't last too long on Broadway,
I'll catch a Greyhound bus for home they say
But they're dead wrong, I know they are
'Cause I can play this here guitar
And I won't quit till I'm a star on Broadway.

Selbstvertrauen, Durchhaltevermögen und Mut halten die Träume am Leben; wie hart oft das Leben von Musikern aussieht, die nicht den Erfolg gefunden haben und doch nicht aufgeben, beschreibt Kris Kristofferson in dem autobiographischen *To beat the devil* (1969):

It was winter time in Nashville, down on Music City Road
And I was looking for a place to get myself out of the cold
To warm the frozen feeling that was eating up my soul
To keep the chilly wind off my guitar
My thirst it wanted whiskey, my hunger needed beans
But it'd been a month of payday, since I'd heard that eagle scream
So with a stomach full of empty and a pocket full of dreams
I left my pride and stepped inside a bar . . .

Kristofferson erfaßt die Notlage mit starken Bildern – der Magen ist voll von Leere, die Taschen sind voller Träume. In *Denmark Street* (1970) schildert Ray Davies (Sänger und Komponist der englischen Gruppe The Kinks) die Techniken und Taktiken der Musikindustrie. Die Denmark Street, eine kleine Seitenstraße der Charing Cross Road im Londoner West End, beheimatete die wichtigsten Musikverlage Englands:

You go to a publisher and play him your song
He says I hate your music and your hair is too long
But I'll sign you up because I'd hate to be wrong
You've got a tune it's in your head you want to get it placed
So you take it up to the music man just to see what he will say
He says, I hate the tune, I hate the words, but I'll tell you what I'll do
I'll sign you up and take it round the street and see if it makes the grade,
And you might even hear it played in the rock 'n' roll hit parade

Die Kinks[80] kamen aus Muswell Hill, einem Stadtteil in Nord-London, dessen Bevölkerung aus »working« und »middle class« zusammengesetzt ist. Ihr Stil war ein harter, durch einfache wiederkehrende Gitarrenphrasen rhythmisch kräftig akzentuierter Rock. Der erste Hit der Kinks *You Really Got Me* erreichte die Spitze der britischen Verkaufslisten im September 1964. Ray Davies hat später (1970) seine Erfahrungen vom »großen Erfolg«, die aber typisch für die meisten aus der Anonymität aufgestiegenen Popmusiker sind, in dem Song *Top Of The Pops*[81] ausgedrückt. Der Song vollzieht den Weg eines Hits von Platz 25 bis zur Spitze der Hitparaden nach und ironisiert die Begleiterscheinungen des Erfolgs:

Life is so easy when your records hot
Go tell my mama and my sister too
To press my trousers and polish my shoes
I might even end up a rock-and-roll god
It might turn into a steady job.

Der größte Teil der britischen Popmusiker stammt aus den unteren Schichten[82], Erfolg als Popstar bedeutet für sie sozialen und finanziellen Aufstieg, einen »steady job« fern von Fabriken und Büros, Ausbruch aus der Anonymität der Vorstädte, Erfüllung von nur erträumten Privilegien, Anerkennung:

Now my record's up to number 3
And a woman recognized me and started to scream
This all seems like a crazy dream.

Gleichzeitig zeigt Davies, wie fadenscheinig und zeitbedingt Verehrung und Anerkennung sein können, wenn sie nur auf kommerziellem Erfolg begründet sind:

And now I've got friends that I never knew I had before
It's strange how people want you when your record's high
'cos when it drops down they just pass you by.

Pop-Stars sind Leitfiguren, deren Verhaltensweisen, Eigenarten, Kleidung publiziert, kopiert, zur Mode gemacht und kommerziell verwertet werden. Jagger/Richard wehren sich in *Doncha bother me* (1966) in satirischer Form gegen unreflektierte Verehrung und Ausplünderung der Persönlichkeit:

I'm still waiting here for a single idea in your clothes and your hair
I wore it last year

I said, Oh no, don't you copy me no more
Well, the lines around my eyes
Are protected by a copyright law.

Joni Mitchell hat sich in einigen ihrer Songs Gedanken über den Zwiespalt zwischen dem Wunsch und der Freude, Musik zu machen, und ihrer Rolle als wohlhabender, vermarkteter Musik-Star gemacht. In *For Free* (1969) ist die »zufällige« Begegnung mit einem Straßenmusikanten Anlaß zur Reflektion. Der Musiker an der Straßenecke spielt nicht für Geld, niemand hört ihm zu, weil ihn die Werbemaschinerie der Musikindustrie noch nicht in jedes Haus getragen hat:

They knew he had never been on their T. V.
So they passed his music by.

Mitchell betrachtet ihre eigene Situation mit ironischer Distanz, sie betont, daß sie in guten Hotels wohnt, Juwelen kauft, behütet in einer schwarzen Limousine herumchauffiert wird, für viel Geld und Applaus und hin und wieder für gute Freunde musiziert:

Now me I play for fortune and those velvet curtain calls
I've got a black limosine and two gentlemen
Escorting me to the halls
And I play if you have the money
Or if you're a friend to me.

Doch solche Gedanken währen nicht lange, die Situation tritt wieder in den Vordergrund, das Umspringen der Ampel symbolisiert das Ende der Überlegungen – auch die Autorin selbst überwindet sich nicht, dem Musiker ihre Bewunderung zu zeigen, vielleicht mit ihm ohne Verdienst zu singen:

I meant to go over and ask for a song
Maybe put on a harmony . . .
I heard his refrain as the signal changed
He was playing real good, for free.

Den Widerspruch zwischen dem Anspruch der Popmusik, Musik für die und aus der Bevölkerung zu sein und der Realität weltreisender, vom Leben des Publikums weit entfernter Popmusiker, hat der amerikanische Rockgitarrist Barry Melton in einem Interview herausgestellt: ». . . wenn du lange genug Popmusiker gewesen bist, stellst du fest, daß es nicht mehr so viel gibt, über was du schreiben kannst. Du kannst über die Strapazen des Popmusikerdaseins schreiben oder drüber, was für Veränderungen du mit deiner Freundin erlebst . . . das Leben eines Rockmusikers auf Tournée hat keine Bedeutung für irgend etwas oder irgend jemand außer vielleicht für andere Musiker, . . . Ich glaube immer noch, daß es die Aufgabe der Popmusik ist, eine Musik für das Volk zu sein, und ich sehe noch immer nicht ganz ein, wie man diese Auffassung verwirklichen kann, wenn man von einem Land zum anderen jettet und eine Reihe von Mietshäusern besitzt.»[83]
Die Entfremdung des Musikers als Produkt (ein beliebter Ausdruck der Musikindustrie für einen Künstler) vom Publikum und von ursprünglichen Idealen beobachtet Joni Mitchell in *For the Roses* an sich selbst:

Remember the days when you used to sit
And make up your tunes for love
And pour your simple sorrow
To the soundhole and your knee . . .

Die Erwähnung des »soundhole« der Gitarre erinnert an die Zeit, als Mitchell als unbekannte Folk-Sängerin in Kanada, gebeugt über ihre Gitarre (soundhole and your knee), einfachen Gefühlen unmittelbaren Ausdruck gab. Als Star ist sie nur mittelbar über die Leinwand, über die Presse zu erfahren, sie wird auf Parties herumgereicht, für Leute, die ein Stück von ihr als Produkt besitzen, den Erfolg ihrer Musik am finanziellen Gewinn messen und die Zukunftschancen abwägen:

And now you're seen
On giant screens
And at parties for the press
And for people who have slices of you
From the company
They toss around your latest golden egg
Speculation – well, who's to know
If the next one in the nest
Will glitter for them so.

Joni Mitchell hat sich auch in den Kanälen der Musikindustrie die Freiheit bewahrt, sich selbst darzustellen, ihre Rolle zu reflektieren – auch wenn sich ihre Erfahrungen von denen des Publikums entfernt haben. Sie war in der glücklichen Lage, nicht wie viele andere Musiker, in Anlehnung an einen Vers der Byrds (aus ›*So you wanna be a rock 'n' roll star*‹, 1966), ihre »Seele« an das Musik-Business verkaufen zu müssen:

Sell your soul to the company
Who are waiting there to sell plastic ware . . .

Vom Wandel der Werte: Jugendkultur und Gesellschaft

Pop-Songs kommentieren die sozialen und kulturellen Wandlungen der vergangenen beiden Jahrzehnte: Das Abrücken von den Wertvorstellungen der Erwachsenen, die Suche nach neuen Werten, die Veränderung von Verhaltensweisen, der Glaube an eine revolutionäre Kraft jugendlicher Energie und ihrer kulturellen Äußerungen in der Rockmusik. Rock war das Sprachrohr dieser Wandlungen, aber in seinen Songs wurden auch der Untergang allzu naiver Hoffnungen und Träume und die desillusionierende Vermarktung der Ware »Rock und Jugendkultur« dokumentiert:

England und USA in den sechziger Jahren: Porträts, Stimmungen, ›Philosophien‹

Dieses Kapitel soll auf keinen Fall einen vollständigen Überblick über Kultur und Gesellschaft der sechziger Jahre geben; ich will nur zeigen, wie sich einige mehr oder weniger typische Erscheinungen und Entwicklungen in Pop-Songs niedergeschlagen haben.
Ray Davies' *Dedicated Follower of Fashion* (1966) ist ein zeitkritischer Song über die jugendliche Modebegeisterung des »Swinging London« in der Mitte der sechziger Jahre. Er beschreibt einen »Mod«, den Typ männlicher Jugendlicher aus den unteren Schichten, die am Anfang (1964/65) die Träger der »Carnaby Street-Revolution« waren:[84]

And when he does his little rounds
Rounds the boutiques of London Town,
Eagerly pursuing all the latest fads and trends,
'cos he's a dedicated follower of fashion.

Das Vorzeigen neuer Moden stellt ein Mittel zur Selbstbestätigung dar, bedeutet aber ständigen Konsum:

It will make or break him, so he's got to buy the best

Die Selbstbestätigung schließt Eitelkeit und Narzißmus ein:

He thinks that he's a flower to be looked at,
And when he pulls his frilly nylon panties right uptight,
He feels a dedicated follower of fashion.

Diese jugendliche Mode-Revolution entwickelte sich zu einem Riesengeschäft, zu einer Massenbewegung:

In Regent Street and Leicester Square,
Everywhere the Carnabytian Army marches on,
Each one a dedicated follower of fashion.

»Carnabytian Army« kennzeichnet die Uniformität der »Jungen Mode«. Außer Mode bestimmt Popmusik das »Swinging London«; die sechziger Jahre sahen die große Zeit der Clubs und Discotheken:

His world is built around discotheques and parties

George Melly hat diese Erscheinung so beschrieben: »Nach ganz kurzer Zeit war Soho an den Wochenenden voll von aufgetakelten Mods, angezogen wie Kaleidoskope hüpften sie in die Keller-Clubs rein und raus wie Jojos.«[85]

Das Thema von *Dedicated Follower of Fashion* findet sich auch in einer ironischen *street ballad* aus dem frühen neunzehnten Jahrhundert, *The Dandy O*:

I'm a fashionable beau, just turned out the newest go,
So elegant, so exquisite, so handy O;
My tiptop style of dress, my shape, my air, my face
All prove beyond compare that I'm a Dandy O.[86]

Allerdings stammten die Dandies zu dieser Zeit aus der »upper class«, was aus der Zeile »You see I've got the swell of Bond Street and Pall Mall«[87] klar wird.

Auch Donovans *Young Girl Blues* (1967) spielt in London und zeigt die Schattenseite der glanzvollen Pop-Welt – Einsamkeit, Leere, Scheinheiligkeit; selbst der Samstagabend ist so trist und langweilig wie der »englische« Sonntag:

It's Saturday night,
It feels like a Sunday in some ways . . .
You can only say you are lonely,
You are but a young girl
Working your way through the phonies.

Donovan malt atmosphärische Bilder – die auf die Strümpfe des Mädchens gestickten Blumen (eine damalige Mode) verwelken als Zeichen der Einsamkeit und Spannungslosigkeit:

The flowers on your stockings
Wilting away in the midnight.

Das Mädchen ist von der Scheinwelt der Photomodelle und Popstarbekanntschaften desillusioniert und enttäuscht; gerade London war in den sechziger Jahren das Traumziel vieler Mädchen, die sich nach »Ruhm« und Karriere sehnten:

Your friends they are making
A pop star or two every evening.
You know that scene backwards,
They can't see the pattern they're weaving
Your friends they're all models
But you soon got over that one.
You sit in your one room,
A little brought down in London.

Donovan versteht es, in kurzen Phrasen und Sätzen die Stimmung von Einsamkeit und leiser Verzweiflung zu erfassen – besonders in der vorsichtigen Andeutung von Selbstbefriedigung am Schluß:

Cafe on
Milk gone
Such a sad light
Unfading.
Yourself you'd touch
But not too much.
You hear it's degrading.

Donovans Stärke der atmosphärischen Schilderung tritt auch in *Sunny Goodge Street* (1965) hervor; er beschreibt darin in bildhafter (firefly platform), rhythmisch alliterierender Sprache Impressionen aus der frühen Londoner Drogenszenerie, die sich in der Goodge Street konzentrierte:

On the firefly platform on sunny Goodge Street,
A violent hash eater shook a chocolate machine,
Involved in an eating scene
Smashing into neon streets in their stonedness . . .‹

Randy Newman karikiert in *Mama told me not to come* (1966) die »wilden«, »permissiven« sechziger Jahre, die in Boulevardzeitungen als Zeitalter der Orgien, der Sex- und Drogenparties angeprangert wurden. Newman läßt einen verängstigten, grünen Jungen sprechen, der von soviel »Unmoral« schockiert ist:

Open up the window, let some air into this room
I think I'm almost choking on the smell of stale perfume
And that cigarette you're smoking 'bout to scare me half to death
Open up the window let me catch my breath
The radio is blasting, someone's beating on the door
Our hostess is not lasting – she's out on the floor
I seen so many things here I ain't never seen before
I don't know what it is – but I don't wanna see no more
Mama told me not to come
Mama told me not to come
Mama said, »That ain't no way to have fun«.

Um uneingeschränktes Vergnügen geht es auch in Paul Kantners *If you feel* (1968 für Jefferson Airplane geschrieben), allerdings ohne die ironische Distanz des vorigen Songs. Kantner propagiert in witzigen, teils unsinnigen Kreuzbezügen ein fröhlich-freies Sich-Ausleben nach den naivutopischen Idealen der kalifornischen Hippie-Bewegung jener Zeit:

If you feel like china breaking
If you feel like laughing
Break china laughing . . .

If you feel like love-making
If you feel like flying
Make love flying . . .

Zum Kern der »Hippie-Philosophie« gehörten der Glaube an die allheilende Kraft der Liebe und ein »kosmisches« Bewußtsein von der Einheit des Menschen mit dem Universum; hier dokumentiert an einer Strophe aus Lennon/McCartneys *Across the universe* (1969):

Sounds of laughter, shades of earth are ringing through my open views, inciting and inviting me
Limitless undying love which shines around me like a million suns,
It calls me on and on across the universe.

Während eine Reihe von Autoren sich trivialer Mystik und fernöstlichen Meditationstechniken und Religionsphilosophien widmeten, standen andere ganz auf dem Boden ihrer konkreten Erfahrungswelt, und war es auch die Umgebung der New Yorker Halbwelt mit Heroinsüchtigen, Transvestiten, Razzien, die Lou Reed in *Sister Ray* (1968) von einem beteiligten Standpunkt aus in derbem Slang schildert:

Now, who was that knocking?
Who was knocking at that secret door?
That couldn't be the police?
They come and take me for a ride, ride
But I haven't got the time, time
Hey, hey, she's still sucking, sucking on my ding-dong
She's there sucking on my ding-dong
Oh, just do it like Sister Ray said
I'm just searching for my mainline
I couldn't hit it sideway . . .

Selbstbewußtsein, Generationskonflikt und Aufbruch

Mama, she done told me, she don't like this rock and roll
mama, mama, please, mama, you just don't know . . .

Schon in den fünfziger Jahren entzündeten sich an der Rockmusik Konflikte zwischen älterer und jüngerer Generation;[88] in Chuck Willis' (*I don't want to*) *Hang up my rock and roll shoes* treffen die gegensätzlichen Wertvorstellungen aufeinander – auf der einen Seite das zielbewußte Streben nach Karriere und bürgerlicher Existenz, auf der anderen die uneingeschränkte Hingabe an die Musik:

They told me, get a job and set yourself a goal,
But they can't understand, I just want to rock and roll
I don't want to hang up my rock and roll shoes
Something happens to me every time I hear the blues.

Die letzte Zeile verdeutlicht die »magische« Wirkung der aus dem afroamerikanischen Blues gewachsenen Rockmusik. Die bildhafte Weigerung, die Rock 'n' Roll-Schuhe an den Nagel zu hängen, verrät Überzeugung und Selbstbewußtsein.
Rock-Songs brauchten nicht die Fixierung auf die Musik, um jugendliche Selbständigkeit und Unabhängigkeit zu propagieren:

I can go anyway – way I choose
I can live anyhow – win or lose
I can go anywhere – For something new
Anywhere, anyhow, anyway I choose.

Dieser Song Pete Townshends (1965) spricht allgemein von Befreiung, Ungebundenheit, Selbstbestimmung; Rock-Songs waren Ausdrucksmittel des Protests und des Konflikts. Townshends *My Generation* (1965) wurde mit seiner brüsken Absage an die ältere Generation und seinem Bestreben um Achtung und Anerkennung zu einer Art Hymne jugendlichen Aufbegehrens:

People try to put us down
Just because we get around
Things they do look awful cold
Hope I die before I get old
This is my generation, baby.

Neben solch ungestümen Protestexklamationen gab es Songs anderer Autoren, die das Aufstehen der Jugend und das Zerbrechen alter Werte mit reflektierteren, aber dabei keinesfalls weniger engagierten Tönen begleiteten. Bob Dylan plädiert in *The Times They Are A-Changin'* (1963) an Schriftsteller, Kritiker, Politiker und Eltern, sich nicht dem Wandel der Zeit entgegenzustellen:

Come mothers and fathers throughout the land
And don't criticize what you can't understand
Your sons and your daughters are beyond your command
Your old road is rapidly agin'.
Please get out of the new one if you can't lend your hand
For the times they are a-changin'.

Eine der Hauptursachen des Konflikts, die Unzufriedenheit mit der bürgerlichen amerikanischen Erziehung, unterstreicht Dylan in kurzen treffenden satirischen Phrasen seines *Subterranean Homesick Blues* (1965) – in der Form der binnengereimten Satzfragmente sicher beeinflußt von Chuck Berrys *Too much monkey business* (vgl. Kap. 6, S. 149):

Ah get born, keep warm
Short pants, romance, learn to dance
Get dressed, get blessed
Try to be a success
Please her, please him, buy gifts
Don't steal, don't lift
Twenty years of schoolin'
And they put you on the day shift
Look out kid
They keep it all hid . . .

Aus Dylans Zeilen sprechen Enttäuschung und Desillusionierung über ein bevormundetes, vorgezeichnetes Leben, das Auseinandersetzungen und den Versuch des Ausbrechens in eine freiere Existenz provoziert. Song-Autoren haben diesen Versuch in unterschiedlicher Ausprägung dargestellt; Paul Simon schildert in *Save the life of my child* (1967) den Selbstmordversuch eines Jungen und die Reaktion der Öffentlichkeit in einer Mischung aus realistischer Situationsreportage und symbolischem Märchen:

Good God, don't jump. A boy sat on the ledge,
An old man who had fainted was revived . . .

A woman from the supermarket ran to call the cops
›He must be high on something‹, someone said . . .

Der Generationskonflikt äußert sich in den Vorurteilen des Polizisten, aber auch in den besorgten Fragen der verunsicherten Passanten:

A patrol car passing by halted to a stop,
Said officer McDougal in dismay, ›The force can't do a decent job,
'Cause the kids got no respect for the law today‹.
›Save the life of my child‹, cried the desperate mother,
›What is becoming of the children?‹
People asking each other.

Gegen Ende verlagert sich der Schwerpunkt des Songs auf die sensationslüsterne Öffentlichkeit, vor der der Junge in einem symbolischen Flug flüchtet, um endlich »Ruhe« zu finden:

When darkness fell, excitement kissed the crowd and made them wild;
The atmosphere was freaky holiday,
When the spotlight hit the boy
And the crowd began to cheer, he flew away,
Oh my grace, I've got no hiding place . . .

Joni Mitchells *Let the wind carry me* (1972) ist ihr persönliches Bekenntnis der psychologischen Abhängigkeit von der mütterlichen Erziehung, die sie abschütteln muß, um frei und unabhängig wie eine »wilde Saat« sein zu können:

Mama thinks she spoilt me rotten
She blames herself
But Papa he blesses me
It's a rough road to travel
Mama let go now

It's alway called for me
Sometimes I get that feeling
And I want to settle
And raise a child up with somebody . . .
But it passes like the summer
I'm a wild seed again
Let the wind carry me.

Die unterschiedlichen Wertvorstellungen von Eltern und Kind stehen auch im Mittelpunkt von Lennon/McCartney *She's leaving home* (1967); darin führen Lennon/McCartney den Generationskonflikt am Beispiel des Ausbruchs eines Mädchens aus der kleinbürgerlichen Welt ihrer Eltern vor. In einer Art dramatischem Gedicht mit einfühlsamen Szenenbeschreibungen und Dialogen, die aus einem Filmdrehbuch stammen könnten, werden in den Strophen der Weg des Mädchens in die Selbständigkeit und die Reaktion der Eltern verfolgt:

Wednesday morning at five o'clock as the day begins
silently closing her bedroom door
leaving the note that she hoped would say more
she goes downstairs to the kitchen
clutching her handkerchief
quickly turning the backdoor key
stepping outside she is free.
Father snores as his wife gets into her dressing gown
picks up the letter that's lying there
standing alone at the top of the stairs
she breaks down and cries to her husband,
»Daddy, our baby's gone.
Why should she treat us so thoughtlessly
how could she do this to me.«

Der Auszug des Mädchens geschieht nicht unter offenem lautstarkem Protest, sondern heimlich unter Gewissensbissen (leaving the note . . .) und Abschiedsschmerz (clutching her handkerchief).
Im Refrain singt der Chor einen zusammenfassenden Kommentar im Wechsel mit Rechtfertigungsversuchen der nach Gründen und Ursachen suchenden Eltern:

She (we gave her most of our lives)
is leaving (Sacrified most of our lives)
home (We gave her everything money could buy) . . .

She (We never thought of ourselves)
is leaving (Never a thought for ourselves)

home (We struggled hard all our lives to get by)
She's leaving home after living alone for so many years,
Bye, bye.

Die dritte Strophe nimmt mit der Erwähnung des Tages und der Zeit den Einstieg der ersten Strophe auf (Friday morning at nine o'clock she is far away), nur ist jetzt der Schritt in die Selbstverantwortung vollzogen. Im darauffolgenden dritten Refrain beginnen die Eltern einzusehen, daß sie Fehler gemacht haben, indem sie glaubten, Glück und Zufriedenheit allein durch behütende Fürsorge und finanzielle Sicherheit geben zu können und dabei den Drang nach Abenteuer, Spaß, Unabhängigkeit, Abwechslung unterdrückten:

She (What did we do that was wrong)
is leaving (We didn't know it was wrong)
home (Fun is the only thing money can't buy)
something inside that was always denied for so many years . . .

Bob Dylan hat in der Mitte der sechziger Jahre in einer Reihe von Songs die Verwirrung, Unsicherheit und Angst vieler amerikanischer Jugendlicher ausgedrückt, die sich desillusioniert von der Erwachsenenwelt abwandten und ohne Bindung neue Wege suchten.
In *Like a Rolling Stone* (1965) zeigt Dylan in bissiger direkter Rede den Unterschied eines gesicherten Lebens in Reichtum, Selbstgerechtigkeit und gesellschaftlichem Erfolg zur anonymen heimatlosen Existenz »auf der Straße«:

Princess on the steeple and all the pretty people
They're drinkin', thinkin' that they got it made
Exchanging all kinds of precious gifts and things
But you'd better lift your diamond ring, you'd better pawn it, babe
You used to be so amused
At Napoleon in rags and the language that he used
Go to him now, he calls you, you can't refuse
When you got nothing you got nothing to lose
You're invisible now, you got no secrets to conceal.

How does it feel, how does it feel
To be on your own with no direction home
Like a complete unknown, like a rolling stone?

Dylan bevorzugt eine üppige, beladene, oft vage Sprache, in der sich Bilder, Symbole, Assoziationen, Vergleiche, Aphorismen auftürmen – wie in *It's Alright, Ma (I'm Only Bleeding)* (1965), einer Abrechnung mit falscher Moral, Macht, Geld, Politik, Werbung, Erziehung, mit den Auswüchsen der »modernen« Gesellschaft schlechthin:

Disillusioned words like bullets bark
As human gods aim for their mark
Made everything from toy guns that spark
To flesh-colored Christs that glow in the dark
It's easy to see without looking too far
That not much is really sacred.

While preachers preach of evil fates
Teachers teach that knowledge waits
Can lead to hundred-dollar plates
Goodness hides behind its gates
But even the president of the United States
Sometimes must have to stand naked . . .

Advertising signs that con you
Into thinking you're the one
That can do what's never been done
That can win what's never been won
Meantime life outside goes on all around you . . .

Dylan bezeichnet seine Gedankensplitter im letzten Refrain selbst als »thought-dreams« und erklärt damit zum Teil ihren verwirrenden Charakter; er benutzt die Bezeichnung zu einem Bild, das nochmals die repressiven Kräfte anprangert:

And if my thought-dreams could be seen
They'd probably put my head in a guillotine
But it's alright, Ma, it's life, and life only.

Auch die vorhergehenden Refrains, die die fünfzehn Strophen nach jeweils drei Strophen unterbrechen, tragen in den an die Mutter gerichteten Gesten Züge von Schmerz, Enttäuschung und Resignation:

So don't fear if you hear
A foreign sound to your ear
It's alright, Ma, I'm only sighing . . .

Although the masters make the rules
For the wise men and the fools
I got nothing, Ma, to live up to . . .

Schon im späten 18. Jahrhundert hat eines von Dylans Vorbildern, William Blake, in seinen *Songs of Experience* den Gegensatz zwischen jung und alt, zwischen dem Ideal der Unschuld und der harten Wirklichkeit der »Erfahrung« in poetische Porträts und Klagen gefaßt. *The Chimney*

Sweeper[89] zeigt einen verlassenen, ausgestoßenen Jungen – damals erledigten Kinder das Reinigen der Schornsteine, da sie von innen hineinklettern konnten –, der die Autoritäten – Eltern, Kirche, Staat – anklagt, weil sie für seine Not verantwortlich sind. Der Junge hat die kindliche Unschuld durch die schwere Arbeit verloren (they cloth'd me in the clothes of death), aber seine Fröhlichkeit und sein Mut sind noch nicht zerstört:

A little black thing among the snow,
Crying ›'weep! 'weep!‹ in notes of woe!
›Where are thy father & mother? say?‹
›They are both gone up to the church to pray.‹

Because I was happy upon the heath,
And smil'd among the winter's snow,
They cloth'd me in the clothes of death,
And taught me to sing the notes of woe.

And because I am happy & dance & sing,
They think they have done me no injury,
And are gone to praise God & his Priest & King,
Who make up a heaven of our misery.

Wohin die Konfrontation zwischen junger und älterer Generation in unserer Zeit führen könnte, hat Frank Zappa in *Concentration Moon* (1967), einer düsteren, wenn auch satirischen Vision eines Konzentrationslagers für anpassungsunwillige (hier: langhaarige) Jugendliche verdeutlicht:

Concentration Moon over the camp in the valley
Concentration Moon, wish I was back in the alley
With all of my friends still running free
Hair growing out every hole in me . . .

In der bitterbösen Anklage *Mom & Dad* (1967) unterstreicht Zappa die Entfremdung zwischen Kindern und Eltern, die, vom Alkohol und vom *American Way of Life* gezeichnet, selbst dann gleichgültig bleiben, wenn ihre Kinder von der Polizei erschossen werden:

Mama! Mama!
Someone said they made some noise
The cops have shot some girls and boys
You'll sit home and drink all night
They looked so weird . . . it served them right

Ever take a minute just to show a real emotion
In between the moisture cream and velvet facial lotion?
Ever tell your kids you're glad that they can think?
Ever say you loved 'em? Ever let 'em watch you drink?
Ever wonder why your daughter looked so sad?
It's such a drag to have to love a plastic Mom and Dad
Mama! Mama!
Your child was killed in the park today
Shot by the cops as she quietly lay
By the side of the creeps she knew . . .
They killed her too.

»Creep« ist eine abschätzige Bezeichnung für »Gammler«, »Hippie« und kann auch einfach »Dreckskerl«, »gemeiner Hund« oder »Feigling« bedeuten.
Daß Zappas Satiren nicht Utopien geblieben sind, hat sich leider in den späten sechziger und frühen siebziger Jahren bei einigen Ereignissen mit aktuellem politischem Hintergrund erwiesen; so kam es 1971 auf dem Gelände der Kent State University in Ohio während einer Demonstration gegen die amerikanische Invasion von Kambodscha zur Erschießung von vier Studenten, ein Geschehen, das Neil Young zu einem düsteren Protest-Song, ›Ohio‹ (1971), veranlaßte:

Tin soldiers and Nixon coming,
We're finally on our own.
This summer I hear the drumming,
Four dead in Ohio.
Gotta get down to it,
Soldiers are cutting us down.
Should have been done long ago.
What if you knew her and found her dead on the ground?
How can you run when you know?

Der Traum vom neuen Paradies und kritisches Erwachen

We are stardust
We are golden
And we've got to get ourselves
Back to the garden.

Der Refrain zu Joni Mitchells *Woodstock* (1969) charakterisiert treffend einen naiven Optimismus, einen Glauben an die weltverbessernde Kraft der jungen Generation, ein romantisches Sehnen nach einem ursprünglicheren, natürlicheren Leben, für das sich in den späten sechziger Jahren zahlreiche amerikanische Jugendliche, meist aus der wohlbehüteten

Mittelschicht kommend, mit Sendungsbewußtsein, Idealismus und viel Publizität stark machten. Sie versuchten, den Traum vom Paradies (back to the garden) in kommunalen Formen des Zusammenlebens oder in der Flucht vor der Realität der modernen Zivilisation mit der Erfahrung halluzinativer Drogen zu erfüllen.
Rockmusik war die kulturelle und soziale Klammer solcher Strömungen, denn Rockmusik konnte als Sprachrohr von Meinungen dienen, sie war der Anlaß zu Massenversammlungen in Gestalt von Konzerten und Festivals und konnte dort Gemeinschaftserlebnisse vermitteln. In *Woodstock* hat Mitchell ihre Impressionen von einem Massentreffen einer halben Million junger Leute auf dem berühmten Woodstock-Festival vom August 1969 aufgeschrieben; sie hat ihrem Song den Rahmen einer Pilgerfahrt gegeben, die mit der bibelgleichen Begegnung mit einem »Jünger am Wege« ihren Ausgang nimmt:

I came upon a child of God
He was walking along the road
And I asked him where are you going
And this he told me
I'm going on down to Yasgurs' farm
I'm going to join in a rock 'n' roll band
I'm going to camp out on the land
And try an' get my soul free.

Nur übernehmen auf dieser Wallfahrt Rockmusik und ursprüngliche Lebensweise (camp out on the land) die Funktionen der Seelenreinigung. Aus einer ›Fahrt ins Grüne‹ (I have come here to lose the smog) wächst das Bewußtsein, Teil eines gesellschaftlichen Umbruchs zu sein:

Then can I walk beside you
I have come here to lose the smog
And I feel to be cog in something turning . . .

Am Ziel stehen das Gefühl gemeinsamer Stärke, das Erlebnis des gemeinsamen Feierns und die romantische Vision einer friedlichen Welt, in der Bomber durch die Kraft der neuen Jugend-Nation (our nation) in Schmetterlinge verwandelt werden:

By the time we got to Woodstock
We were half a million strong
And everywhere there was song and celebration
And I dreamed I saw the bombers
Riding shotgun in the sky
And they were turning into butterflies
Above our nation.

Mit Eifer und Optimismus beschwört auch Paul Kantners *We can be together* (1969 für Jefferson Airplane geschrieben) die Einheit der Jugend:

We can be together
you and me
we should be together

In der Form eines politischen Pamphlets stellt Kantner die Gegensätze zur Erwachsenenwelt als zusammenhaltenden Faktor heraus:

We are all outlaws in the eyes of America
In order to survive we steal cheat lie forge fuck hide and deal
We are obscene lawless hideous dangerous dirty violent and young . . .

Die Vorwürfe der Erwachsenen werden aufgegriffen und in einer Art Selbstanklage zu einer aggressiven Beteuerung der eigenen Stärke umgepolt:

We are forces of chaos and anarchy
Everything they say we are we are
And we are very proud of ourselves
Up against the wall
Up against the wall motherfucker . . .

We can be together klingt zwar angriffslustig, unversöhnlich und überzeugt, hängt aber phantastischen Traumvorstellungen nach, wenn es eine »elementare« Neuschöpfung, einen »Kontinent aus Erde und Feuer« fordert:

We must begin here and now
A new continent of earth and fire
Tear down the walls
Come on now getting higher and higher
Tear down the walls . . .

Solch vage, hingeworfene Schlagworte waren typisch für den Mangel an Realitätssinn und Eindeutigkeit bei vielen Hippie-Bekenntnissen. Country Joe McDonald sagte mir einmal in einem Gespräch: »Das Dumme an den sechziger Jahren war die dauernde Kommunikation – ein Satz und eine Million Interpretationen. Die Erklärung dauert länger.«
Pete Townshend beschreibt in *The Seeker* (1970) die Resignation eines Suchenden, der unter Slogans, Pseudo-Philosophien, Utopien, bei Rockidolen und Drogenpredigern vergebens nach Erfüllung, Glück und einem Sinn des Lebens geschaut hat:

I've looked under chairs, looked under tables
Tried to find the key to fifty million fables . . .

Asked Bobby Dylan, I asked the Beatles
Asked Timothy Leary, but he couldn't help me either
They call me the seeker, I've been searching low and high
I won't get to get what I'm after till the day I die.

›*Before the deluge*‹ (1974), vor der Sintflut, nennt Jackson Browne in Anspielung auf den sintflutartigen Zusammenbruch vieler Ideale der sechziger Jahre seinen melancholischen Rückblick auf den unschuldigen Enthusiasmus von Träumern und Narren:

Some of them were dreamers
And some of them were fools
Who were making plans and thinking of the future
With the energy of the innocent
They were gathering the tools
They would need to make their journey back to nature . . .

Browne versinnbildlicht den Weg der Jugend in die Enttäuschung und Resignation mit einem Vogel, dessen starke Flügel erlahmen und dessen schöne Federn zerzaust sind:

Some of them knew pleasure and some of them knew pain
And for some of them it was only the moment that mattered
On the brave and crazy wings of youth
They were flying around in the rain
And their feathers once so fine, grew torn and tattered
And in the end they traded their tired wings
For the resignation that living brings
And exchanged love's bright and fragile glow
For the glitter and the rouge
And in a moment they were swept before the deluge.

Die offene Botschaft der Liebe ist theatralischen Äußerlichkeiten gewichen – Browne charakterisiert so Wandlungen in Gehalt und Absicht der Rockmusik der siebziger Jahre, in der extravagante Glitzerkleidung und Schminke mehr zählen als ehrliche Hingabe.
Gegenüber Jackson Brownes sensiblem, mitfühlendem Abgesang auf das Ende einer idealistischen Epoche stößt Van Morrison in *The Great Deception* (1973) einen bitteren Protest gegen die Scheinheiligkeit und Falschheit von Propheten und »Profiteuren« einer vermarkteten Pop-Kultur aus:

Did you ever hear about the great deception
Well the plastic revolutionaries take the money and run
Have you ever been down to love city
Where they rip you off with a smile
And it don't take a gun.

»Rip off« ist ein Slangausdruck für »betrügen, bescheißen«. Morrisons Zweifel an der Ehrlichkeit einer von dem Markenartikel Popmusik getragenen »Jugendbewegung« scheinen tief zu sitzen; besonders reichen Rockmusikern, die sich als Pose mit dem Publikum verbrüdern, wirft er den großen Betrug (the great deception) vor:

Did you ever hear about the rock and roll singers
Got three or four Cadillacs
Saying power to the people, dance to the music
Wants you to pat him on the back . . .

7. Ausgewählte Motive anglo-amerikanischer Populärmusiktexte

Wir haben in den vorhergehenden Kapiteln gesehen, welche Bedeutung in anglo-amerikanischen Populärmusiktexten einer Reihe von Standardthemen zukommt; in gleicher Weise fallen ständig wiederkehrende, wenn auch unterschiedlich behandelte Motive ins Auge. Ich möchte nachfolgend untersuchen, in welcher Weise und in welcher Absicht einige mir wesentlich erscheinende Motive verwendet werden. Dazu habe ich solche herausgegriffen, deren Verarbeitung unmittelbare Erfahrungen und typische Situationen spiegeln oder versinnbildlichen – es sind die Motive der Stadt, des Landes, der Straße und des Kinos.

Die Stadt

Die Stadt bildet den Hintergrund zu vielen Songs, von Straßenballaden über Blues bis zu Pop-Songs; sie repräsentiert dabei ein breites Spektrum von Stimmungen, Eindrücken und Situationen.
In Joni Mitchells *Night in the city* (1966) steht die Stadt für Vitalität und Aktivität. Mitchell vermittelt die anregende Spannung des Stadtlebens bei Nacht:

Night in the city
Looks pretty to me,
Night in the city looks fine.
Music comes spilling out
Into the street,
Colors go flashing in time.
Take off, take off,
Take off your stay-at-home shoes.
Break off, shake off,
Chase off those stay-at-home blues . . .

Die Erregung der Stadt vertreibt Trägheit und Kummer. Gerade auf diesen Aspekt spielt *City Lights* (1958) des C+W-Autors Bill Anderson an; die Lichter, die breiten Straßen, die Kneipen und Clubs lenken von Problemen ab und helfen, die Einsamkeit, wenn auch nur für eine Nacht, zu vergessen:

A bright array of city lights as far as I can see
The great white way shines through the night for lonely souls like me

The cabarets' and honky tonks' flashing signs invite
A broken heart to lose itself in the glow of city lights.

Schon diese Zeilen deuten an, daß der Glanz der Großstadt eine Kehrseite hat, daß hier krasse Gegensätze aufeinandertreffen. Auf einer anderen Ebene, aber dennoch ähnlich wie sozialkritische Romanautoren von Defoe und Dickens bis zu Dos Passos oder Sinclair Lewis haben Autoren populärer Songs das enge Nebeneinander von Glanz und Elend, von Armut und Überfluß, von Hoffnung und Enttäuschung in der Welt der Großstadt aufgezeichnet – in Straßenballaden wie *St. Giles's and St. James's* (vgl. Kap. 1), Music-Hall-Songs wie *I live in Trafalgar Square*, Blues wie Bessie Smith's *Poor Man's Blues* oder B. B. Kings *Why I sing the blues* (vgl. Kap. 3), in Pop-Songs wie Ray Davies' *Dead End Street* (vgl. Kap. 6, S. 195) oder *On Broadway* (1962) von Mann/Weil/Leiber/Stoller:

They say the neon lights are bright on Broadway
They say there's always magic in the air
But when you're walking down the street
And you ain't had enough to eat
The glitter rubs right off and you're nowhere

They say the chicks are something else on Broadway
But looking at them just gives me the blues
'Cause how ya gonna make some time
When all you got is one thin dime
And one thin dime won't even shine your shoes . . .

On Broadway berichtet von den Schattenseiten der Großstadterfahrung, von Hunger, von finanzieller Not, die Unzufriedenheit und Minderwertigkeitsgefühle produziert. Wie einsam, verlassen und hart eine Existenz abseits des Erfolges sein kann, deutet Paul Simon in *The Boxer* (1969) an, der Geschichte eines jungen Boxers, der in der fremden Stadt New York losgelöst aus dem Schutz seiner Familie das Glück sucht:

When I left my home and family
I was no more than a boy in the company of strangers
In the quiet of the railway station
Running scared, laying low
Seeking out the poorer quarters where the ragged people go . . .

Asking only workman's wages I come looking for a job
But I get no offers, just a come-on from the whores on Seventh Avenue

I do declare, there were times when I was so lonesome
I took some comfort there . . .

Das bindungslose Stadtleben in emotionaler und materieller Not gebiert Unsicherheit und Einsamkeit. Einen zerstörerischen, lähmenden Einfluß der Großstadt auf die menschliche Existenz hat William Blake schon im 18. Jahrhundert in seinem berühmten Gedicht *London* (1794) beobachtet:

I wander thro' each charter'd street,
Near where the charter'd Thames does flow,
And mark in every face I meet
Marks of weakness, marks of woe . . .

Blake führt die Schwäche, die Angst, den Schmerz der Menschen auf die Einschränkung der »natürlichen« Entfaltungsmöglichkeiten und Rechte in der Stadt zurück – die Straßen und der Fluß sind nach Plan und Karte gezogen und durch Privilegien und Besitz eingezäunt (»charter'd« kann sich auf verschiedene Bedeutungen von »charter«, auf »Karte« und »Privileg«, beziehen).
Wie anonym, einsam und kalt das Dasein in den Städten des 20. Jahrhunderts, umgeben von Lärm, Straßenpflaster, Beton, künstlichem Licht und Schaufensterreklame sein kann, verdeutlicht Joni Mitchell in *Song to a seagull* (1966) in einer Reihe paradoxer Bilder, die den Gegensatz von städtischer Zivilisation zum Leben in der Natur herausarbeiten:

I came to the city and lived like old Crusoe
On an island of noise in a cobblestone sea
And the beaches were concrete and the
Stars paid a light bill and the blossoms
Hung false on their store window trees . . .

Randy Newman erfaßt in *Cowboy* den historischen Vorgang der Einschnürung von Natur und ungebundener Existenz durch das Vordringen der Städte in der symbolischen Begegnung eines müden resignierenden Cowboys mit der grauen Betonwelt der Großstadt:

Cold grey buildings where hills should be
Steel concrete closing in on me . . .

Wind that once blew free now scatters dust to the sky
Cowboy, cowboy, can't run, can't hide
It's too late to fight now, too tired to try.

Ländlicher Idylle trauert in höchst komischer Art der Music-Hall-Song *If it wasn't for the 'ouses in between*[1] nach, ein Song, der mit Ironie die Wohnsituation der unteren Schichten aufs Korn nimmt und zugleich deren Stolz auf Heim und Garten parodiert. Die seltsame Schreibweise einiger Worte erklärt sich aus der Tatsache, daß der Song von dem berühmten Cockney-Sänger Gus Elin vorgetragen wurde:

If you saw my little backyard, »Wot a pretty spot!« you'd cry,
It's a picture on a summer day;
Wiv the turnip tops and cabagges wot peoples doesn't buy
I makes it on a Sunday look all gay.
The neighbours finks I grow 'em and you'd fancy you're in Kent,
Or at Epsom if you gaze into the mews.
It's a wonder as the landlord doesn't want to raise the rent,
Because we've got such nobby distant views.

Oh it really is a very pretty garden
And Chingford to the eastward could be seen;
Wiv a ladder and some glasses,
You could see to Ackney Marshes,
If it wasn't for the 'ouses in between.

Leben in der Stadt – das bedeutet oft unmittelbaren Kontakt mit verpesteter Luft und verschmutzter Umwelt – ein Kontakt, der sich in populären Songs nüchtern, kritisch und ironisch niedergeschlagen hat. In *Hard times in New York Town* (1962) gibt Bob Dylan sein Urteil von der New Yorker Luft so ab:

I'll take all the smog in Cal-i-for-ne-ay,
'N' every bit of dust in the Oklahoma plains,
'N' the dirt in the caves of the Rocky Mountains mines
It's all much cleaner than the New York kind.
And it's hard times in the city,
Livin' down in New York town.

Luftverschmutzung war schon im frühen 19. Jahrhundert ein aktuelles Thema, wie *The Scenes of Manchester*[2] aus der Zeit der industriellen Revolution beweist. Der Song beklagt bitter die Begleiterscheinungen des »Fortschritts«:

The scenes of Manchester I sing,
Where the arts and sciences are flourishing;
Where smoke from factory chimneys bring
The air so black, so thick and nourishing.
Where factories that by steams are gated,

And children work half suffocated,
It makes me mad to hear folk, really,
Cry, ›Manchester's improving daily‹.

Dem Fortschritt unserer Zeit, dem bis heute aus Gedankenlosigkeit und Profitstreben die Natur zum Opfer fällt, geht Joni Mitchell in *Big Yellow Taxi* (1969; der Titel ist übrigens ein Witz und hat nichts mit der Hauptaussage des Songs zu tun) mit Galgenhumor zu Leibe:

They paved paradise and put up a parking lot
With a pink hotel, a boutique, and a swinging hot spot.

Mitchell versteht es nicht nur, Zeilen in Rhythmus und Fluß brilliant zu formen, ihr gelingt es in einer alliterierenden Phrase (they paved paradise), die moderne Zivilisation auf eine schlüssige Kurzformel zu bringen. In der zweiten Strophe spinnt sie die Situation zu einer logischen Folgerung aus – die Natur wird nicht mehr unmittelbar erfahren, sondern nur noch in Museen aus »zweiter Hand« betrachtet, und selbst das dient dem Profit:

They took all the trees and put them in a tree museum
And they charged all the people a dollar and a half just to see 'em
Don't it always seem to go
That you don't know what you've got till it's gone
They paved paradise and put up a parking lot . . .

Mitchells Mahnung hat nichts an Aktualität eingebüßt.

Das Land

Populäre Songs, die in vornehmlich agrarischen Gesellschaftsformen entstanden, – Balladen, Folk-Songs, nordamerikanische Country- und Western-Songs, Country-Blues etc. benutzen das Land zur Darstellung ländlicher Lebensweise, zu Beschreibung und Kritik der sozialen Situation der Landbevölkerung.[3] Genauso wie sich in den im vorigen Abschnitt behandelten Songs die Erfahrungen des Stadtlebens niederschlugen, wird in »ländlichen« Songs vergangener und heutiger Zeiten die Erlebniswelt der ländlichen Umgebung wiedergegeben. H. Howards *Busted* (1963 von Ray Charles aufgenommen) ist das Klagelied eines heruntergekommenen kleinen Farmers, der pleite (busted) ist:

My bills are all due and the baby needs shoes, and I'm busted
Cotton is down to a quarter a pound, but I'm busted

I got a cow that went dry and a hen that won't lay
And a big stack of bills that gets bigger each day . . .

Wie sehr eine Textaussage von der Art des Vortrags abhängig ist, zeigt Ray Charles in seiner Version des Songs, die den durchaus ernsten Inhalt durch den Gesangsstil komödiantisch interpretiert. Robbie Robertsons *King Harvest* (*Has Surely Come*) (1969 für The Band verfaßt) verbindet die Schilderung der sozialen Lage mit ländlichen Stimmungsbildern; jede Strophe beginnt mit sinnlichen Impressionen aus der Erntezeit:

Corn in the field, listen to the rice when the wind blows 'cross the water . . .
The smell of the leaves from the magnolia trees in the meadow . . .
Scarecrow and a yellow moon, pretty soon a carnival on the edge of town,
King Harvest has surely come . . .

Auf eine solche Einstimmung folgt die Erzählung eines Landarbeiters, der über seine Sorgen und seine Hoffnungen auf die Hilfe der Gewerkschaft spricht:

Dry summer, then comes fall which I depend on most of all
Hey, rainmaker, can't you hear my call
Please, let these crops grow tall
Long enough I've been up on Skid Row
And it's plain to see, I've got nothin' to show
I'm glad to pay those Union dues
Just don't judge me by my shoes . . .

Die Erwähnung ländlicher Naturmythen wie des ›King Harvest‹ und des »rainmaker« verrät die Verwurzelung in traditionellen Lebensformen: Robertson gelingt es auf eindrucksvolle Weise, das Aufeinandertreffen der älteren und der neueren Agrargesellschaft – verkörpert durch das Aufstreben der Landarbeitergewerkschaft – festzuhalten.
In *King Harvest* schlägt ein wenig die idyllische Sicht des Landlebens durch, die in früheren Jahrhunderten viele *pastoral ballads* (vgl. Kap. 6, S. 132) auszeichnete, die auch einige Pop-Songs der sechziger Jahre wie Mitchells *Woodstock* (we've got to get ourselves back to the garden) prägte, in denen die Rückkehr zum einfachen Landleben beschworen wurde. Über diese naive Sehnsucht nach ländlicher Idylle machten sich 1969 Jefferson Airplane in *The Farm* lustig:

Bought myself a farm way out in the country
Took to growing lettuce milking cows and honey

Bought myself a farm . . .
Well I gotta get back to work now and clear away some logs
Ah the sun is shinin' westwards yeah
I think I'll saddle up my frog and get outta here.

Seit der Herausbildung unterschiedlicher Wirtschaftsformen und Lebensarten in Stadt und Land hat es in jeder Kultur mehr oder weniger krasse Gegensätze zwischen den Bevölkerungsgruppen der beiden Siedlungsformen gegeben. Diese Gegensätze spiegeln sich in Songs aus verschiedenen Perioden. In der Volksballade *The Downright Country-Man*[4] stellt ein selbstbewußter Landbewohner (I study as I am at Plow . . .) seine Vorzüge gegenüber dem falschen, untreuen, unverläßlichen Städter heraus:

I am a downright Country-man, both faithful (aye) and true
I'le live and dye so if I can, this I declare to you:
I study as I am at Plow, so shun all false deceit,
And you may plain discover now, I am no London Cheat . . .

They oft pretend to be in Love, and ready for to dye,
Yea, vow to be just like the Dove, but know no Constancy;
Like Villains they the way do play, with every lass they meet;
They plump them up, then turn away, this is a London Cheat.

Und in *The Innocent Country-Maid's Delight*[5] wird aus der Sicht eines Landmädchens über die modischen Gepflogenheiten der Städterin hergezogen:

Each Lass she will paint her face,
To seem with a comely grace,
And powder their hair,
To make them look fair,
That Gallants may them embrace:
But every morning,
Before their adorning,
They're far unfit for Sale;

But 'tis not so, with we that go,
Through frost and snow, when winds do blow,
To carry the milking-payl.

In einer Reihe von Pop-Songs wird das Land vom städtischen Standpunkt aus karikiert. Leiber/Butler belegen in *Down Home Girl* eine Geliebte vom Lande mit ironischen Attributen und Vergleichen aus dem Landleben:

Lord I swear the perfume your wear
Was made out of turnip greens
And every time I kiss you girl
It tastes like pork and beans

Even though you're wearing them
Citified high heels
I can tell by your giant step
You've been walking through the cotton fields . . .

Country Fool (1961 von N. Johnson für The Showmen verfaßt) hinterläßt trotz aller Komik einen bitteren Beigeschmack, wenn der naive, unbedarfte Landjunge von den Täuschungen, Erniedrigungen und Schmähungen, die er in der Großstadt erfahren hat, berichtet:

When I left home and came to town,
I thought I was the biggest sport around,
I wore pin-stripe suits and button shoes,
the city boys called me a country dude.
When I got to town everything had changed
Everybody lookin' at me so strange.
Horns blowin' at me (beep beep, beep-be-beep)
Dogs barkin' at me (bow-wow, bow-be-bow-wow)
Folks laughin' at me, just laughin' at me (ha-ha, ha-ha)
Sayin' I'm a fool, a country fool.

Keinesfalls als Idylle schildert Randy Newman das Land in *My Old Kentucky Home* (1968), einem zynischen »Heimatlied«, das grausame, harte, gemeine Seiten einer ländlichen Umgebung hervorkehrt:

Brother Gene, he's so big and mean
And he don't have much to say
He had a little woman who he whupped each day
But now she's gone away
He got drunk last night
Kicked mama down the stair
But I'm all right so I don't care.

Nach dieser derb primitiven Szene wirkt der »fröhliche« Refrain von der guten, alten Heimat wie beißender Spott:

Oh, the sun shines bright on My Old Kentucky Home
And the young folks roll on the floor
Oh, the sun shines bright on My Old Kentucky Home
Keep them hard times away from my door.

Der Refrain könnte als Parodie auf einen Folk-Song gedacht sein; der Folk-Charakter des Songs wird trotz oder gerade wegen Newmans Sarkasmus noch bestärkt, weil sein kräftiger Humor in der Tradition zahlreicher amerikanischer Country-Songs steht.[6]

Die Straße

I been wanderin' early,
I been wanderin' late,
From New York City
To the Golden Gate.
  And it looks like
  I ain't never gonna cease my wanderin' . . .[7]

Das Wandern, das Reisen, das Unterwegssein – das sind Motive, die sich in den Texten der Populärmusik immer wieder finden. Motive des Lebens auf der Straße werden zu verschiedenen Zwecken eingesetzt, einmal – wie beispielsweise im obigen Song eines »hobo« (Landstreichers) – zur Beschreibung einer Lebensweise oder gar Lebensphilosophie, zum anderen als Symbole der Hoffnung oder der Suche nach Ziel, Sinn oder Glück im Leben, wie in den folgenden Zeilen aus Dylans *Paths of Victory* (1964):

The trail is dusty
And my road it might be rough
But the better roads are waiting
And boys it ain't far off
Trails of troubles
Roads of battles
Paths of victory
We shall walk.

Hier erscheint der Weg, mag er auch noch so beschwerlich sein, als Symbol der Gemeinsamkeit, der gemeinsamen Sorgen, der gemeinsamen Zuversicht, des Vertrauens auf eine bessere Zukunft. Fahrende treten in populären Songs oft als romantische Figuren auf, deren freies, ungebundenes Leben bewundert wird. Der Titel von Roger Millers *King of the Road* (1964) deutet auf eine Romantisierung hin; im Verlauf des Songtextes – einer unverblümten Beschreibung des unsteten Lebens eines Tramp – stellt sich jedoch die Überschrift als ironisch-paradoxe Metapher für einen mittellosen (a man of means by no means) Gelegenheitsarbeiter heraus:

Trailer for sale or rent
Rooms to let fifty cents
No phone no pool no pets
I ain't got no cigarettes
Ah but two hours of pushing broom buys a
eight-by-twelve four-bit room . . .

Third box car midnight train
Destination Bangor, Maine
Old worn out suit and shoes
I don't pay no union dues
I smoke old stogies I have found
Short but not too big around
I'm a man of means by no means
King of the Road.

Dieser »König« führt ein Leben ohne Überfluß, ohne die Zeichen des Wohlstands (phone, pool, pets). Das hier erwähnte Mitfahren auf Güterzügen (third box car . . .) war in der Depressionsepoche der dreißiger und vierziger Jahre für viele Arbeitslose und Arbeitssuchende die wichtigste Art der Fortbewegung in der Weite der USA. Woody Guthrie – und nach ihm zahlreiche andere Song-Autoren – haben den Weg dieser »Armee« von Außenseitern auf Güterzügen und Landstraßen, meist in sozialkritischer Absicht, dokumentiert und idealisiert.[8]
Mobilität und Ungebundenheit sind keineswegs Produkte unserer Zeit; über Jahrhunderte gehörten in Europa herumziehende Arbeiter und Handwerker zum Alltagsbild, die Suche nach Beschäftigung war einer ihrer Hauptbeweggründe: »Gerade Handwerker waren nicht so fest in kultivierten Gemeinschaften verwurzelt, wie man leicht annehmen könnte. Auf der Suche nach Arbeit zogen sie ungebunden durch das Land; abgesehen von den erzwungenen Wanderungen der Kriege, reisten viele Handwerker ins Ausland, und die relative Leichtigkeit, mit der Tausende über Tausende nach Amerika und in die Kolonien auswanderten (nicht nur von Armut, sondern auch von der Sehnsucht nach Fortkommen und nach politischer Freiheit getrieben) weist auf ein fließendes soziales Leben hin. In den Städten bestand eine vitale, deftige plebejische Kultur neben den feineren Traditionen der Handwerker.«[9]
Diese Beschreibung des frühen 19. Jahrhunderts wird von Folk-Songs aus jener Zeit unterstrichen:

I am a roaming journeyman, I roam from town to town,
And when I get a job of work I'm willing to sit down.
With my bundle on my shoulder and my trowel in my hand,
And it's round the country I will go, like a roaming journeyman.[10]

Der »roaming journeyman« (der wandernde Handwerksgeselle) gehört genauso zu den Standardfiguren britischer Volksdichtung wie der »navvy«, der Eisenbahn-, Straßen- oder Kanalarbeiter:

I am a navvy bold, that's tramped the country round, sir,
To get a job of work, where any can be found, sir.
I left my native home, my friends and my relations,
To ramble up and down and work in various stations.[11]

In beiden Songs geht die Suche nach Arbeit einher mit der Suche nach Abenteuer, beide Songs erzählen im weiteren Verlauf von amourösen Erlebnissen; erotische Ausstrahlung ist ein typisches Kennzeichen populärer Heldenfiguren.
Eine andere Gruppe von Folk-Heroen, deren unruhiges, abenteuerliches Leben auf der Straße in Balladen und Songs besungen wurde, bildeten die »gerechten« Räuber und Aufrührer wie der legendäre Robin Hood oder der amerikanische Jesse James und die »highwaymen«, die Straßen- und Postkutschenräuber, die zur alltäglichen Erfahrung früherer Zeiten gehörten. In der englischen Ballade *Salisbury Plain* wird der Raubzug auf der Landstraße, den der Räuber aus Liebe zu einer Frau unternimmt, mit einem schönen Bild aus der Seefahrt umschrieben, das den abenteuerlichen Charakter verstärkt:

Early next morning my love he arose,
And so nimbly he put on his clothes.
Straight to the highway he set sail,
And 'twas there he robbed the coaches of the mail.[12]

In amerikanischen Populärmusiktexten verkörpert das Motiv der Straße gerne die Faszination des Reisens in der Weite des Landes. In *Route 66* wird von den Vorzügen einer besonderen Autostraße, dem Highway 66, gesungen:

Well if you ever plan to motor west
Just take my way that's the highway that's the best
So get your kicks on Route 66

Well it winds from Chicago to L. A.
More than 2000 miles all the way
Get your kicks on Route 66 . . .

Der Highway 66 war in den dreißiger und vierziger Jahren die schnellste Verbindung von den Industriegebieten des Nordens nach Kalifornien und wurde deswegen von vielen frequentiert, die sich im Westen eine bessere Zukunft erhofften. Der Zug nach Westen bis ins ›Gelobte Land‹

Kalifornien hat von Beginn der Eroberung und Besiedlung Nordamerikas an die Erwartung besserer Lebensmöglichkeiten symbolisiert. Chuck Berry hat in *The Promised Land* (1964) in seiner typisch prägnanten, lebhaften Sprache den Weg eines Landjungen vom Südosten bis zur Westküste nacherzählt – die Busfahrt:

I left my home in Norfolk, Virginia, California on my mind
I straddled that greyhound and rode him into Raleigh and on across Caroline . . .

die in Alabama wegen Motorschaden ein frühes Ende erleidet; die Bahnfahrt bis Louisiana:

Right away I bought me a through train ticket
Ridin' across Mississippi clean,
And I was on the Midnight Flyer out of Birmingham,
Smokin' into New Orleans . . .

und der geschenkte Flug von Houston nach Los Angeles, den Berry mit einer ironischen Kontrastierung enden läßt, um zu verdeutlichen, daß auch im ›Golden State‹, im ›Promised Land‹ Kalifornien Erfolge und Reichtümer nicht vom Himmel fallen:

Swing low, chariot, come down easy,
Taxi to the Terminal Line,
Cut your engines, and cool your wings,
And let me make it to the telephone,
Los Angeles, give me Norfolk, Virginia, Tidewater 4-10-0-0,
Tell the folks back home this is the Promised Land callin'
And the poor boy's on the line.

Durch die Verwendung vieler Ortsnamen und authentischer Bezeichnungen in der Verbindung mit bildhaftem, atmosphärischem, witzigem Jargon gelingt es Berry, das Erlebnis der Reise durch die USA hautnah zu vermitteln.
Die Straße verheißt den Ausbruch aus einer unbefriedigenden Umgebung und die Chance einer besseren Existenz; Bruce Springsteens *Thunder Road* (1975) verbildlicht die Flucht amerikanischer Jugendlicher aus der Großstadt, eine Flucht in die Geschwindigkeit (›thunder' bezieht sich auf das Donnern der Motoren) in die Ungewißheit, in das Abenteuer, in die Hoffnung auf ein neues Leben:

You can hide 'neath your covers
And study your pain
Make crosses from your lovers

Throw roses in the rain
Waste your summer prayin' in vain
For a saviour to rise from these streets
Well now I'm no hero
That's understood
All the redemption I can offer, girl
Is beneath this dirty hood
With a chance to make it good somehow
Hey what else can we do now?
Except roll down the window
And let the wind blow
Back your hair,
Well the night's busting open
These two lanes will take us anywhere
We got one last chance to make it real
To trade in these wings on some wheels
Climb in back
Heaven's waiting on down the tracks . . .

Zurückhaltend, weniger pathetisch als Springsteen, äußert Paul Simon in *America* (1967) seine Unruhe und seine Unzufriedenheit – wobei dieses Urteil möglicherweise auch von der grundlegend verschiedenen, eben zurückhaltenden Art der musikalischen Interpretation beeinflußt ist. Für Simon symbolisiert das Unterwegssein auf der Straße die Verunsicherung vieler Amerikaner und ihre Suche nach Identität:

»Kathy«, I said, as we boarded a Greyhound in Pittsburgh
'Michigan seems like a dream to me now
It took me four days to hitchhike from Saginaw
I've come to look for America . . .

Der Song findet keine Lösung, die anfänglich erwartungsfrohe optimistische Stimmung schlägt in Resignation und leise Verzweiflung um. Simon verallgemeinert die Identitätskrise, indem er in der letzten Strophe die »Suche nach Amerika« von der persönlichen Betrachtung auf alle Befahrer einer Autobahn überträgt:

»Kathy, I'm lost«, I said
Though I knew she was sleeping
I'm empty and aching and I don't know why
Counting the cars on the New Jersey turnpike
They've all come to look for America.

Von der Suche nach einem Ziel sind auch die folgenden Zeilen von Bessie Smith geprägt, allerdings trägt diese Suche beinahe religiöse Züge:

It's a long old road, but I'm gonna find the end
And when I get there I'm gonna shake hands with a friend . . .[13]

Hier symbolisiert »long old road« ein beschwerliches Leben. Viele Gospel-Songs sprechen von der Hoffnung auf ein besseres Dasein; in *This Train*[14] steht das sehr gebräuchliche Motiv der Zugfahrt für den Start in eine glücklichere Zukunft:

This train don't carry no liars, this train,
This train don't carry no liars,
No hypocrites and no high flyers,
This train is bound for glory, this train . . .

Im afro-amerikanischen Folk-Song *The Midnight Special* hält das Licht des vorbeirauschenden Nachtzugs den Kontakt eines Häftlings mit der Außenwelt und seine Träume von der Freiheit aufrecht:

Now one of these mornin's
And the time ain't long
That man's gonna call me,
And I'll be gone.
I'll be done all my grievin',
Whoopin', holl'in', cryin',
I'll be done all my worryin'
'Bout my great long time.

Let the midnight special shine its light on me,
Let the midnight special shine everlovin' light on me.[15]

Im Blues kennzeichnen Landstraßen und Zug meist Abschied und Trennung, der Güterzug enthält im folgenden Vers aus Alabama eine problemüberwindende Funktion:

When a woman takes the blues, she tucks her head and cries,
But when a man catches the blues, he catches a freight and rides.[16]

Zahlreiche fahrende Bluessänger verfaßten Blues über die Highways, über die sie zogen. Memphis Willie B. nahm Einsamkeit und Verzweiflung mit auf seinen Weg über den *Highway 61*:

I says, I'm leaving in the morining, I'm going to travel 61 by myself,
So's I get killed on my journey no one will know my death . . .[17]

Bob Dylan hat das Motiv des *Highway 61* für sein mit Ironie benanntes *Highway 61 Revisited* (1965) aufgegriffen und den Highway in eine Straße der Ausgestoßenen, des Chaos, der Sünde, der Grausamkeiten, des Krieges verwandelt, auf der sich absurde Szenen voll beißenden Humors abspielen:

. . . Now the rovin' gambler he was very bored
He was tryin' to create a next world war
He found a promoter who nearly fell off the floor
He said I never engaged in this kind of thing before
But yes I think it can be very easily done
We'll just put some bleachers out in the sun
And have it on Highway 61.

Zum Schluß zu einem Bluessänger, der wie kein anderer das Motiv der Straße als Ausdruck seiner Unruhe und Unzufriedenheit genutzt hat – Robert Johnson:

I woke up this morning feeling around for my shoes
Know by that I got these old walking blues.
(aus *Walking Blues*[18])

In *Hellhound on My Trail*[19] stürzen die Sorgen wie Hagelstürme über ihn herein, er muß in Bewegung, auf der Flucht bleiben, denn er glaubt sich von einem bösen Geist verfolgt:

I've got to keep moving, I've got to keep moving
  Blues falling down like hail, blues falling down like hail
And the days keep on 'minding me
  there's a hellhound on my trail, hellhound on my trail . . .

Von welchen Einflüssen auch getrieben, Johnson scheint von einem Drang zu einem gehetzten unsteten Dasein, der an Besessenheit grenzt, befallen und davon fasziniert gewesen zu sein; im *Me and the Devil Blues*[20] zeigt er sich in der Hand des Teufels und möchte nach seinem Tod neben der Landstraße begraben werden, damit seine Seele mit dem Greyhound-Bus weiterziehen kann:

You may bury my body down by the highway side
So my old evil spirit can get a Greyhound Bus and ride . . .

All diese Songs sind mehr oder weniger unmittelbare persönliche Zeugnisse von Suche oder Flucht, von Bewegung mit und ohne Ziel. Zu einer großartigen Reflexion über Bewegung und Unterwegssein ließ sich der englische Lyriker Thom Gunn in den fünfziger Jahren von herumziehenden jugendlichen Motorradbanden inspirieren; sein berühmtes Gedicht *On the Move*[21] trägt die amerikanische Slangphrase »Man, you gotta

Go.« als Vorspruch – der unvollkommene Mensch ist in Bewegung, erreicht keinen absoluten Punkt der Ruhe und Erfüllung, kommt diesem Punkt aber am nächsten durch rastloses Suchen, durch dauernde Unruhe:

. . . A minute holds them, who have come to go:
The self-defined, astride the created will
They burst away; the towns they travel through
Are home for neither bird nor holiness,
For birds and saints complete their purposes.
At worst, one is in motion; and at best,
Reaching no absolute, in which to rest,
One is always nearer by not keeping still.

Das Kino: ›Cockney Pride‹ und ›Celluloid Heroes‹

In diesem Abschnitt möchte ich einige Songs von Ray Davies untersuchen, in denen er Motive amerikanischer Massenkultur – vor allem das des Kinos – gebraucht, um das Selbstverständnis der englischen Unterschicht, ihren Behauptungswillen, ihre Möglichkeiten zur Ausflucht und zum Gewinn einer neuen Identität auszudrücken.
Muswell Hillbilly (1971) hat sicherlich autobiographische Bezüge, Davies stammt selbst aus dem Londoner Vorort Muswell Hill. Das Wortspiel ›Muswell Hillbilly‹ im Titel beinhaltet schon die Aussage des Songs, nämlich das »neue« Selbstverständnis durch die Verbindung von englischer »lower class«-Herkunft und amerikanischen Populärkulturformen; »hillbilly« ist eine Bezeichnung für Country-and-Western-Musik. Entsprechend lehnt sich die Musik von *Muswell Hillbilly* stark an C+W an. Der Song besteht aus erzählenden Strophen, die den Versuch, den Charakter der »working class« zu zerstören, kritisieren und dessen Eigenständigkeit verteidigen. Der Refrain (Cos I'm Muswell Hillbilly boy . . .) beschreibt dann näher, worin diese Eigenständigkeit liegt.
Die Kritik richtet sich gegen die Auflösung vertrauter Lebensformen und der eigenen Identität.

They're gonna try and make me change my way of living,
But they'll never make me something that I'm not.

Mit »they« sind wohl allgemein die herrschenden Schichten gemeint.
Diese Kritik wird weiter ausgeführt:

They're putting us in little boxes,
No character just uniformity.

»Little boxes« steht hier im übertragenen Sinne für die Begrenztheit sozialer Rollen, die die Ausbildung von Persönlichkeit verhindert; gleichzeitig bezieht es sich auf die Wohnungen in eintönigen, charakterlosen Wohnblocks und -siedlungen, die durch ihre Gleichförmigkeit und Kälte ein eigenständiges »working class life« verschwinden lassen. Hoggart hat diesen Prozeß bei Angehörigen der Unterschicht beschrieben: »In diesen Wüsten aus Ziegel und Beton fühlen sie sich zuerst zu ungeschützt und kalt, . . .; sie fühlen nicht, daß es heimisch oder freundlich ist, fühlen sich zu weit von allem entfernt, von den Verwandten und von den Läden; . . .«[22]
Schon in den Zeilen »But they'll never make me something that I'm not« und »But they never make a zombie out of me« finden sich Widerstand und der Wille zur Selbstbehauptung. In der letzten Strophe kommt dies noch einmal stark zum Ausdruck; auch Versuche, eine – besonders in England – schichtenspezifische Eigenschaft wie die Aussprache zu ›verbessern‹, auch das Verlassen der Slums und der Umzug in neue Wohngebiete können das Bewußtsein von der eigenen sozialen Gruppe – hier in Form des Stolzes, ein »cockney« zu sein – nicht zerstören:

They'll try and make me study elocution,
Because they say my accent isn't right,
They can clear the slums as part of their solution,
But they never gonna kill my cockney pride.

Der Refrain erläutert, woraus das Identitätsgefühl der »working class«, der »cockney pride«, besteht:

Cos I'm a Muswell Hillbilly boy,
But my heart lies in Old West Virginia,
Never seen New Orleans, Oklahoma, Tennessee,
Still I dream of the black hills that I ain't never seen.

Vor allem die Jugendlichen der englischen »working class« haben sich nach dem zweiten Weltkrieg mehr und mehr Ausdrucksformen amerikanischer Massenkultur zugewandt.[23]
Davies bezieht sich hier auf das Aufwachsen mit Dixieland und Rock 'n' Roll (New Orleans), C+W (Tennessee) und Wildwestfilmen (Oklahoma, Black Hills), die mithalfen, die eigene soziale Wirklichkeit zu vergessen und neue Empfindungen, Phantasien und Träume zu entwikkeln.

Though my hills are not green,
I have seen them in my dreams,
Take me back to those Black Hills,
That I have never seen.

Die Black Hills von Dakota sind ein berühmtes »western setting«, die Szenerie des amerikanischen Westens ist über Kino und Fernsehen vertraut geworden: ». . . wenigstens einmal im Monat kommt ein neuer Western in britische Kinos, und der Cowboy-Film ist anscheinend fester Bestandteil der Fernsehunterhaltung geworden. Die Schauplätze des amerikanischen Westens sind in der ganzen Welt bekannt.«[24]
In *Oklahoma U. S. A.* (1971) baut Davies diese Thematik aus, er schildert ein »working class girl«, dessen Träume auf die Welt amerikanischer Filme gerichtet sind:

She lives in a house that's near decay,
Built for the industrial revolution,
But in her dreams she is far away,
In Oklahoma U. S. A.

Ironisch beschreibt Davies den Gegensatz Realität/Traum, auch im folgenden:

With Shirley Jones and Gordon McRea,
As she buys her paper at the cornershop
She's walkin' on the surrey with the fringe on top.

Der Song bezieht sich auf das in den fünfziger Jahren sehr erfolgreiche Musical *Oklahoma* von Rodgers und Hammerstein, das mit Shirley Jones und Gordon McRea in den Hauptrollen verfilmt wurde. Der Begriff »surrey with the fringe on top« (eine Art Kutsche) stammt aus einem Song des Musicals: Das Kino war in den fünfziger Jahren fester Bestandteil der Welt der Jugendlichen der Unterschicht; Hoggart hat ihre Umgebung dargestellt: »In der einen Ecke sieht man den Fabrikschornstein hochragen, und die Straße mit den Häusern und den Laternenpfählen dazwischen liegt dahinter; da sind die Busse und die Fahrräder, die örtlichen Tanzsäle und die Kinos.«[25]
Das von Davies beschriebene Mädchen vergißt seine Umwelt und lebt in seiner Vorstellung die Rollen von Hollywoodfilmen:

She walks to work but she's still in a daze,
She's Rita Hayworth or Doris Day,
And Errol Flynn's gonna take her away,
To Oklahoma U. S. A.

Der Song schließt, so wie er beginnt, mit einem »couplet«, in dem nach dem Sinn der Arbeit und des Lebens gefragt wird:

All life we work but work is a bore,
If life's for livin' then what's livin' for.

In *Celluloid Heroes* (1972) knüpft Davies an das Thema der beiden vorigen Songs an:

Everybody's a dreamer and everybody's a star,
And everybody's in movies, it doesn't matter who you are.

Wie der Titel schon sagt, beschäftigt sich *Celluloid Heroes* mit dem Mythos der Hollywoodstars. Als äußerer Anlaß dient Davies ein Gang über den Hollywood Boulevard, auf dessen Bürgersteig die Fußabdrücke und Unterschriften der berühmtesten Filmstars in Zement verewigt sind:

There are stars in every city,
In every house and on every street,
And if you walk down Hollywood Boulevard
Their names are written in concrete!

Davon ausgehend gibt Davies kurze Betrachtungen, Erinnerungen und Eindrücke über eine Reihe von Stars, deren Abdruck auf dem Hollywood Boulevard er personifiziert. Das kann ironisch geschehen wie bei:

Rudolph Valentino looks very much alive,
And he looks up ladies' dresses as they sadly pass him by.

Oder bei:

If you covered him with garbage,
George Sanders would still have style.

Es kann aber auch nachdenklich und bewegend wirken:

But please don't tread on dearest Marilyn
Cos she's not very tough,
She should have been made of iron or steel,
But she was only made of flesh and blood.

Nachdem Davies die Welt der Stars behandelt hat – aus einer Sicht, die auch nur aus Filmeindrücken und Legenden zusammengesetzt ist –, nimmt er wieder Bezug auf die Funktion, die Hollywoodfilme und ihre Stars im Leben des Publikums haben:

I wish my life was a non-stop Hollywood movie show,
A fantasy world of celluloid villains and heroes,
Because celluloid heroes never feel any pain
And celluloid heroes never really die.

Hollywoodfilme sind nicht Wirklichkeit, sie zeigen nur Helden aus Zelluloid, die nicht echt leiden und sterben können. Gerade weil sie nicht Wirklichkeit sind, stellen sie für ihr Publikum eine Wunschwelt dar, die die soziale Wirklichkeit des Lebens vergessen macht. Diese Wunschwelt ist aber nur Schein, die Filmhelden Hollywoods können wahre Schmerzen, Ängste und Probleme nicht abnehmen:

> Oh celluloid heroes never feel my pain
> Oh celluloid heroes never really die.

8. Aus der Erfahrung: Phantasien, Visionen, Symbole

Im Verlauf dieser Betrachtungen haben wir Populärmusiktexte vornehmlich unter dem breitgefaßten Aspekt kennengelernt, wie sie die umgebende Gesellschaft und den privaten Erfahrungsbereich von Verfassern und Publikum verarbeiten und wiedergeben. Die in den Songs offenbarte Wirklichkeit bzw. die persönlich gefärbten Auffassungen von Wirklichkeit – die Wirklichkeit der tatsächlichen alltäglichen Erfahrungen und Lebensbedingungen, die Wirklichkeit von Forderungen, Stimmungen, Gedanken und Vorstellungen – wurden meist relativ direkt, einsichtig auch in Bildern, nachvollziehbar dargestellt. Das folgende und letzte Kapitel handelt von Songs, die sich scheinbar über gesellschaftliche Bezüge und persönliche Erfahrungen hinwegsetzen, weil sie im Bereich von Science-Fiction, Phantasie und Traum angesiedelt sind oder düstere und zuversichtliche Visionen enthalten, deren Sinn nicht in unmittelbaren geraden Aussagen, sondern in oft vieldeutiger, auf das Allgemeine zielender Symbolik zu finden ist.[1]
Wir werden jedoch sehen, daß sich auch in diesen Songs Erfahrungen äußern und Wirklichkeit vielleicht um so eindringlicher abgebildet wird.

Phantasien und Träume

Some time ago a crazy dream came to me,
I dreamt I was walkin' into World War Three . . .

In *Talkin' World War III* (1963) erzählt Bob Dylan einen Traum, eine Serie von fiktiven Erlebnissen, die sich um einen unvermutet auftretenden Weltkrieg ranken, den nur wenige überleben:

Well the whole thing started at 3 o'clock fast,
It was all over by quarter past
I was down in the sewer with some little lover
When I peeked out from a manhole cover
Wondering who turned the lights on . . .

Down at the corner by a hot-dog stand
I seen a man, I said, »Howdy friend,
I guess there's just us two.«
He screamed a bit and away he flew.
Thought I was a communist.

Dylans Traum ist eine Satire auf Erscheinungen seiner Zeit, auf die ständige Bedrohung durch einen Atomkrieg, auf die Angst vor Kommunisten, auf die Entwicklung der Menschheit allgemein:

Well, I spied a girl and before she could leave,
›Let's go and play Adam and Eve.‹
I took her by the hand and my heart it was thumpin'
When she said, ›Hey man, you crazy or sumpin‹,
You see what happened last time they started.

Eine verwandte fiktive Situation, das Aufeinandertreffen zweier Überlebender eines Krieges, schildern Crosby/Stills/Kantner in *Wooden Ships* (1968):

If you smile at me, I will understand
'Cause that is something everybody everywhere does in the same language.
I can see by your coat, my friend, you're from the other side
There's just one thing I've got to know, can you tell me please, who won?
Say, can I have some of your purple berries?
Yes, I've been eating them for six or seven weeks now, Haven't got sick once.
Probably keep us both alive.

Aus dem Dialog der beiden Fremden spricht der Wille zur Versöhnung, zur Verständigung, zum Beistand, man spürt Menschlichkeit nach einer unmenschlichen Katastrophe.
Von leichterer Art ist Robin Williamsons Vorstoß in die Zukunft in *Way back in the 1960's* (1967 für die Incredible String Band verfaßt).
Williamson wirft einen satirischen Blick voraus, indem er einen alten Mann Rückschau auf dessen Jugend in den sechziger Jahren halten läßt:

I was a young man back in the nineteensixties,
Yes, you made your own amusement then, going to the pictures.
Well, the travel was hard, and I mean we still used the wheel,
But you could sit down at your table and eat a real food meal.
But hey, you young people, and I just do not know,
And I can't even understand you when you try to talk slow.

Der Song verdeutlicht so treffend die Unvermeidbarkeit des Alterns und das stets unausgeglichene Verhältnis zwischen jung und alt, zwischen Fortschritt und Tradition. Eine Phantasie, die dem heutigen Erfahrungsstand sehr nahe kommt, entwirft David Bowie in *Space Oddi-*

ty (1969) – der Titel, wie die Geschichte selbst, spielen auf Stanley Kubricks Science-Fiction-Film *2001 – A Space Odyssey* an. Bowies Song verfolgt mit genauen Beobachtungen die Weltraumfahrt des Major Tom:

Ground Control to Major Tom,
Take your protein pills and put your helmet on . . .

Commencing countdown, engines on
Check ignition and may God's love be with you.

Der Start glückt, der Pilot erlangt den Status eines Idols, das über die Medien verbreitet wird (the papers want to know whose shirts you wear). Der Major verläßt die Kapsel (I'm stepping through the door/And I'm floating in a most peculiar way), er reflektiert über seine Lage:

For here
Am I sitting in a tin can,
Far above the world,
Planet Earth is blue
And there's nothing I can do.

Er ist hilflos, ausgeliefert. Die Geschichte erhält einen dramatischen Höhepunkt und Abschluß, der Kontakt zur Bodenkontrolle bricht ab, die Kapsel schwebt fort in den Weltraum:

Ground Control to Major Tom
Your circuits dead, there's something wrong
Can you hear me Major Tom?
Can you . . .

Here am I floating in my tin can,
Far above the moon,
Planet Earth is blue,
And there's nothing I can do.

In *Space Oddity* vermischt Bowieglänzend aktuelle und phantastische Momente – 1969 landete das erste bemannte Raumschiff auf dem Mond.
Ein phantastisches Abenteuer, das an das Reich der Science-Fiction grenzt, erzählt mit viel Humor John Fogerty in *It came out of the sky* (1969):

Oh it came out of the sky, landed just a little south of Moline
Jody fell out of his tractor, couldn't believe what he seen.

Laid on the ground and shook, fearin' for his life,
Then he ran all the way to town, screamin', »It came out of the sky«.

Was da vom Himmel kam – ein Raumschiff etwa oder ein Wesen von einem fremden Stern – wird nicht erläutert, dafür registriert Fogerty mit satirischen Seitenhieben die Reaktionen der Umwelt auf das Ereignis – die Auslegungs- und Verwertungsversuche von Wissenschaft, Politik, Kirche, Presse, Film und Fernsehen:

Well a crowd gathered 'round and a scientist said it was marsh gas,
Spiro came and made a speech about rising the Mars tax,
The Vatican said, »Woe, the Lord has come«,
Hollywood rushed out an epic film
And Ronnie the Popular said it was a communist plot . . .

Hier dient eine phantastisch-witzige Idee einem zeitsatirischen Zweck. Traum und Phantasie sind Teil der menschlichen Erfahrung. Es gibt zahlreiche Songs, die ohne jede andere Intention Träume und phantastische Abenteuer erzählen und dabei, wie eben der Traum selbst, Elemente der Alltagswelt aufnehmen und in eine andere Realität versetzen. Dylan verquickt in *Bob Dylan's 115th Dream* (1965) Vorgänge und Figuren der amerikanischen Entdeckungs- und Literaturgeschichte (er parodiert u. a. Captain Ahab aus *Moby Dick* als Captain Arab) mit anachronistischen Slapstick- und Nonsens-Situationen zu einer wirren Abenteuer-Story, etwa einer Mischung aus Carroll, Melville, Joyce und den Marx Brothers:

I think I'll call it America'
I said as we hit land
I took a deep breath
I fell down I could not stand
Captain Arab he started
Writing up some deeds
He said, »Let's set up a fort
And start buying the place with beads«
Just then this cop comes down the street
Crazy as a loon
He throw us all in jail
For carryin' harpoons . . .

– – – Well the last I heard of Arab
He was stuck on a whale
That was married to the deputy
Sheriff of the jail
But the funniest thing was

When I was leavin' the bay
I saw three ships a-sailin'
They were all heading my way
I asked the captain what his name was
And how come he didn't drive a truck
He said his name was Columbus
I just said, »Good luck«.

Keith Reids *A whiter shade of pale* (1967) knüpft Impressionen, Gedanken und Anspielungen – darunter auch an Chaucers *Canterbury Tales* – aneinander, die einen recht unruhigen Traum ja vielleicht das verschlüsselte Bild einer Katastrophe ergeben:

We skipped the light fandango
And turned cartwheels cross the floor
I was feeling kind of seasick
But the crowd called out for more
The room was humming harder
As the ceiling flew away
When we called out for another drink
the waiter brought a tray
And so it was that later
As the miller told his tale
That her face at first just ghostly
Turned a whiter shade of pale.

Lennon/McCartney haben in mehreren Songs (*Lucy in the sky with diamonds*; *Penny Lane*; *Happiness is a warm gun*; *I am the walrus*; *Cry baby cry*; etc.) die Bereiche von Phantasie Traum berührt; gern spielen sie dabei mit Farben und Klängen.[2] *A day in the life* (1967) ist ein Traum, der nüchtern, obgleich etwas verworren beginnt – mit der Wirkung eines Zeitungsberichts über einen Autounfall:

I read the news today, oh boy,
About a lucky man who made the grade
And though the news was rather sad
Well I just had to laugh
I saw the photograph
He blew his mind out in a car
He didn't notice that the lights had changed . . .

Und dem Besuch eines Films:

I saw a film today, oh boy . . .

Unterbrochen – auch musikalisch – wird der Strom der Gedanken von einer konkreten Sequenz, die das Aufwachen (woke up, fell out of bed), Aufstehen und den Weg zum Bus zeigt und wieder im Traum endet:

Found my way upstairs and had a smoke,
Somebody spoke and I went into a dream . . .

In der letzten Strophe wandert der Traum zu absurden Überlegungen und Gedankensplittern:

I read the news today, oh boy,
For thousand holes in Blackburn, Lancashire
And though the holes were rather small
They had to count them all
Now they know how many holes it takes to fill the Albert Hall.

Die dahinfließende letzte Zeile wird von dem klaren, simplen Refrain »I'd love to turn you on« abgelöst, einer fast unübersetzbaren Phrase – vielleicht Aufforderung zur Drogenerfahrung, vielleicht Einladung, an der Traumwelt des Songs teilzuhaben. Die überwältigende, verzaubernde Wirkung gerade dieses Beatles-Songs erklärt sich nicht zuletzt aus der äußerst geglückten Verbindung von Text und Musik. Richard Goldstein hat deren Bedeutung in großen, aber treffenden Worten beschrieben, die ich hier zitieren möchte: ». . . der Druck von ›A Day in the Life‹ wird verstärkt durch das unglaublichste orchestrale Sperrfeuer, das je eine Popkomposition geschmückt hat. Da sind träge Rhythmen, bedrohende Akkorde und ein unerträgliches Crescendo (vom ganzen Orchester ausgeführt), gefolgt von sanftem, summenden Schall.«[3]

Visionen von Chaos, Untergang und Hoffnung in Bildern und Symbolen

Oh a storm is threatening my very life today
If I don't get some shelter I'm gonna fade away.

Dieser Vers aus Jagger/Richards *Gimme Shelter* (1969) soll Furcht, Bedrohung, Schutzbedürfnis ausdrücken; er tut das nicht in Form einer direkten Aussage – etwa »auf mich kommen Probleme zu, die ich nicht allein bewältigen kann« – sondern mit dem Symbol des Sturms, das vielleicht weniger präzis in der Mitteilung von Fakten ist, das dafür aber durch seine nicht eingegrenzte Bedeutungsbreite das Gefühl der Angst und der drohenden Gefahr um so eindringlicher, stimmungsvoller und kräftiger ausspricht.
Zu allen Zeiten sind Sturm und Naturgewalten in Folklore und Literatur als Symbol eingesetzt worden. Shakespeare hat das Symbol des Sturms

in mehreren Dramen ausgeschöpft, meist kündigt an, begleitet oder initiiert es – wie in *König Lear*, *Julius Caesar* oder *Der Sturm* – die Zerstörung von Ordnung und das Aufkommen von Chaos und Verderben.[4] Die Ahnung von Verderben und Unglück ließ auch einige Jahrhunderte später der Bluessänger Robert Johnson in dem archaischen Symbol des aufkommenden Windes greifbar werden:

> I can tell the wind is rising, the leaves trembling on the trees.[5]

Die Untergangssymbolik von Unwettern und Naturgewalten verknüpft John Fogerty in *Bad Moon Rising* (1968) mit dem Symbol des Mondes, hier eines »bösartigen« Mondes, der Katastrophen und Zusammenbruch anzeigt:

> I see a bad moon rising, I see trouble on the way
> I see earthquakes and lightnin', I see bad times today . . .
>
> I hear hurricanes a-blowin', I know the end is comin' soon
> I fear rivers overflowin', I hear the voice of rage and ruin.
> Don't go 'round tonight, it's bound to take your life,
> There's a bad moon on the rise.

Die Bedeutung des Mondes als Einfluß auf Naturereignisse, das Wetter oder das persönliche Befinden der Menschen ist vor allem in ländlichen Kulturen – aus Aberglauben oder aus langjähriger »Bauernweisheit« – hoch eingeschätzt worden. Fogerty hat zahlreiche seiner Songs in der ländlichen Umgebung des amerikanischen Südens spielen lassen; *Bad Moon Rising* demonstriert seine heimatliche Verwurzelung. Er nutzt Phänomene aus der Natur und dem Landleben als Symbole einer Vision des Schreckens.

In *All Along the Watchtower* (1968) verwendet Bob Dylan das Heulen des Windes und das Jaulen einer Wildkatze in einer düsteren geheimnisvollen Szene zur Stimmungsuntermalung:

> Outside in the distance a wildcat did growl,
> Two riders were approaching, the wind began to howl.

Wir erfahren nichts über die Identität und Absicht der beiden Reiter; vielleicht sollen sie zusammen mit den Naturgeräuschen symbolische Vorboten des drohenden Zusammenbruchs einer Welt sein, die Dylan in der ersten Strophe im Dialog zweier Symbolfiguren – des Narren und des Diebes – zeigte, einer Welt, in der Chaos, Verwirrung und verkehrte Wertvorstellungen regieren:

»There's too much confusion, I can't get no relief.
Businessmen, they bring my wine, plowmen dig my earth,
None of them along the line know what any of it is worth.«

Untergang und Ende werden von Songschreibern in vielen verschiedenen Symbolen und Bildern gesehen. Keith Reid bedient sich in Procol Harums *Homburg* (1969) der Symbolik von Uhr und Zeit – in der Stunde des Untergangs verschlingen sich die rückwärts laufenden Zeiger gegenseitig und jeden, der es wagt, die Uhrzeit abzulesen. Dazu läßt Reid Sonne und Mond erschaudern und in einem unübersetzbaren Wortspiel Wegweiser aufhören, den Weg zu weisen:

The town clock in the market square
Stands waiting for the hour
When its hands, they both turn backwards,
And on meeting will devour
Both themselves and also any fool
Who dares to tell the time
And the sun and moon will shudder
And the signposts cease to sign.

Diese Vision vom Ende der Zeit verbildlicht eine verzweifelte private Situation, die im Refrain an Äußerlichkeiten festgemacht wird:

Your trouser cuffs are dirty
Your shoes are laced up wrong
You'd better take off your homburg
'Cause your overcoat is too long.

Die schmutzigen Hosenumschläge, die falsch geschnürten Schuhe, der zu lange Mantel lassen auf persönliches Versagen, auf den Zusammenbruch der eigenen Welt und vielleicht auch auf gesellschaftlichen Abstieg schließen – der Angesprochene soll von seinem Homburg, einem Statussymbol der Oberschicht, Abschied nehmen.
Um Abschied, ja eher Flucht geht es auch in Dylans *It's all over now, Baby Blue* (1965), das dem Titel nach vom Scheitern einer Liebesbeziehung erzählen könnte. Das von Dylan geschilderte Ende greift jedoch tiefer, es bedroht die Existenz, läßt höchstens die Chance eines raschen Aufbruchs zu:

You must leave now, take what you need, you think will last
But whatever you wish to keep, you better grab it fast
Yonder stands your orphan with his gun
Crying like a fire in the sun
Look out the saints are comin' through
And it's all over now, Baby Blue.

Das mysteriöse Bild des bewaffneten Waisen, der »wie ein Feuer in der Sonne« weint, zeugt von Gefahr und schuldhafter Verstrickung, die Warnung vor dem »Vorstoß« der Heiligen deutet auf eine endgültige Abrechnung am Jüngsten Tag hin. Dylan bringt das von allen Seiten hereinstürzende Ende in Bildern nahe – seekranke Seeleute rudern nach Hause, der Liebhaber hat seine Decken mitgenommen, der Teppich bewegt sich unter den Füßen:

All your seasick sailors, they are rowing home
All your reindeer armies, are all going home
The lover who just walked out your door
Has taken all his blankets from the floor
The carpet, too, is moving under you
And it's all over now, Baby Blue.

Doch der sich ankündigende Zusammenbruch scheint nicht das vollkommene Ende zu bedeuten, Dylan läßt einen Ausweg offen und beschließt den Song mit dem Aufruf zu einem neuen Beginn:

Strike another match, go start anew.

Dylans Visionen sind offen für vielerlei Interpretationen.[6] In *Desolation Row* (1965) stapeln sich Bilder und Assoziationen zu einem verwirrenden Traumtheater, in dem Dylan Charaktere aus vielen verschiedenen Epochen, Kulturen und Bereichen durcheinander auftreten läßt – Romeo und Cinderella, Kain und Abel und der Glöckner von Notre Dame, Eliot und Pound auf der »Titanic«, Einstein als »Penner« etc. Gemeinsam repräsentieren sie Chaos und das Aufbrechen fester Werte, ihre gemeinsame Bühne ist die Gasse der Verelendung, Verwüstung und Einsamkeit – *Desolation Row*:

Einstein, disguised as Robin Hood
Whith his memories in a trunk
Passed this way an hour ago
With his friend a jealous monk
He looked so immaculately frightful
As he bummed a cigarette
Then he went off sniffing drainpipes
And reciting the alphabet
Now you would not think to look at him
But he was famous long ago
For playing the electric violin
On Desolation Row . . .

Dylan hat auch versucht, eine paradiesische Welt ohne Angst und Chaos zu beschreiben. In *Gates of Eden* (1965) gelingt ihm das nur bedingt; er kann nur feststellen, was es im Garten Eden nicht gibt – die irdischen Grausamkeiten und Unzulänglichkeiten. Und so widmet er sich wieder der Welt vor den Toren, der Kleinlichkeit, der Vergänglichkeit der Menschen und ihrer Erkenntnisse und Überlieferungen. Das Land hinter den Toren von Eden wird nur kurz am Ende jeder Strophe als »Gegenpol« erwähnt und bleibt im Nebel:

The kingdoms of Experience
In the precious wind they rot
While paupers change posessions
Each one wishing for what the other has got
And the princess and the prince
Discuss what's real and what is not
It doesn't matter inside the Gates of Eden.

Dylans Visionen brauchen nicht Untergang, Furcht und Verderben zu signalisieren, *When the Ship Comes In* (1963) gibt in der symbolischen Landung des Rettung und Befreiung bringenden Schiffes Hoffnung und Zuversicht:

Oh the time will come up
When the winds will stop
And the breeze will cease to be breathin'.
Like the stillness in the wind
'Fore the hurricane begins,
The hour when the ship comes in.

Oh the seas will split
And the ship will hit
And the sands on the shoreline will be shaking
Then the tide will sound
And the wind will pound
And the morning will be breaking.

Die Symbolik ist vertraut – der Wind (hier der abflauende), der anbrechende Morgen, die Andeutung des alttestamentarischen Zuges der Israeliten in die Freiheit. Religiöse Bezüge sind offensichtlich, die Ankunft des Schiffes verheißt die Erlösung von einem Joch – die Thematik erinnert an zwei Weihnachtslieder, das deutsche *Es kommt ein Schiff geladen*, das Dylan aber wohl kaum gekannt haben wird, und das englische *I saw three ships*:[7]

I saw three ships a-sailing there,
  A-sailing there, a-sailing there,
Jesu, Mary and Joseph they bare
  On Christ's Sunday at morn . . .

O they sail'd in to Bethlehem!
  To Bethlehem, to Bethlehem;
Saint Michael was the steresman,
  Saint John sate in the horn.

Biblische Vergleiche finden sich auch in der letzten Strophe, wenn die Vernichtung der überraschten Feinde geschildert wird:

Then they'll raise their hands
Sayin' we'll meet all your demands,
But we'll shout from the bow your days are numbered.
And like Pharaoh's tribe,
They'll be drowned in the tide,
And like Goliath, they'll be conquered.

When the Ship Comes In stammt aus der Zeit, in der Dylan besonders stark politisch engagiert war und sich in zahlreichen Songs für gesellschaftlich unterprivilegierte und mißachtete Bevölkerungsgruppen einsetzte; dazu zählt auch das programmatisch betitelte *Chimes of Freedom* (1964) – »Freiheitsgeläut«:

Far between sundown's finish an' midnight's broken toll
We ducked inside the doorway, thunder crashing
As majestic bells of bolts struck shadows in the sounds
Seeming to be the chimes of freedom flashing
Flashing for the warriors whose strength is not to fight
Flashing for the refugees on the unarmed road of flight
An' for each an' ev'ry underdog soldier in the night
An' we gazed upon the chimes of freedom flashing.

Hier symbolisieren Donner und Blitzen nicht Schrecken, sondern trotzigen Optimismus. Dylan spricht wiederum eine mächtige, rhythmische, dramatische Sprache mit überraschenden Bildern (bell of bolts); das Erlebnis eines Naturereignisses wird zu einer Vision, die allen Unterdrückten, Ängstlichen, Unglücklichen, Ausgestoßenen, Abgeschriebenen und Mißbrauchten Trost spenden und Mut machen soll:

. . . Tolling for the rebel, tolling for the rake
Tolling for the luckless, the abandoned an' forsaked
Tolling for the outcast, burnin' constantly at stake . . .

. . . Tolling for the aching ones whose wounds cannot be nursed
For the countless confused, accused, misused, strung-out ones and worse
An' for every hung-up person in the whole wide universe
An' we gazed upon the chimes of freedom flashing.

Nicht so universal, aber sicher nicht weniger überzeugend, ist das Trostversprechen, das Paul Simon in dem sehr persönlich gehaltenen *Bridge over troubled water* (1969) ablegt. Der Erzähler will Sicherheit, Hilfe und Zuversicht schenken und bekräftigt das in einem klaren schönen Vergleich – er will wie eine Brücke über einen aufgewühlten Strom sein:

When you're weary, feeling small,
When tears are in your eyes,
I will dry them all,
I'm on your side.
Oh when times get rough and friends just can't be found,
Like a bridge over troubled water
I will, lay me down . . .

War im Begriff »troubled water« die bedrohende Kraft des Windes schon angedeutet, so kehren wir zum Schluß ganz zu Sturm und Unwetter als Symbolen für Gefahren und Schwierigkeiten zurück. In *You'll never walk alone*[8] aus dem Musical *Carousel* (1945) von Rodgers und Hammerstein wird diese Symbolik aufgegriffen, allerdings nicht um Schrecken, sondern um Optimismus zu verbreiten, um – vielleicht beeinflußt von frischen Eindrücken des Zweiten Weltkrieges – zu beweisen, daß Selbstvertrauen, Furchtlosigkeit, Ausdauer, Zuversicht und Gemeinsamkeit jeden Sturm, gleich welcher Art, überstehen helfen:

When you walk through a storm, hold your head up high,
And don't be afraid of the dark.
At the end of the storm is a golden sky,
And the sweet silver song of a lark.
Walk on through the wind, walk on through the rain,
Tho' your dreams be tossed and blown,
Walk on, walk on, with hope in your heart,
And you'll never walk alone, you'll never walk alone!

– moralische »Aufrüstung« in einem wahrlich zeitlosen Pop-Song der vierziger Jahre!

9. Abschließende Gedanken

We keep ourselves in touch with a mere dime:
Distorting hackneyed words in hackneyed songs
He turns revolt into a style, prolongs
The impulse to a habit of the time.

Whether he poses or is real, no cat
Bothers to say: the pose held is a stance,
Which, generation of the very chance
It wars on, may be posture for combat.
(aus ›Elvis Presley‹[9] von Thom Gunn)

Thom Gunns Betrachtungen aus den fünfziger Jahren – ausgelöst durch eine Elvis-Platte in der Musik-Box einer Bar – bringen viel Typisches neuerer Populärmusik zum Vorschein, das heute so gültig ist wie vor zwanzig Jahren: Kontakt mit dem Künstler besteht selten unmittelbar, sondern durch die kommerzielle Auswertung über ein Medium, doch ist diese Kontaktmöglichkeit allgemein verfügbar; viele Texte und Melodien sind mit Klischees beladen, abgedroschen, so banal und alltäglich wie die Erfahrungen, Bedürfnisse und Wünsche ihres Publikums; Aufrührerisches wird zu einer zeitbedingten Mode stilisiert, in der die Grenzen zwischen ehrlicher Überzeugung und gestellter Pose verschwimmen. Bei aller spürbaren Ungewißheit über die Bedeutung des Phänomens Rock 'n' Roll hat Gunn die jugendliche Herausforderung an die Älteren, die sich der Rockmusik als Symbol und teilweise als Sprachrohr bediente, vorausgeahnt – es zeigte sich, daß oft allein schon Posen der Rockmusik herausforderten, daß gleichwohl oft genug die Herausforderung zur bloßen Pose gefror.
Populärmusik scheint seit jeher ein beträchtliches »aufrührerisches«, »anti-autoritäres« Potential enthalten zu haben, wie zahlreiche abwehrende Reaktionen und Maßnahmen offenbaren. Denken wir an die Unterdrückung oder wenigstens »Entschärfung« heidnischer Riten, Bräuche und Tänze im Mittelalter, denken wir an die Verbannung fahrender Balladensänger aus vielen Städten, an die Warnungen vor dem schlechten Einfluß der Straßenlieder, an die Säuberung und Verbürgerlichung der profanen, »unmoralischen« Music-Hall, an die immer wiederkehrenden Appelle des weißen Bürgertums gegen die Gefahren afro-amerikanisch geprägter Populärmusik unseres Jahrhunderts – des Dixieland Jazz in den zwanziger, des Swing in den dreißiger, des Rock 'n' Roll in den fünfziger, des Beat in den sechziger Jahren.

Heute sind solche Reaktionen selten geworden, Popmusik ist als Wirtschafts-, Unterhaltungs- und Kulturzweig akzeptiert. Sie bietet sich dem Betrachter wie dem Konsumenten als weites, schwer überschaubares Feld dar, übersät von den verschiedensten Stilen und Richtungen, Trends und Werbekampagnen; mal stellt und erfüllt sie hohe künstlerische Ansprüche, oft bleibt sie ein durchschnittlicher Gebrauchsartikel, mal versprüht sie Originalität, Ideen und Phantasie, oft wiederholt sie gängige Klischees, mal ist sie beherrscht von echter Überzeugungskraft und ehrlichem Engagement, oft verliert sie sich in Belanglosigkeit, Äußerlichkeit, Eitelkeit. Popmusik erlaubt heute keine verallgemeinernden Schlüsse, wie sie einst Thom Gunn in seiner Reflexion über Elvis Presley zog; Popmusik repräsentiert nicht exklusiv eine abgrenzbare Altersgruppe oder Schicht, sie spricht viele Sprachen.
Ich habe mich bemüht, einen Überblick über wichtige Formen angloamerikanischer Populärmusik zu geben und zu untersuchen, welche Intentionen und Themen ihre Texte auf welchen Wegen, mit welchen Mitteln ausdrücken. Dabei haben wir viele Arten des Ausdrucks vorgefunden; es gibt keine einheitliche ›Poesie‹ des Rock, sondern die ›Poesien‹ vieler Songs, von direkten ungeschliffenen Ausrufen bis zu durchgebildeten Song-Gedichten. Aber gemeinsam sollten sie die Fähigkeit besitzen, Menschen, Zeit und Gesellschaft zu spiegeln, Sprachrohr für Gedanken, Wünsche, Gefühle und Stimmungen sein. Natürlich mußte ein Buch in einem solch weiten, relativ unerschlossenen Feld vieles offenlassen, konnte nicht alle Fragen klären. Einige der angesprochenen Autoren wie Dylan, Silverstein, Newman, Mitchell, Kristofferson, Jackson Browne, R. Johnson, Springsteen und andere, auch neu hervortretende, verlangen ausführlichere Auseinandersetzung. Die Verwendung volkstümlicher Mythen und Bilder in der Populärmusik, die Herausbildung neuer Mythen und Symbole, die Rolle von Komik, Humor, Nonsense und Klangposesie – das sind, neben vielen anderen, Bereiche, die eine Beschäftigung mit dem Thema Populärmusik in der Zukunft erkunden könnte. Will man die Wirkung und Bedeutung von Populärmusik richtig einschätzen, darf man jedoch bei aller Konzentration auf die Texte nicht vergessen, daß Songs musiziert, vorgetragen, gesungen werden und zunächst nicht als Lektüre gedacht sind. Ein Schrei, ein Seufzen, ein *Come On* oder *Oh Baby* kann mehr aussagen, tiefer dringen als manch ausgeklügelte Strophe. Gerade die Populärmusik unserer Zeit lebt von Gefühlen, Stimmungen und Bewegung, sie kann Harmonie und Trost bringen, Spannungen aufbauen und entladen oder einfach – und nicht zuletzt – Spaß erzeugen; im Idealfall als Zusammenspiel von Musik und Text:

A little bit of urban rock,
Sing everybody have a ball
A little bit of urban rock 'n' roll

Don't do you no harm
Do you no harm
Do you no harm at all . . .

(aus *A little bit of Urban Rock* (1971) von Stamp/Avery/Bramley für die englische Rockgruppe Third World War.)

10. Anmerkungen

Einführung

1 zit. nach Nat Hentoff: The Playboy Interview, in: *Playboy*, March 1966, wiederveröffentlicht in: Craig McGregor (Ed.): *Bob Dylan, a retrospective*, New York 1972, Sydney und London 1973, S. 54f

2 Unter »Kultur« verstehe ich die Summe der für einen Kulturkreis oder eine gesellschaftliche Gruppe verbindlichen und typischen Institutionen, Bräuche, Geräte, Normen, Vorlieben, Bedürfnisse, Werte und Verhaltensweisen und die Art, wie sie sich in Denken, Sprache, Musik, Literatur und anderen Formen ausdrücken (vgl. H. Schoeck: Kleines Soziologisches Wörterbuch, Freiburg 1969)

3 Charlie Gillett: *The sound of the City*, New York, 1970, London (Sphere Books) 1971; Michael Gray: *Song and Dance Man, The Art of Bob Dylan*, London 1972, 1973 (Abacus Edition); Jon Landau: *It's Too Late To Stop Now*, A Rock and Roll Journal, San Francisco, 1972; Greil Marcus: *Mystery Train*, Images of America in Rock 'n' Roll Music, New York 1975 (Dutton Paperback) 1976; Klaus Kuhnke/Manfred Miller/Peter Schulze: *Geschichte der Pop-Musik*, Band 1 (bis 1947), Bremen 1976

4 Andere wichtige Zeitschriften: *Melody Maker, New Musical Express* (England), *Creem, Crawdaddy* (USA). Einige hervorragende ›ältere‹ Artikel sind gesammelt erschienen in: Jonathan Eisen (Ed.): *The Age of Rock*, Sounds of the American Cultural Revolution, New York 1969, Volume Two, 1970

5 vgl. Vorlesungsverzeichnisse deutscher Universitäten

6 V. de Sola Pinto/A. Rodway (Eds.): *The Common Muse*, An Anthology of Popular British Ballad Poetry 15th–20th Century, London 1957, Penguin Edition 1965, S. 13

7 Unter Wirklichkeit verstehe ich die tatsächlichen Bedingungen und Erfahrungen

8 Ich gebrauche in meiner Arbeit durchweg den Begriff »Song«, da »Lied« als Volks- und Kunstlied eine typische deutsche Musikform beschreibt

9 vgl. A. Lomax/R. Abdul (Ed.): *3000 Years of Black Poetry*, New York 1970, S. XIXff

10 vgl. R. Nettel: *A Social History of Traditional Song*, London 1969, S. 77ff

11 Robert Christgau: Rock Lyrics Are Poetry (Maybe), in: Eisen, *Age of Rock*, S. 231

12 zit. nach J. Reeves: *The Idiom of the People*, London 1958, 1961, S. 31

13 zit. nach E. Sackheim (Ed.): *The Blues Line*, A Collection of Blues Lyrics, New York 1969, Schirmer Paperback 1975, S. 219

14 Reeves: *Idiom of the People*, a. a. O., S. 31

1. Zur Tradition der Populärmusik . . .

1 M. Hodgart (Ed.): *The Faber Book of Ballads*, London 1965, S. 1. Hodgart versteht unter der ›Großen Tradition‹: »die Summe der Kenntnisse und Fertigkeiten der schöpferischsten und gebildetsten Mitglieder einer Zivilisation: sie schließt die Sprache der Naturwissenschaften, der Religion, des Rechts und der Bildung ein, genauso wie ›ernste‹ Literatur« (ebenda). Ich kann die Idee von der »Great Tradition« hier nicht weiter diskutieren, melde aber starke Bedenken gegen die akademische Exklusivität dieser Auslegung an. Mir erscheint die Trennung von »Kulturerbe« und »Volk« zu willkürlich: Z. B. haben »klassische« Autoren wie Shakespeare, Marvell, Congreve, Swift, Byron, Dickens, Kipling und Yeats »ballads« geschrieben, und das sicher nicht nur, um zeitlose Kunstwerke zu schaffen, sondern um zeitbezogene Aussagen zu machen. (Siehe: de Sola Pinto/Rodway: *The Common Muse*, a. a. O., S. 36ff)

2 Ich richte mich nach dem soziologischen Schichtungsmodell, das die Gesellschaft grundsätzlich in Unterschicht, Mittelschicht und Oberschicht aufteilt (vgl. H. Schoeck: *Kleines Soziologisches Wörterbuch*; a. a. O.)

3 Edward Lee: *Music of the People*, A Study of Popular Music in Great Britain, London 1970, S. IX

4 vgl. de Sola Pinto/Rodway: *Common Muse*, a. a. O., S. 21

5 vgl. Stuart Hall/Paddy Whannel: *The Popular Arts*, London 1964, S. 52

6 vgl. Hodgart: Faber Books, a. a. O., S. 18f

7 vgl. Christopher Hill: *Reformation to Industrial Revolution*, London 1967, (Pelican Edition 1969), S. 84

8 vgl. G. M. Trevelyan: *English Social History, Harmonds*worth 1967, (Pelican Edition), S. 302

9 vgl. *dtv-Atlas zur Weltgeschichte*, München

10 vgl. Eric J. Hobsbawm: *Industrie und Empire I*, Britische Wirtschaftsgeschichte seit 1750, Frankfurt 1969, S. 55

11 vgl. Roy Palmer (Ed.): A Touch On The Times, Songs of Social Change 1770 to 1914, Harmondsworth 1974, S. 80

12 vgl. Hobsbawm; Industrie und Empire II, a. a. O., S. 164f

13 vgl. Hodgart: Faber Book, a. a. O., S. 11

14 E. P. Thompson: *The Making of the English Working Class* (Pelican Edition), Harmondsworth 1968, S. 447

15 Strafen für »beggars« und »vagrants« waren hart. Unter Heinrich VIII. wurden sie nach einem Gesetz von 1531 »nackt an das Ende eines Karrens gebunden und mit Peitschen durch den Marktflecken oder einen anderen Ort geschlagen, bis sein Körper dadurch blutig sei« (zit. nach Nettel: *Traditional Song*, a. a. O., Seite 98). 1547 konnten sie unter Edward VI. sogar in die Sklaverei gezwungen werden (vgl. Nettel, S. 98f)

16 Henry Chettle: *Kind Hart's Dreame*, 1965, zitiert nach Palmer, *Touch of the Times*, a. a. O., S. 12.

17 zit. nach Palmer: *Touch on the Times*, a. a. O., S. 12

18 Die wichtigste Sammlung mittelalterlicher Balladen stammt von F. J. Child: *The English and Scottish Popular Ballads*, 5 Bde, Boston 1882–98. Sie enthält keine ›street ballads‹; den Grund dafür sehen de Sola Pinto/Rodway in dem Einfluß von ›Romantic medievalism‹ im 19. Jh. und in ästhetischen und gesellschaftlichen Vorurteilen: »Die mittelalterliche Ballade konnte malerisch ge-

genannt und glaubhaft als Erzeugnis des ›Volkes‹ betrachtet werden. Die Straßenballade war in vulgärer Weise unromantisch, sie hatte wenig von dem wehmütigen Idealismus, den die Viktorianer als ›Dichtung‹ bezeichneten, und sie war ein Produkt der ›unteren Klassen‹. Überdies war sie zeitgenössisch.« (*Common Muse*, a. a. O., S. 15)

19 Hodgart: Faber Books, a. a. O., S. 20
20 De Sola Pinto/Rodway: Common Muse, a. a. O., S. 401 ff
21 ebenda, S. 38 f
22 ebenda, S. 155 ff
23 John Ashton (Ed.): *Modern Street Ballads*, London 1888, S. 399 ff
24 Palmer: Touch . . ., a. a. O., S. 318 ff
25 Nettel: *Traditional Song*, a. a. .O., S. 96 ff
26 zit. nach Lee: *Music*, a. a. O., S. 73
27 Thompson: *Making*, a. a. O., S. 64
28 zit. nach: Irwin Silber/Jerry Silverman (Eds.): *Hootenanny Song Book*, New York 1963, S. 55
29 Thompson: *Making*, a. a. O., S. 65 f
30 Hill: *Reformation*, a. a. O., S. 279
31 Ich kann hier die ländliche Folk-Song-Tradition nicht näher behandeln. Dazu siehe A. L. Lloyd: *Folk-Song in England*, London 1967, Panther Edition 1969
32 vgl. Thompson: *Making*, a. a. O., S. 485 ff
33 ebenda, S. 485 f
34 Lloyd: *Folk Song*, S. 317
35 Zu den Songs englischer Bergleute siehe ebenda S. 331 ff und A. L. Lloyd: *Come All Ye Bold Miners:* Ballads and songs of the Coalfields, London 1952
36 Lloyd: *Folk Song*, a. a. O., S. 325 f
37 ebenda, S. 329 f
38 zit. nach Karl Dallas (Ed.): *One Hundred Songs of Toil*, 450 years of workers' songs, London 1974, S. 119
39 zit. nach Palmer: *Touch on the Times*, a. a. O., S. 133
40 ebenda, S. 134
41 zit. nach Dallas: *Songs of Toil*, a. a. O., S. 185 ff
42 ebenda, S. 51 ff
43 vgl. Lloyd: *Folk Song*, a. a. O., S. 369, S. 376
44 zit. nach Nettel: *Traditional Song*, a. a. .O., S. 256 f
45 zit. nach Palmer: *Touch on the Times*, a. a. O., S. 240
46 vgl. Eric Partridge: *A Dictionary of Historical Slang*, (Pengiun Edition), Harmondsworth 1972
47 vgl. Palmer: *Touch on the Times*, a. a. O., S. 241
48 zit. nach Alan Lomax (Ed.): *The Penguin Book of American Folk Songs*, Harmondsworth 1964, S. 32
49 vgl. Lomax: *Penguin Book* . . ., a. a. O., S. 37; Kuhnke/Miller/Schulze, *Geschichte der Popmusik I*, S. 197 ff
50 Cecil J. Sharp (Ed.): *English Folk Songs from the southern Appalachians*, London 1917, 1932 Edition by Maud Karpeles, S. XXV
51 zit. nach Lomax: *Penguin Book* . . ., a. a. O., S. 11
52 zit. nach Hodgart: *Faber Book*, a. a. O., S. 34
53 zit. nach *Francis and Day's Hill-Billy Album No. 1*, London 1967, S. 44 ff
54 zit. nach Reeves: *Idiom of the People*, a. a. O., S. 186
55 zit. nach Lomax, *Penguin Book* . . ., a. a. O., S. 38

56 ebenda, S. 111
57 ebenda, S. 101
58 vgl. John Hope Franklin: *From Slavery to Freedom*, 3. Aufl., New York 1967, S. 59
59 vgl. V. Brandes/J. Burke: *USA – Vom Rassenkampf zum Klassenkampf*, München 1970, S. 13ff; Imanuel Geiss: *Die Afro-Amerikaner*, Frankfurt 1969, S. 26ff
60 Ein ›Black Code‹ von Mississippi verbot den Sklaven das Trommeln – vor allem weil dadurch geheime Signale und Aufrufe zur Rebellion weitergegeben werden konnten. In der Karibik und in Lateinamerika bestanden afrikanische Trommel- und Tanztraditionen ungebrochener fort, was z. B. die afro-kubanische Musik noch heute zeigt.
61 Paul Oliver: *The Story of the Blues*, London 1969, S. 9
62 vgl. LeRoi Jones: *Blues People*, New York 1963, S. 28f
63 vgl. Ernest Borneman, Roots of Jazz, in: Nat Hentoff/Albert J. McCarthy (Eds.): *Jazz*, New York 1959, S. 13ff
64 Lomax/Abdul: *Black Poetry*, a. a. O., S. XXIII
65 zit. nach Marshall W. Stearns: *The Story of Jazz*, New York 1956, S. 91 – Diese Aussage berücksichtigt nicht die Auswirkungen, die die westliche ›Zivilisation‹, Industriearbeit und moderne Produktionsmethoden auf das Leben und die Kultur der Afrikaner (hier besonders auf die Work-Songs) in den vergangenen zwanzig Jahren gehabt haben.
66 Jones: *Blues People*, S. 19
67 vgl. ebenda
68 Stearns: *Story*, a. a. O., S. 90
69 aus Allen/Ware/Garrison: Slave Songs of the United States, New York 1867, zit. nach Stearns; *Story*, a. a. O., S. 95
70 zit. nach Lomax/Abdul: *Black Poetry*, a. a. O., S. 200
71 Stearns: *Story*, a. a. O., S. 91
72 zit. nach Lomax: *Penguin Book . . .*, a. .a. O., S. 65
73 zit. nach ebenda, S. 60
74 zit. nach ebenda, S. 144
75 zit. nach Reeves: *Idiom of the People*, a. a. O., S. 32
76 zit. nach Lomax: *Penguin Book*, a. a. O., S. 38
77 Oliver: *Story of the Blues*, a. a. O., S. 11
78 zit. nach James Weldon Johnson/J. Rosamund Johnson: *The Books of American Negro Spirituals*, New York 1940, S. 38
79 zit. nach Lomax: *Penguin Book*, a. a. O., S. 82
80 Frederick Douglas, zit. nach Oliver: *Story of the Blues*, a. a. O., S. 10
81 zit. nach Silber/Silverman: *Hootenanny Song Book*, a. a. O., S. 43
82 Hall/Whannel: *Popular Arts*, a. a. O., S. 56
83 Richard Hoggart: *The Uses of Literacy*, London, 1957, (Pelican Edition) 1958, S. 226
84 zit. nach Lee, *Music*, a. a. O., S. 103f
85 zit. nach *Francis and Day's Popular Community Song Book*, Vol., a. a. O., S. 36
86 zit. nach Peter Davison (Ed.): *Songs of the British Music Hall*, New York 1971, S. 208f
87 zit. nach ebenda, S. 50ff
88 ebenda, S. 231

89 zit. nach ebenda, S. 204f
90 zit. nach ebenda, S. 128f
91 zit. nach R. Mander/J. Mitchenson: *British Music Hall*, A story in pictures, London 1965, Abbildung 133
92 zit. nach David Ewen: *History of Popular Music*, New York 1961, S. 21
93 zit. nach Lomax, *Penguin Book*, a. a. O., S. 63

2. ›Produzierte‹ Populärmusik

1 ›Proletarisch‹ gebrauche ich nicht in einem marxistisch-klassenkämpferischen Sinn, sondern einfach, um etwas zu kennzeichnen, das aus nicht-besitzenden, unterprivilegierten Gesellschaftsgruppen stammt.
2 Mitte des 19. Jahrhunderts konnten über $^3/_4$ der englischen Bevölkerung lesen und schreiben. Modernisierung im Druckerei- u. Vertriebswesen (z. B. durch W. H. Smith) sowie die Abschaffung von Zeitungssteuern erleichterten die Verbreitung billiger Romanhefte, Wochenzeitschriften mit Nachrichten über Sport, Politik, Verbrechen etc. und Tageszeitungen mit hohen Auflagen (z. B. Tit-bits, Answers, Daily Mail, Daily Express, Daily Mirror) auch bei den unteren Schichten. Siehe R. K. Webb: ›The Victorian Reading Public‹, in: Boris Ford (Ed.): *The Penguin Guide to English Literature*, Vol. 6., From Dickens to Hardy, Harmondsworth 1958, S. 205ff
3 vgl. Richard Mabey: Who called the English teacher daddy-O? Pop music and everyday life, in: Tony Cash (Ed.): *Anatomy of Pop*, (BBC Publications), London 1970, S. 87
4 vgl. S. 17 über die *street ballad*
5 Rural Economy in the Midlands, zit. nach: Palmer, Touch . . ., a. a. O., S. 13
6 Sherwin's Political Register, 15. September 1817, zit. nach: Thompson, *Making*, a. a. O., S. 445
7 Lloyd: *Folk Song*, a. a. O., S. 407
8 Mabey: *Who called* . . ., a. a. O., S. 87
9 ebenda, S. 87
10 vgl. Mabey, *Who called* . . ., a. a. O., S. 87f
11 vgl. Mander/Mitchenson, *Music Hall*, a. a. O., S. 20ff
12 ebenda, S. 30; vgl. auch entsprechende Beeinflussungen von Jazz-Texten durch die weiße Unterhaltungsindustrie Amerikas in den zwanziger und dreißiger Jahren; beschrieben in: Neil Leonard: *Jazz and the White Americans*, Chicago 1962, S. 97ff
13 vgl. Mander/Mitchenson, *Music Hall*, a. a. O., S. 35ff
14 Reklameschild des Songschreibers Charles K. Harris in Milwaukee, Wisconsin um 1880, zit. nach: Ewen, History a. a. O., S. 49
15 zit. nach Ian Whitcomb: *After the Ball*, London 1972, (Penguin Edition 1973), S. 3
16 Ewen, *History*, a. a. O., S. 49
17 Vgl. die Bedeutung des Polypols, Oligopols und Monopols der Filmindustrie für die Entwicklung des amerikanischen Films in: Dieter Prokop: *Soziologie des Films*, Neuwied 1970, S. 25ff, S. 71
18 siehe Kuhnke/Miller/Schulze: *Geschichte der Pop-Musik*, Bd. I, a. a. O., weiter: Untersuchungen über deutsche Schlager, besonders P. Czerny/H. P. Hofmann: *Der Schlager*, Berlin (Ost) 1968; Dietrich Kayser: *Schlager – Das*

Lied als Ware. Untersuchungen zu einer Kategorie der Illusionsindustrie, Stuttgart 1975

19 vgl. H. F. Mooney: Popular Music Since The 1920s: the significance of shifting taste, in: Eisen, *Age of Rock*, a. a. O., S. 9ff; Leonard, *Jazz and the white Americans*; Manfred Miller: Die zweite Akkulturation, ein musiksoziologischer Versuch zur Entstehung des Swing, in: *Jazzforschung I*, hrsg. von der Gesellschaft für Jazzforschung, Graz 1970, S. 148ff

20 zit. nach Mooney, *Popular Music*, a. a. O., S. 12, S. 26

21 vgl. Oskar Negt: *Soziologische Phantasie und exemplarisches Lernen*, Zur Theorie der Arbeiterbildung, Frankfurt 1971, (6., völlig überarb. Neuausgabe), S. 68, zum Begriff ›Kulturindustrie‹ s. Theodor W. Adorno: Résumé über Kulturindustrie, in: Dieter Prokop (Hrsg.): *Massenkommunikationsforschung*, Bd. 1: Produktion, Frankfurt 1972, S. 347–354

22 John Steinbeck: *Travels With Charley*, In search of America, New York 1962, S. 96

23 Hoggart, *Uses of Literacy*, a. a. O., S. 206ff

24 ebenda, S. 243f

3. Die Erhaltung und Ausprägung . . .

1 Unter ›Subkultur‹ verstehe ich die Kultur einer Gruppe von Menschen, die in Normen, Werten, Verhaltensweisen, Ausdrucksformen von der herrschenden Kultur abweicht

2 vgl. Hoggart: *Uses of Literacy*, a. a. O., S. 149ff. Dort beschreibt Hoggart die ›working-men's clubs‹, selbstverwaltete Clubs (mit ›pub‹ und musikalischer Unterhaltung) der ›working class‹, die es vor allem in den Industriegebieten Mittel- und Nordenglands seit der Mitte des 19. Jahrhunderts gibt

3 Zur Geschichte von Jazz und Blues, siehe: LeRoi Jones: *Blues People*, Negro Music in White America, New York 1963; Marshall W. Stearns: *The Story of Jazz*, New York 1956; Alfons M. Dauer: *Jazz – Die Magische Musik*, Bremen 1961; Kuhnke/Miller/Schulze: *Geschichte der Pop-Musik* Bd. I, a. a. O.

4 Jones, *Blues People*, a. a. O., S. 61

5 vgl. ebenda, S. 61

6 zit. nach ebenda, S. 65

7 siehe: John Hope Franklin: *From Slavery To Freedom:* A History of American Negroes, Franklin E. Frazier: *The Negro in the United States*, New York 1957, August Meier/Elliot M. Rudwick: *From Plantation to Ghetto*, An Interpretive History of American Negroes, New York 1966; Imanuel Geiss: *Die Afro-Amerikaner*, a. a. O., Brands/Bruke: Vom Rassenkampf zum Klassenkampf, a. a. O.

8 Jones: *Blues People*, a. a. O., S. 64

9 vgl. ebenda, S. 62

10 zu formalen Fragen siehe Kapitel 5

11 vgl. Kuhnke/Miller/Schulze: *Pop-Musik I*, a. a. O., S. 187ff

12 vgl. Manfred Miller: Magara – Oder das Glück, Angst zu haben, zur Sozialgeschichte des Blues, Manuskript zur Fernsehserie ›Sympathy For The Devil‹ des III. Programms des NDR 1971/72, S. 28

13 Alfons M. Dauer: *Jazz – Die Magische Musik*, Bremen 1961, S. 34

14 Albert King: auf der LP ›Life Wire/Blues Power‹, Stax SATS 1002, 1968, zit. nach Miller, *Magara*, a. a. O., S. 29
15 Huddie Ledbetter von der Bluebird-Schallplatte ›Good Morning Blues‹, zit. nach: Ralph J. Gleason (Ed): *Jam Session, An Anthology of Jazz*, London 1958, 1961, S. 16
16 siehe Dauer: *Jazz*, a. a. O., S. 33ff
17 Willie Dixon in einem Interview in: Melody Maker, July 3, 1971
18 Jones: *Blues People*, a. a. O., S. 104
19 vgl. Miller: Magara, a. a. O., S. 20
20 vgl. ebenda, S. 20
21 zit. nach Samuel Charters: *The Poetry of the Blues*, New York 1963, Avon Edition 1970, S. 170f
22 zit. nach Miller: Magara, a. a. O., S. 23
23 zit. nach Silber/Silverman: *Hootenanny*, a. a. O., S. 88ff
24 zit. nach Miller: Magara, a. a. O., S. 24
25 Von dem Bluessänger Will Shade aus Memphis, zit. nach Charters: *Poetry*, a. a. O., S. 30
26 *Born under a bad sign* von Booker T. Jones und William Bell
27 Tony Russell: *Blacks, Whites, and Blues*, London 1970, S. 77
28 zit. nach Charters: *Poetry*, a. a. O., S. 172f
29 zit. nach A. X. Nicholas (Ed.): *The Poetry of Soul*, New York 1971, S. 43f
30 zit. nach Russell: *Blacks*, a. a. O., S. 77
31 zit. nach Nicholas: *Poetry*, a. a. O., S. 64
32 Der Ursprung des Wortes ›Jazz‹ ist unbekannt. ›Jazz‹ oder ›Jass‹ bedeuteten im creolischen Dialekt soviel wie Geschlechtsverkehr und beschrieben die Tanzbewegungen der Afro-Amerikaner. Im 20. Jahrhundert (nachweislich seit 1914) setzte sich ›Jazz‹ als Bezeichnung für afro-amerikanische Musik fest. Vgl. Webster's New World Dictionary of the American Language, Cleveland/New York 1966
33 Jones: *Blues People*, a. a. O., S. 70f
34 Dauer: *Jazz*, S. 53
35 siehe M. W. Stearns: *Story*, a. a. O., S. 43
36 vgl. Jones: *Blues People*, a. a. O., S. 72
37 ebenda, S. 73
38 Jones: *Blues People*, a. a. O., S. 76
39 ebenda, S. 78
40 Leonard: *Jazz and the White Americans*, a. a. O., S. 11
41 ›Dixieland‹ war eine geringschätzige Bezeichnung für den ›alten Süden‹
42 vgl. Miller: *Zweite Akkulturation*, a. a. O., S. 153
43 Jones: *Blues People*, a. a. O., S. 97
44 Paul Oliver: *Blues Fell This Morning*, London 1960, S. 31f
45 zit. nach ebenda, S. 32f.
46 zit. auf der LP ›Breezy Stories‹ von Danny O'Keefe, Atlantic ATL 40480, 1973
47 Dauer: *Jazz*, a. a. O., S. 98
48 siehe ebenda, S. 99
49 siehe Miller: *Die Zweite Akkulturation*, a. a. O., S. 153ff
50 siehe Leonard: *Jazz and the White Americans*, a. a. O., S. 109ff
51 ebenda, S. 118f
52 vgl. Paul Hemphill: *The Nashville Sound*, Bright Lights and Country Music,

New York 1970, Ballantine Books Edition 1975, S. 77ff; Bill C. Malone: *Country Music USA*, Austin 1968, S. 3ff

53 zit. nach Lomax: *Penguin Book*, a. a. O., S. 137

54 zit. nach ebenda: S. 120

55 zur Bedeutung der ›road‹ in anglo-amerikanischer Populärmusik siehe Abschnitt 7

56 zit. nach Lomax: *Penguin Book*, a. a. O., S. 143

57 zit. nach Lomax: *Penguin Book*, a. a. O., S. 53

58 zit. nach ebenda, S. 122

59 zit. nach Lomax: *Penguin Book*, a. a. O., S. 41

60 Malone: *Country Music*, a. a. O., S. VIII.

61 vgl. Hemphill: *Nashville Sound*, a. a. O., S. 76ff

62 vgl. Malone: *Country Music*, a. a. O., S. 140ff

63 vgl. Malone: *Country Music*, a. a. O., S. 184ff

64 ›Hillbilly Fever‹, geschrieben 1950 von George Vaughn, zit. nach ebenda, S. 230

65 vgl. H. F. Mooney: *Songs, Singers and Society*, 1890–1954, in: American Quarterly, Fall 1954, a. a. O., S. 227ff

66 zit. nach Lomax: *Penguin Book*, a. a. O., S. 140

67 zit. nach Donald Myrus: *Ballads, Blues, and the Big Beat*, New York 1966, S. 50

68 zit. nach Lomax: *Penguin Book*, a. a. O., S. 139

69 zit. nach Silber/Silverman: *Hootenanny Song Book*, a. a. O., S. 93

70 Woody Guthrie: *Bound for Glory*, London 1969, Picador Edition 1974, S. 175

71 zit. nach ebenda, S. 285f und S. 9

72 zit. nach Silber/Silverman: *Hootenanny Song Book*, a. a. O., S. 22

4. Die Entwicklung einer jugendorientierten Popmusik . . .

1 Die sorgfältigste und ausführlichste Darstellung über die Geschichte der neueren Popmusik ist das Buch von Charlie Gillett: *The Sound of the City*. Es gibt eine Reihe von Büchern über die Entwicklung von Rock bzw. Pop, die mehr feuilletonistischen oder porträthaften Charakter haben. Zu empfehlen sind: George Melly: *Revolt into Style*, The Pop Arts in Britain, London 1970, Penguin Edition 1972; Nick Cohn: *Awopboploobopalobamboom*, Pop from the Beginning, London 1969; Jerry Hopkins: *The Rock Story*, New York 1970

2 vgl. Gillett: *Sound*, a. a. O., S. If

3 siehe David Riesman (with N. Glazer and R. Denny): *The Lonely Crowd*, A Study of the changing American Character, New Haven 1950. Erscheinungen von jugendlicher Teilkultur gab es auch schon früher, z. B. bei Modetänzen in den 20er Jahren und Swingmusik in den 30er Jahren; ›teen-agers‹ waren aber davon meist nicht betroffen, und außerdem hatten solche Erscheinungen noch nicht das Ausmaß der Jugendkultur der 50er und 60er Jahre

4 Wann Rhythm-and-Blues zum erstenmal als Rock 'n' Roll bezeichnet wurde, ist nicht klar. 1953 startete der Disc-Jockey Alan Freed auf einer Radiostation in Cleveland ein Programm mit R + B unter dem Namen ›Rock 'n' Roll Party‹. (Vgl. Gillet: *Sound*, a. a. O., S. 15f)
Schon in den 30er und 40er Jahren hatte ›to rock‹ die Slangbedeutung ›to sway, jump, stop, or swing to music, . . . to be excited or satisfied‹; ›roll‹ hat

die Slangbedeutung ›The act of coitus as enjoyed by the male‹ (H. Wentworth/ S. B. Flexner: *Dictionary of American Slang*, New York/Berlin 1960, 1967). Der Titel eines von einer schwarzen Sängerin gesungenen ›ribald ditty‹ aus den 20er Jahren lautet ›My Daddy Rocks Me With One Steady Roll‹ (zit. nach Langston Hughes: *The Big Sea*, New York 1945, S. 254).
Der Ausdruck Rock 'n' Roll hatte also sicherlich sexuelle Konnotationen; wahrscheinlich beschrieb er auch die Bewegungen beim Tanzen zu Rhythm-and-Blues.
Vgl. die Bedeutungsgeschichte von ›Jazz‹ in Kapitel 3

5 Gillett: *Sound*, a. a. O., S. 12

6 vgl. ebenda, S. 11 ff

7 vgl. ebenda, S. V ff

8 vgl. ebenda, S. 45 ff

9 Gillett: *Sound*, a. a. O., S. 291, vgl. auch Abschnitt 2

10 s. Czerny/Hoffmann: Der Schlager; Dietrich Kayser: Schlager; Peter Cole: Lyrics in Pop, in: Cash: *Anatomy of Pop*, a. a. O., S. 9 ff, S. 20 f

11 Gillett: *Sound*, a. a. O., S. 291

12 zit. nach Mooney: Popular Music, in Eisen: *Age of Rock*, a. a. O., S. 13

13 Melly: *Revolt*, a. a. O., S. 4

14 Melly: *Revolt*, a. a. O., S. 38

15 Gillet: *Sound*, a. a. O., S. 293

16 siehe Juergen Seuss/Gerold Dommermuth/Hans Maier: *Beat in Liverpool*, Frankfurt/Main 1965

17 dazu siehe Michael Braun: *Love Me Do*, The Beatles' Progress, Harmondsworth (Penguin) 1964; Hunter Davies: *The Beatles*, The Authorized Biography, London 1968; Peter McCabe/Robert D. Schonfeld: *Apple to the Core*, The Unmaking of the Beatles, New York 1972

18 Melly: *Revolt*, a. a. O., S. 4

19 siehe Melly: *Revolt*, a. a. O., S. 127 ff

20 Bei der Benutzung der Vergangenheitsform ist zu bedenken, daß die Entwicklung der Popmusik auch in den 70er Jahren weitergeht und keineswegs abgeschlossen ist

21 Ich gehe auf diese Thematik in Kapitel 6 näher ein

22 Ich habe die Betrachtung von Themenbereichen ausführlichen Interpretationen einzelner Autoren vorgezogen, da bei der großen Zahl der Songproduktionen eine einheitliche Wertung schlecht möglich ist und dazu eine lose Folge von Biographien den Gesamtblick auf die Breite der Popmusik noch weiter einengen würden. Daher wird in diesem Abschnitt die Bedeutung wichtiger Autoren und ihrer Songs nur kurz angerissen

23 Die Songs der Beatles sind gedruckt veröffentlicht in: Alan Aldridge (Ed.): *The Beatles' Illustrated Lyrics, Vols. I and II*, London 1969, 1970. Deutsche Taschenbuchausgabe: *The Beatles Songbook*, München 1971

24 John Lennon: *In His Own Write*, London 1964; und: *Spaniard in the Works*, London 1965, in einem Band erschienen als: *The Penguin John Lennon*, Harmondsworth 1966

25 siehe: *The Complete Nonsense of Edward Lear*, ed. by Holbrook Jackson, London 1947; Lewis Carroll: *Alice's Adventures in Wonderland* und: *Through the Looking Glass*, in der Penguin-Ausgabe: *The Annotated Alice*, ed. by Martin Gardner, Revised Edition 1970, weiterhin: *The Hunting of the Snark*

26 siehe: Spike Milligan: *The Goon Show Scripts*, London 1972, Sphere Books Edition 1973
27 zit. nach: *The Penguin John Lennon*, a. a. O., S. 46
28 siehe Kap. 6
29 Bob Dylan: *Writings and Drawings*, New York 1972, Panther Edition 1974. Dt. Ausgabe übersetzt von Carl Weissner, Frankfurt 1975
30 Zu Dylans Biographie und Bedeutung siehe Gray: *Song and Dance Man*; McGregor (Ed.): *Bob Dylan, a retrospective*; Anthony Scaduto: *Bob Dylan*, New York 1971, Abacus Edition London 1972
31 zit. nach Nat Hentoff: The crackin', shakin', breakin' sounds, in: New Yorker, Oct. 24, 1964, wiederveröffentlicht in McGregor: *Bob Dylan*, a. a. O., S. 15ff
32 Dazu siehe Gray: *Song and Dance Man*, a. a. O., S. 67ff
33 Nat Hentoff, The Playboy Interview, in McGregor: *Bob Dylan*, a. a. O., S. 54
34 Hoggart: *Uses of Literacy*, a. a. O., S. 227

5. Zur Form des Pop-Song

1 Paul Simon: *The 59th Street Bridge Song* (Feelin' Groovy), a. a. O., 1966
2 auf der LP ›Fresh Cream‹ (Polydor 623031)
3 u. a. auf der LP ›Aretha's Gold‹ (Atlantic 40036) oder in der Serie ›Star-Collection: Aretha Franklin (Midi 20016)
4 zit. nach de Sola Pinto/Rodway: *Common Muse*, a. a. O., S. 436
5 zit. nach: *The Poetical Works of Lord Byron*, Oxford Standard Authors, Edition, London 1945, S. 847
6 vgl. Kap. 1, Kap. 3
7 zit. nach Lomax: *Penguin Book*, a. a. O., S. 57
8 zit. nach Mander/Mitchenson: *Music Hall*, Abbildungen 43, 93, 152
9 zit. nach Richard Goldstein: *The Poetry of Rock*, New York, 1969, S. 32
10 vgl. Kap. 5
11 aus ›*The Ballad of John and Yoko*‹ von John Lennon (1969)
12 zit. nach Goldstein: *Poetry of Rock*, a. a. O., S. 109
13 aus: ›No Job Blues‹ von Ramblin' Thomas, zit. nach Sackheim: *Blues Line*, a. a. O., S. 94
14 Charles Keil: *Urban Blues*, Chicago 1966, S. 181
15 aus: ›Preaching Blues‹ von Robert Johnson, zit. nach Sackheim: *Blues Line*, a. a. O., S. 225
16 ›The Jolly Beggar‹, zit. nach de Sola Pinto/Rodway: *Common Muse*, a. a. O., S. 297
17 zit. nach Davison: *British Music Hall*, a. a. O., S. 75
18 ›The Hammer Song‹, zit. nach Lomax: *Penguin Books*, a. a. O., S. 92
19 vgl. Ian Whitecomb: *After The Ball*, a. a. O., S. 29, S. 147
20 siehe Kap. 6, S. 186ff. und S. 230ff.
21 zit. nach Lomax/Abdul: *Black Poetry*, a. a. O., S. 28
22 vgl. Kap. 1
23 zit. nach Lomax: Penguin Book, a. a. O., S. 69
24 siehe Kap. 6, S. 130

25 vgl. Shakespeares Anwendung dieses Mittels in einigen seiner Komödien, besonders in Midsummer Night's Dream, I, 2; III, 1 und V, 1; in Much Ado About Nothing V, 1 und in As You Like It V, 1
26 zit. nach Davison: *British Music Hall*, a. a. O., S. 155
27 1968 in einem Interview mit Rolling Stone, wiederveröffentlicht in: *The Rolling Stone Interviews*, New York 1971, S. 194
28 Ashton: *Modern Street Ballads*, a. a. O., S. 38ff
29 ›a floosie‹ ist ein ›leichtes‹ Mädchen, das sich von Männern aushalten läßt
30 Wentworth/Flexner: *Dictionary of American Slang*
31 Hodgart: *Faber Book*, a. a. O., S. 11
32 zit. nach Ashton: *Modern Street Ballads*, a. a. O., S. 38ff
33 zit. nach Palmer: *Touch on the Times*, a. a. O., S. 172
34 Interview in: Melody Maker, March 29, 1975
35 zit. nach Jann Wenner: *Lennon Remembers*, The Rolling Stone Interviews, Penguin Edition, Harmondsworth 1973, S. 29

6. Inhalt und Gestaltung anglo-amerikanischer Populärmusiktexte

1 zit. nach Nettel: *Traditional Song*, a. a. O., S. 78
2 Keil: *Urban Blues*, a. a. O., S. 26
3 Samuel Johnson: *Lives of the English Poets*, ed. by G. B. Hill, Volume I, Oxford 1905, S. 20
4 zit. nach: Helen Gardner (Ed.): *The Metaphysical Poets*, Harmondsworth 1966, S. 58
5 zit. nach de Sola Pinto/Rodway: *Common Muse*, a. a. O., S. 304f
6 zit. nach R. Vaughan Williams/A. L. Lloyd (ed.): *The Penguin Book of English Folk Songs*, Harmondsworth 1959, S. 14
8 vgl. Partridge: *Dictionary of Historical Slang*; vgl. auch den deutschen Ausdruck ›gebranntes Kind‹
9 siehe The Wife of Bath's Prologue and Tale in den *Canterbury Tales*
10 zit. nach Charters: *Poetry of the Blues*, a. a. O., S. 82
11 zit. nach ebenda
12 zit. nach Charters: *Poetry of the Blues*, a. a. O., S. 83
13 zit. nach Davison: *British Music Hall*, a. a. O., S. 140f
14 zit. nach Lomax: *Penguin Book*, a. a. O., S. 43
15 zit. nach Davison: *British Music Hall*, a. a. O., S. 106f
16 vgl. Kap. 2
17 zit. nach Sackheim: *Blues Line*, a. a. O., S. 29
18 zit. nach de Sola Pinto/Rodway: *Common Muse*, a. a. O., S. 327f
19 zit. nach de Sola Pinto/Rodway: *Common Muse*, a. a. O., S. 323f
20 zit. nach Lloyd: *Folk Song*, a. a. O., S. 321f
21 siehe zur Erklärung der Begriffe ebenda, S. 322f
22 zit. nach Sackheim: *Blues Line*, a. a. O., S. 218
23 zit. nach de Sola Pinto: *Common Muse*, a. a. O., S. 431
24 zit. nach ebenda, S. 422
25 zit. nach ebenda, S. 448f. ›The Ploughman‹ wurde von Burns in der Sammlung The Merry Muses herausgegeben.
26 zit. nach de Sola Pinto/Rodway: *Common Muse*, a. a. O., S. 453f
27 vgl. ebenda, S. 432ff

28 Pastorale Dichtung hat ihren Ursprung bei dem griechischen Dichter Theokrit (3. Jh. v. Chr.) und seinen römischen Nachahmern als Beschreibung des friedvollen, einfachen Schäferlebens. In der Renaissance wurde die pastorale Dichtung auf satirische und allegorische Zwecke ausgedehnt und von spanischen und italienischen Vorbildern im 16. und 17. Jh. in England als Prosa, Lyrik und Drama (z. B. Shakespeare *As You Like It* und *The Winter's Tale*) übernommen. Siehe dazu: William Empson: *Some Versions of Pastoral*, London 1935

29 zit. nach Williams/Lloyd; *English Folk Songs*, a. a. O., S. 74f

30 vgl. Charters: *Poetry*, a. a. O., S. 134ff

31 zit. nach ebenda, S. 136

32 zit. nach Sackheim: *Blues Line*, a. a. O., S. 80

33 zit. nach Dallas: *Songs of Toil*, a. a. O., S. 169ff

34 zit. nach Charters: *Poetry*, a. a. O., S. 150f

35 vgl. Mander/Mitchenson: *British Music Hall*, Abb. 48/49

36 vgl. Kap. 4

37 zit. nach Sackheim: *Blues Line*, a. a. O., S. 51

38 zit. nach Charters: *Poetry*, a. a. O., S. 53

39 zit. nach W. H. Auden: *Collected Shorter Poems*, 1927–1957, New York 1966, S. 146f

40 ›portmanteau word‹ ist ein von Lewis Carroll eingeführter Begriff für die Fusion zweier Worte in einem neuen Wort (hier aus ›fantastic‹ und ›fabulous‹). Siehe die Humpty Dumpty-Episode in ›Through the Looking Glass‹ (Annotated Alice, S. 270f)

41 Der Disco-Boom in den späten 70er Jahren zeigt die anhaltende bzw. wachsende Bedeutung der Populärmusik als modische, rein funktionale Tanzmusik

42 vgl. Nettel: *Traditional Song*, a. a. O., S. 110ff

43 zit. nach ebenda, S. 115

44 zit. nach Lomax: *Penguin Book*, a. a. O., S. 57

45 zit. nach: Noèl Coward: *Songs to Amuse*, London (Chappell), S. 23ff

46 de Sola Pinto/Rodway: *Common Muse*, a. a. O., S. 181f

47 Noch heute wird an englischen ›Public‹ und ›Grammar Schools‹ fast ausschließlich Cricket, Rugby und Hockey, an ›Secondary Modern Schools‹ dagegen meist Fußball gespielt

48 vgl. Melly: *Revolt*, a. a. O., S. 3ff

49 Ich glaube, daß Davies hier mit ›holiday‹ einen Urlaub und nicht nur einen freien Tag meint; ›I don't need no sedatives . . .‹ scheint mir auf einen längeren Aufenthalt hinzudeuten

50 zit. nach Davison: *British Music Hall*, a. a. O., S. 180

51 Eine englische Bekannte, die aus der ›working class‹ stammt, erzählte mir einmal, daß die ersten Worte, die sie nach dem Tode ihres Vaters aus der Beklommenheit heraus ihrer Mutter zur Aufmunterung sagen konnte, waren: »Let's put the kettle on, and we'll have a good cup of tea«

52 zit. nach de Sola Pinto/Rodway: *Common Muse*, a. a. O., S. 212f

53 Geoffrey Chaucer: The Canterbury Tales, Group A. The Prologue 371–378, in: *Complete Works*, ed. by W. W. Skeat, London 1912. Zitiert in der Übersetzung ins moderne Englisch von Nevill Coghill, Penguin Classics Edition 1971, S. 29

54 zit. nach Dallas: *Songs of Toil*, a. a. O., S. 35ff

55 zit. nach Williams/Lloyd: *Penguin Book*, a. a. O., S. 102

56 zit. nach Silber/Silverman: *Hootenanny Song Book*, a. a. O., S. 78
57 zit. nach Palmer: *Touch*, a. a. O., S. 168
58 siehe auch Kap. 5 S. 101
59 zit. nach Williams/Lloyd: *Penguin Book*, a. a. O., S. 56ff
60 zit. nach Hodgart: *Faber Book*, a. a. O., S. 219f
61 zit. nach Lomax: *Penguin Book*, a. a. O., S. 104
62 zit. nach Lomax: *Penguin Book*, a. a. O., S. 123
63 vgl. Melody Maker, December 6, 1975, S. 40: Rezension der LP ›Reefer Song‹ (Stash ST-100)
64 zit. nach de Sola Pinto/Rodway: *Common Muse*, a. a. O., S. 187f
65 Hoggart beschreibt die Wohngegenden der englischen Unterschicht so: »Für einen Besucher sind diese engen proletarischen Wohngegenden verständlicherweise deprimierend; straßenweise einförmige, häßliche Häuser . . .; schäbig, verwahrlost und in ständigem Halbdunst; eine Studie in schmutziggrauen Schattierungen ohne Grün und ohne das Blau des Himmels; um Stufen dunkler als der Norden oder Westen der Stadt, das ›bessere Ende‹. Ziegeln und Holz sind billig; das Holz wird zu selten angestrichen – Hauswirte achten nicht so auf die Erhaltung des Wertes ihres Besitzes wie Eigenheimbesitzer.» (*Use of Literacy*, S. 58f)
66 The Random House Dictionary of the English Language, New York 1968
67 ebenda
68 Random House Dictionary
69 Webster's Seventh New Collegiate Dictionary, Springfield, Mass. 1969
70 siehe Matthäus V. 13
71 vgl. Kap. 1
72 zit. nach *The Poems of Wilfred Owen*, ed. by Edmund Blunden, London 1931, 1962, S. 40f
73 vgl. de Sola Pinto/Rodway: *Common Muse*, a. a. O., S. 38ff
74 zit. nach Palmer: *Touch*, a. a. O., S. 324f
75 siehe u. a. Geiss: *Die Afro-Amerikaner*
76 Die 1909 gegründete NAACP (National Association for the Advancement of Colored People) ist die verbreiteteste politische Organisation der Afro-Amerikaner
77 zit. nach Nicholas: *Poetry*, a. a. O., S. VX
78 Zur politischen Aktivität der Afro-Amerikaner in den sechziger Jahren siehe Brandes/Burke: *Vom Rassenkampf zum Klassenkampf*; Geiss: *Die Afro-Amerikaner*
79 vgl. Kap. 4
80 ›kink‹ bedeutet im Standardenglisch soviel wie ›mental twist‹, ›crotchet‹ (zu deutsch Tick, Klaps). Einer Veröffentlichung ihres Musikverlages zufolge wurde der Name ›The Kinks‹ hergeleitet ›from the English hip-slang word for unusual, or far out, or freaky . . .‹
81 ›Top of the Pops‹ ist eine Bezeichnung für den im Moment erfolgreichsten ›pop song‹; zudem trägt eine wöchentliche Fernsehshow der BBC diesen Namen, in der nur die augenblicklichen Hits und ›aussichtsreiche‹ neue ›singles‹ gespielt werden (kleine Schallplatten mit meist zwei Titeln; von deren Verkaufsziffern werden die ›charts‹, die Hitlisten, zusammengestellt – Langspielplatten haben extra Listen)
82 vgl. Melly: *Revolt*, a. a. O., S. 8
83 Melody Maker, February 1, 1975

84 vgl. Melly: *Revolt*, a. a. O., S. 150f
85 Melly: *Revolt*, a. a. O., S. 151
86 de Sola Pinto/Rodway: *Common Muse*, a. a. O., S. 213f
87 ebenda
88 Bei Überlegungen über Rockmusik, Jugendkultur und Generationskonflikte darf auf keinen Fall die weiterhin dominierende Bedeutung der sozialen Unterschiede außer acht gelassen werden; dazu siehe Graham Murdock: Struktur, Kultur und Protestpotential. Eine Analyse des Jugendlichen-Publikums der Popmusik, in: Dieter Prokop (Hrsg.): *Massenkommunikationsforschung*, 2: Konsumtion, Frankfurt 1973, S. 275–294
89 zit. nach J. Bronowski (Ed.): *William Blake, A selection of poems and letters*, Harmondsworth 1958, S. 47

7. Ausgewählte Motive anglo-amerikanischer Populärmusiktexte

1 zit. nach Davison: *British Music Hall*, a. a. O., S. 192ff
2 zit. nach Palmer: *Touch of the Times*, a. a. O., S. 62ff
3 vgl. Kap. 1, 3 und 6
4 zit. nach de Sola Pinto: *Common Muse*, a. a. O., S. 159f
5 zit. nach ebenda, S. 199f
6 vgl. Kap. 1 und 3
7 zit. nach Lomax: *Penguin Book*, a. a. O., S. 143
8 siehe Kap. 3
9 Thompson: *Making of the English Working Class*, a. a. O., S. 807
10 zit. nach Dallas: *Songs of Toil*, a. a. O., S. 28f
11 zit. nach Palmer: *Touch*, a. a. O., S. 40f
12 zit. nach Williams/Lloyd: *Penguin Book*, a. a. O., S. 95
13 zit. nach Charters: *Poetry*, a. a. O., S. 53
14 zit. nach Silber/Silverman: *Hootenanny*, a. a. O., S. 15
15 zit. nach Lomax: *Penguin Book*, a. a. O., S. 125
16 zit. nach Charters, S. 99
17 zit. nach Charters: *Poetry*, a. a. O., S. 105
18 zit. nach Sackheim: *Blues Line*, a. a. O., S. 216
19 zit. nach ebenda, S. 223
20 zit. nach ebenda, S. 224
21 zit. nach A. Alvarez (Ed): *The New Poetry*, Harmondsworth 1962, 1966, S. 156f
22 Hoggart: *Uses of Literacy*, a. a. O., S. 68
23 siehe Kap. 3 über die Auswirkungen amerikanischer Popmusik auf England
24 Hall/Whannel: *Popular Arts*, a. a. O., S. 99
25 Hoggart: *Uses of Literacy*, a. a. O., S. 128

8. Aus der Erfahrung: Phantasien, Visionen, Symbole

1 Zu einer ausführlichen Erörterung der Begriffe ›Wirklichkeit‹ und ›Symbol‹ siehe Johannes Kleinstück: *Mythos und Symbol in englischer Dichtung*, Stuttgart 1964, S. 7–23
2 siehe Kap. 4 und 5
3 Goldstein: *Poetry of Rock*, a. a. O., S. 131f
4 siehe Kleinstück: *Mythos und Symbol*, a. a. O., S. 85ff
5 zit. nach Sackheim: *Blues Line*, a. a. O., S. 223
6 siehe Gray: *Song and Dance Man*, a. a. O., S. 228ff
7 zit. nach: *Oxford Book of Carols*, London 1928
8 zit. nach: *The Rodgers and Hammerstein Song Book*, New York 1958, S. 118ff
9 zit. nach Alvarez: *New Poetry*, a. a. O., S. 158

11. Nachwort

Da das Manuskript zu diesem Buch bereits Ende 1976 abgeschlossen wurde, möchte ich wenigstens einige kurze Worte über die letzten 2½ Jahre verlieren. Es versteht sich beinahe von selbst, daß ein solcher Überblick unvollständig, oberflächlich und letztlich unbefriedigend sein muß – er sollte deshalb nur als Kurzinformation angesehen werden.
Das Feld der Populärmusik hat sich noch mehr ausgeweitet und aufgesplittert; Produktion, Bedeutung und Rezeption haben noch stärker zugenommen, neue und scheinbar neue Strömungen, Stile und Moden haben sich aufgetan, haben, wenn nicht immer Massenerfolg, dann zumindest Aufmerksamkeit gefunden. Gleichzeitig ist besonders in den USA die Zahl von unpersönlichen Fließbandproduktionen von Rock- und Popmusik, die sich risikolos an einem standardisierten breiten Geschmack orientieren, gestiegen. Aber wer will über die unterschiedlichen Bedürfnisse, die die unterschiedlichen Qualitäten von Populärmusik erfüllen, urteilen? Es werden heute mit Sicherheit nicht weniger aufregende Songs geschrieben und gesungen als vor zehn Jahren, nur sind sie vielleicht im Riesenangebot eines expandierenden Industriezweiges schwieriger aufzufinden. Einige der Autoren, die wir auf den zurückliegenden Seiten genauer kennengelernt haben, haben sich in den vergangenen zwei Jahren durch LP's ausgezeichnet, die ihren früheren Veröffentlichungen nicht nachstehen: Bob Dylan, Bruce Springsteen, Randy Newman, Jackson Browne und David Bowie bewahren in ihren neuen Songs ihre persönlichen Qualitäten und begehen dabei oft und unerwartet neue faszinierende Wege. In ihrer Nachfolge traten einige jüngere Songschreiber hervor – Steve Forbert, der Erlebnisse und Eindrücke eines jungen Mannes erzählt, der aus dem ländlichen Süden ins brodelnde New York kommt; Warren Zevon, der bissig und einfühlsam den ach so locker dekadenten Lebensstil Kaliforniens porträtiert; und Tonio K., der in bitteren, zynischen Worten das Amerika der späten siebziger Jahre beleuchtet.
Neben Joni Mitchell, die sich in Bereiche verschlüsselter, bildbeladener Songlyrik zurückgezogen hat, sind andere Autorinnen gerückt – die Amerikanerin Rickie Lee Jones erzählt aus ihrer Erinnerung an Städte und Straßen spannungsreiche Slang-Geschichten; und Joan Armatrading, eine Britin westindischer Herkunft, schreibt und singt ungeheuer sensible Songs voller Schönheit, Stärke, Geheimnis und Feuer über Beziehungen, weibliches Selbstbewußtsein, Angst, Unsicherheit, Freude, Einsamkeit und Glück. Joan Armatrading ist bahnbrechend und nicht nur unter weiblichen Künstlern führend in der packenden Fusion ihrer Texte mit ihrer stilübergreifenden Musik.

Countrymusik, einmal aus dem traditionell-regionalen Getto des Südens ausgebrochen, hat stark an Bedeutung auch für die Rockmusik gewonnen. Zwar überwiegen klischee-beladene, manchmal offenherzige Geschichten aus dem amerikanischen Kleinbürgertum, aber Autoren wie Waylon Jennings, Willie Nelson, Guy Clark oder Joe Ely haben in ihren Songs ehrliche Erfahrungen und Träume von Außenseitern, Glückspilzen, Spielern und Angepaßten aus Stadt und Land verarbeitet. Country-Songs haben die ›Trucker‹, die Lastwagenfahrer Amerikas, zu Folk-Helden der siebziger Jahre gemacht – in der Folk-Tradition der ›journeymen‹, ›highwaymen‹, Cowboys und Hobos.
Die wohl meist publizierte neue Strömung erlebte ähnliche Abwehrreaktionen wie andere Formen der Populärmusik mit ›aufrührerischem‹ Potential – in Ablehnung der seelenlosen Giganterie und des technischen Perfektionismus, in die sich viele Rockgruppen verstiegen hatten, kehrten vor allem junge britische Musiker zu primitiven, ungestümen Spielweisen der frühen Beatmusik zurück, um gepaart mit provozierenden Moden und Verhaltensformen Verbitterung und Unmut über die Situation britischer Jugendlicher herauszuschreien, um Aggressionen abzulassen. Dabei stand Aktion über Inhalt, Texte der Sex Pistols (*God save the Queen*, *Anarchy in the U. K.*, *Pretty Vacant*) und der Clash (*White Riot*, *London's Burning*, *English Civil War*) sind oft aufeinandergetürmte pseudo-revolutionäre Schlagwörter. Nach anfänglichem Zögern setzte auch bei den sogenannten ›punk‹-Gruppen der Vermarktungsprozeß der Musikindustrie in vollem Umfang ein und löste die Mechanismen aus, die ich einige Seiten zuvor noch einmal zusammengefaßt habe: Aufrührerisches wird zur zeitbedingten Mode, Herausforderung zur leeren Pose. Ohne jeden Zweifel hat aber die ›neue Welle‹ aus alten Quellen frischen Wind in die Rockmusik getragen, ein weites Feld für die verschiedensten Richtungen geöffnet: in Großbritannien für die präzisen, sinnlichen Songs von Tom Robinson, der die Lage der englischen Jugend beschreibt, politisch agitiert und aufmuntert, für die Großstadt-Songs der Jam, die Angst-Psychosen von Siouxsie and the Banshees, die tiefgründigen, anzüglichen Cockney-Wortspielereien von Ian Dury oder für die modernen Alltags- und Liebesgeschichten des Elvis Costello; in den USA für die Verbindung avantgardistischer Lyrik mit Rock bei Patti Smith und Tom Verlaine (Television), die Teenager-Songs der Ramones oder für die skurrilen Verse von Jonathan Richman (*Hey there little insect, I'm a little dinosaur*).
Einen ungeahnten Aufstieg erlebte die jamaikanische Reggae-Musik. Während sich bei den führenden Reggae-Künstlern wie Bob Marley, Peter Tosh, Jimmy Cliff, Third World, Burning Spear u. a. konkrete Schilderungen sozialer Not sehr oft mit vagen politischen und religiösen Traumgebilden vermengen, gehen in Großbritannien aufgewachsene Reggae-Autoren wie Steel Pulse und Lonton Kwesi Johnson direkter auf die Probleme ihrer sozialen Umwelt ein.

Ebenfalls afro-amerikanischen Ursprungs ist die kommerziell erfolgreichste Richtung der Populärmusik der letzten Jahre: die Disco-Musik, deren fast ausschließlich funktionaler Charakter (nämlich zum Tanzen da zu sein) sich auch auf ihre Texte überträgt. Diese erzählen naive Liebesabenteuer, protzen der Zeit gemäß unverhüllt mit Sex, spiegeln Äußerliches, Eitelkeiten und Ausflüchte der Disco-Welt und leider manchmal auch Gefühlskälte, die der am Fließband produzierten Musik entspricht. Dabei werden immer Offenheit und das Zeigen von Gefühlen wahre Merkmale von Rock-Poesie, von wirklich packenden, rollenden Worten sein – so wie es Joan Armatrading verlangt:

show some emotion, put expression in your eyes –
light up if you're feeling happy
but if it's bad then let your tears roll down . . .

Zum Schluß geht mein besonderer Dank für Rat, Hilfe, ›fun and recreation‹ an Cornelia Schmidt-Braul, Ulla Meinecke, Karsten Hoock, Jochen Brückner, Tom Garn, Thomas Volkinsfeld, Tibor Kneif, Alan Bangs, Nicolette Larson, Jeff Porcaro, Bob Seger, Bernhard Becker und Kevin Keegan.

Hamburg, im Juni 1979 *Peter Urban*

12. Bibliographie

Theodor W. Adorno: Résumé über Kulturindustrie, in: Dieter Prokop (Hrsg.): Massenkommunikationsforschung, 1: Produktion, Frankfurt 1972 (Fischer Taschenbuch Bd 6151)
Alan Aldridge (Ed.): The Beatles' Illustrated Lyrics, Vols. I and II, London 1969, 1970 (Deutsch: The Beatles Songbook, München 1971)
A. Alvarez (Ed.): The New Poetry, Harmondsworth 1962
John Ashton (Ed.): Modern Street Ballads, London 1888
W. H. Auden: Collected Shorter Poems, 1927–1957, New York 1966
William Blake: A selection of poems and letters, ed. by J. Bronowski, Harmondsworth 1958
V. Brandes/J. Burke: USA – Vom Rassenkampf zum Klassenkampf, München 1970
Michael Braun: Love Me Do, The Beatles' Progress, Harmondsworth 1964
Lord Byron: The Poetical Works of Lord Byron, Oxford Standard Authors Edition, London 1945
Lewis Carroll: Alice's Adventures in Wonderland, und: Through the Looking Glass, in der Penguin-Ausgabe: The Annotated Alice, ed. by Martin Gardner, Revised Edition 1970
Samuel Charters: The Poetry of the Blues, New York 1963, Avon Edition 1970
Geoffrey Chaucer: The Canterbury Tales, in: Complete Works, ed. by W. W. Skeat, London 1912. Übersetzt ins moderne Englisch von Nevill Coghill, Penguin Classics Edition 1971
F. J. Child: The English and Scottish Popular Ballads, 5 Bde. Boston 1882–1898
Eldridge Cleaver: Soul on Ice, New York 1968
Nik Cohn: Awopbopaloobopalobamboom, Pop from the Beginning, London 1969 (Deutsch: AWopBopaLooBopAlopBamBoom Pop History, Reinbek 1971)
Peter Cole: Lyrics in Pop, in: Tony Cash (Ed.): Anatomy of Pop, BBC Publications, London 1970
Noel Coward: Songs to Amuse, London (Chappell)
P. Czerny/H. P. Hoffmann: Der Schlager, Berlin (Ost) 1968
Karl Dallas (Ed.): One Hundred Songs of Toil, 450 years of workers' songs, London 1974
Alfons M. Dauer: Jazz – Die Magische Musik, Bremen 1961
Hunter Davies: The Beatles, The Authorized Biography, London 1968 (Deutsch: Die Geschichte der Beatles, München 1968)
Peter Davison (Ed.): Songs of the British Music Hall, New York 1971
dtv-Atlas zur Weltgeschichte, Band 2, München 1966
Bob Dylan: Writings and Drawings, New York 1972, Panther Edition 1974 (dt. Ausgabe übersetzt von Carl Weissner, Frankfurt 1975)
Jonathan Eisen (Ed.): The Age of Rock, Sounds of the American Cultural Revolution, New York 1969, Vol. II 1970

William Empson: Some Versions of Pastoral, London 1935
David Ewen: History of Popular Music, New York 1961
Francis and Day's Hill-Billy Album No. 1, London 1967
Francis and Day's Popular Community Song Book, Vol. I, London
John Hope Franklin: From Slavery to Freedom, 3. Auflage, New York 1967
Franklin E. Frazier: The Negro in the United States, New York 1957
Helen Gardner (Ed.): The Metaphysical Poets, Harmondsworth 1966
Imanuel Geiss: Die Afro-Amerikaner, Frankfurt 1969
Charlie Gillett: The Sound of the City, New York 1970, London (Sphere Books) 1971 (dt. Ausgabe: Frankfurt 1979)
Charlie Gillett (Ed.): Rock File, London 1972
Rock File 2, with Chart Log of LP's 1960–1973 by S. Nugent, London 1974
Charlie Gillett/Simon Frith (Eds.): Rock File 3, with Chart Log of Sources of British Hit Songs by S. Nugent, London 1975
Rock File 4, with Chart Log of American/British Top 20 Hits, 1955–1974, by S. Nugent with A. and P. Fowler, London 1976
Ralph J. Gleason (Ed.): Jam Session, An Anthology of Jazz, London 1958, Jazz Book Club Edition 1961
Richard Goldstein (Ed.): The Poetry of Rock, New York 1969
Michael Gray: Song and Dance Man, The Art of Bob Dylan, London 1972, Abacus Edition 1973
Woody Guthrie: Bound for Glory, London 1969, Picador Edition 1974
Born to Win, ed. by Robert Shelton, New York 1965
Stuart Hall/Paddy Whannel: The Popular Arts, London 1964
Paul Hemphill: The Nashville Sound, Bright Lights and Country Music, New York 1970, Ballantine Edition 1975
Nat Hentoff/Albert J. Mc Carthy (Eds.): Jazz, New York 1959
Christopher Hill: Reformation to Industrial Revolution, London 1967, Pelican Edition 1969 (Deutsch: Von der Reformation zur Industriellen Revolution, Frankfurt 1977)
Eric J. Hobsbawm: Industrie und Empire, Britische Wirtschaftsgeschichte seit 1750, 2 Bde., Frankfurt 1969
Matthew Hodgart (Ed.): The Faber Book of Ballads, London 1965
Richard Hoggart: The Uses of Literacy, London 1957, Pelican Edition 1958
Jerry Hopkins: The Rock Story, New York 1970
Langston Hughes: The Big Sea, New York 1945
James Weldon Johnson/J. Rosamund Johnson: The Book of American Negro Spirituals, New York 1940
Samuel Johnson: Lives of the English Poets, ed. by G. B. Hill, Vol. I, Oxford 1905
LeRoi Jones: Blues People, Negro Music in White America, New York 1963
Dietrich Kayser: Schlager – Das Lied als Ware, Untersuchungen zu einer Kategorie der Illusionsindustrie, Stuttgart 1975
Charles Keil: Urban Blues, Chicago 1966
Johannes Kleinstück: Mythos und Symbol in englischer Dichtung, Stuttgart 1974
Klaus Kuhnke/Manfred Miller/Peter Schulze: Geschichte der Pop-Musik, Band I (Bis 1947), Lilienthal, Bremen 1976
Jon Landau: It's Too Late To Stop Now, A Rock and Roll Journal, San Francisco 1972

Edward Lear: The Complete Nonsense of Edward Lear, ed. by Holbrook Jackson, London 1947 (Deutsch: Edward Lear's Nonsense Verse, Frankfurt 1964)
Edward Lee: Music of the People, A Study of Popular Music in Great Britain, London 1970
John Lennon: In His Own Write, London 1964
Spaniard in the Works, London 1965, in einem Band erschienen als: The Penguin John Lennon, Harmondsworth 1966
Neil Leonard: Jazz and the White Americans, Chicago 1962
A. L. Lloyd: Folk Song in England, London 1967, Panther Edition 1969
Come All Ye Bold Miners: Ballads and Songs of the Coalfields, London 1952
Alan Lomax (Ed.): The Penguin Book of American Folk Songs, Harmondsworth 1964
A. Lomax/R. Abdul (Eds.): 3000 Years of Black Poetry, New York 1970
Richard Mabey: Who called the English teacher daddy-o? Pop music and everyday life, in Cash, Anatomy of Pop, BBC Publications, London 1970
Peter McCabe/Robert D. Schonfeld: Apple to the Core, The Unmaking of the Beatles, New York 1972
Craig McGregor (Ed.): Bob Dylan, a retrospective, New York 1972, Sydney und London 1973
Bill C. Malone: Country Music U. S. A., Austin, Texas 1968
R. Mander/J. Mitchenson: British Music Hall, A Story in Pictures, Foreword by John Betjeman, London 1965
Greil Marcus: Mystery Train, Images of America in Rock 'n' Roll Music, New York 1975, Dutton Paperback 1976 (Deutsch: Mystery Train. Der Traum von Amerika in Liedern der Rockmusik, Reinbek 1979)
August Meier/Elliot M. Rudwick: From Plantation to Ghetto, An Interpretive History of American Negroes, New York 1966
George Melly: Revolt into Style, The Pop Arts in Britain, London 1970, Penguin Edition 1972
Manfred Miller: Die zweite Akkulturation, ein musiksoziologischer Versuch zur Entstehung des Swing, in: Jazzforschung I, hrsg. von der Gesellschaft für Jazzforschung, Graz 1970
Magara – Oder das Glück, Angst zu haben, zur Sozialgeschichte des Blues, Manuskript zur Fernsehserie ›Sympathy For The Devil‹ des III. Programms des NDR 1971/72
Spike Milligan: The Goon Show Scripts, London 1972, Sphere Books Edition 1973
H. F. Mooney: Songs, Singers and Society, 1890–1954, in: American Quarterly, Fall 1954
Graham Murdock: Struktur, Kultur und Protestpotential. Eine Analyse des Jugendlichen-Publikums der Popmusik, in: Dieter Prokop (Hrsg.): Massenkommunikationsforschung, 2: Konsumtion, Frankfurt 1973
Donald Myrus: Ballads, Blues, and the Big Beat, New York 1966
Oskar Negt: Soziologische Phantasie und exemplarisches Lernen, Zur Theorie der Arbeiterbildung, Frankfurt 1971 (6., völlig überarbeitete Neuausgabe)
R. Nettel: A Social History of Traditional Song, London 1969
A. X. Nicholas (Ed.): The Poetry of Soul, New York 1971
Paul Oliver: Blues Fell This Morning, London 1960
The Story of the Blues, London 1969 (Deutsch: Die Story des Blues, Reinbek 1978)

Wilfred Owen: The Poems of Wilfred Owen, ed. by Edmund Blunden, London 1931, 1952
The Oxford Book of Carols, London 1928
Roy Palmer (Ed.): A Touch On The Times, Songs of Social Change 1770 to 1914, Harmondsworth 1974
Eric Partridge: A Dictionary of Historical Slang, Penguin Edition, Harmondsworth 1972
Dieter Prokop: Soziologie des Films, Neuwied 1970
Dieter Prokop (Hrsg.): Massenkommunikationsforschung, 1: Produktion, 2: Konsumtion, Frankfurt 1972, 1973
The Random House Dictionary of the English Language, New York 1968
J. Reeves: The Idiom of the People, London 1958, 1961
David Riesman (with N. Glazer and R. Denny): The Lonely Crowd, A Study of the Changing American Character, New Haven 1950 (Deutsch: Die einsame Masse, Reinbek 1977)
Richard Rodgers: The Rodgers and Hammerstein Song Book, New York 1958
The Editors of Rolling Stone: The Rolling Stone Interviews, Vol. I, New York 1971
The Rolling Stone Illustrated History of Rock and Roll, ed. by Jim Miller, New York 1976
Tony Russell: Blacks, Whites, and Blues, London 1970
Eric Sackheim (Ed.): The Blues Line, A Collection of Blues Lyrics, New York 1969
Anthony Scaduto: Bob Dylan, New York 1971, Abacus Edition London 1972 (dt. Ausgabe Frankfurt 1977)
Siegfried Schmidt-Joos/Barry Graves: Rock-Lexikon, Reinbek 1973, verbesserte Auflage 1975
H. Schoeck: Kleines Soziologisches Wörterbuch, Freiburg 1969
Jürgen Seuss/Gerold Dommermuth/Hans Maier: Beat in Liverpool, Frankfurt 1965
Cecil J. Sharp (Ed.): English Folk Songs from the Southern Appallachians, London 1917, Edition by Maud Karpeles 1932
Irwin Silber/Jerry Silverman (Eds.): Hootenanny Song Book, New York 1963
V. de Sola Pinto/A. E. Rodway (Eds.): The Common Muse, An Anthology of Popular British Ballad Poetry 15th-20th Century, London 1957, Penguin Edition 1965
Marshall W. Stearns: The Story of Jazz, New York 1956
John Steinbeck: Travels with Charley, In search of America, New York 1962 (Deutsch: Meine Reise mit Charley, Berlin 1973)
E. P. Thompson: The Making of the English Working Class, Pelican Edition, Harmondsworth 1968
G. M. Trevelyan: English Social History, Pelican Edition, Harmondsworth 1967 (Deutsch: Geschichte Englands, München 1949)
R. K. Webb: The Victorian Reading Public, in: Boris Ford (Ed.): The Penguin Guide to English Literature, Vol. 6, From Dickens to Hardy, Harmondsworth 1958
Webster's Seventh New Collegiate Dictionary, Springfield, Mass. 1969
Webster's New World Dictionary of the American Language, Cleveland, New York 1966
Jann Wenner: Lennon Remembers, The Rolling Stone Interviews. Penguin Edi-

tion, Harmondsworth 1973, zuerst erschienen in Rolling Stone No. 74 und No. 75 (January 21 und February 4, 1971)
H. Wentworth/S. B. Flexner: Dictionary of American Slang, New York, Berlin 1960
Ian Whitcomb: After the Ball, London 1972, Penguin Edition 1973
R. Vaughan Williams/A. L. Lloyd (Eds.): The Penguin Book of English Folk Songs, Harmondsworth 1959
Zeitschriften: Rolling Stone, San Francisco
Creem, Birmingham, Michigan
Melody Maker, London
New Musical Express, London
Black Music, London
Sounds, Hamburg

13. Discographie

Diese Schallplatten-Liste erhebt keinen Anspruch auf Vollständigkeit. Ich habe mich bemüht, die Schallplattennachweise für die zitierten neueren Songs aufzuführen. In vielen Fällen sind die Aufnahmen aus den Katalogen gestrichen und nicht erhältlich, oder sie erscheinen in anderer Zusammenstellung als Wiederveröffentlichung. Ich nenne die oder den Künstler, den Titel der Platte (wenn nicht anders erwähnt, handelt es sich um Langspielplatten), die Plattenmarke und das Erscheinungs- bzw. Wiedererscheinungsjahr.

The Animals: Animal Tracks, Columbia/EMI 1965
The Association: Association's Greatest Hits, Warner Bros. 1968
Joan Baez: In Concert, Vanguard 1962
  Greatest Hits, Vanguard 1973
The Band: Music from Big Pink, Capitol 1968
  The Band, Capitol 1969; Cahoots, Capitol 1971
The Beach Boys: 20/20, Capitol 1969
  Endless Summer, Capitol 1975
The Beatles: Please, Please Me, Parlophone/Odeon 1963
  With the Beatles, Parlophone/Odeon 1963
  A Hard Day's Night, Parlophone/Odeon 1964
  Beatles For Sale, Parlophone/Odeon 1964
  Help!, Parlophone/Odeon 1965
  Rubber Soul, Parlophone/Odeon 1965
  Revolver, Parlophone/Odeon 1966
  Oldies But Goldies, Parlophone/Odeon 1967
  Sgt. Pepper's Lonely Hearts Club Band, Parlophone/Odeon 1967
  Magical Mystery Tour, Capitol 1968
  The Beatles, Apple 1968
  Yellow Submarine, Apple 1968
  Hey Jude, Apple 1969
  Abbey Road, Apple 1969
  Let It Be, Apple 1970
  The Beatles 1962–1966, Apple 1973
  The Beatles 1966–1970, Apple 1973
Chuck Berry: The Best of Chuck Berry, Chess 1971 u. a.
Blind Blake: Search-Warrant Blues, 1926–32, Biograph/Phonogram
David Bowie: David Bowie, Philips 1969, 1972 als Space Oddity auf RCA wiederveröffentlicht
James Brown: Say it Loud, I'm Black and Proud, King 1970
Jackson Browne: Late For The Sky, Asylum 1974
The Byrds: Fifth Dimension, CBS 1966
  Younger Than Yesterday, CBS 1967
  Greatest Hits, CBS 1967
Ray Charles: Recipe for Soul, ABC 1963 u. a.

The Coasters: The Coasters' Greatest Recordings, Atlantic 1958–60, 1972
Eddie Cochran, Fats Domino, Jerry Lee Lewis u. a.: This is Rock 'n' Roll, Liberty 1955–59
Sam Cooke: Shake, RCA Victor 1965
Country Joe and the Fish: Electric Music for the Mind and Body, Vanguard 1967
I Feel Like I'm Fixin' To Die, Vanguard 1967
Together, Vanguard 1968
Here We Are Again, Vanguard 1969
Cream: Fresh Cream, Polydor 1966
Wheels of Fire, Polydor 1968
Creedance Clearwater Revival: Green River, Fantasy 1969
Willy and the Poor Boys, Fantasy 1969
Crosby, Stills & Nash: Crosby, Stills & Nash, Atlantic 1969
Crosby, Stills, Nash & Young: Deja Vu, Atlantic 1970
Four Way Street, Atlantic 1971
So Far, Atlantic 1974
Donovan: Fairytale, Pye 1965
Mellow Yellow, Epic 1967
The Doors: The Doors, Elektra 1967
Dr. Hook and the Medicine Show: Sloppy Seconds, CBS 1972
Bankrupt, Capitol 1975
The Drifters: Greatest Recordings/Early Years, Atlantic 1972
Bob Dylan: Bob Dylan, CBS 1962
The Freewheelin' Bob Dylan, CBS 1963
The Times They Are A-Changin', CBS 1963
Another Side of Bob Dylan, CBS 1964
Bringing It All Back Home, CBS 1965
Highway 61 Revisited, CBS 1965
Blonde On Blonde, CBS 1966
Greatest Hits, CBS 1967
John Wesley Harding, CBS 1968
Nashville Skyline, CBS 1969
Self Portrait, CBS 1970
New Morning, CBS 1970
More Greatest Hits, CBS 1971
Pat Garret and Billy The Kid, CBS 1973
Bob Dylan/The Band: Planet Waves, Asylum 1974
Before The Flood, Asylum 1974
Bob Dylan: The Basement Tapes, CBS 1974
Blood On The Tracks, CBS 1975
Desire, CBS 1975
Hard Rain, CBS 1976
Aretha Franklin: Aretha's Gold, Atlantic 1969
Aretha's Greatest Hits, Atlantic 1971
Aretha Live at Fillmore West, Atlantic 1971
Star-Collection, Midi 1972 u. a.
Woody Guthrie: Bound for Glory, Folkways 1963
Dust Bowl Ballads, Folkways 1964
Woody Guthrie, Folkways 1964
This Land Is Your Land, Folkways 1966

Janis Ian: Janis Ian, Verve 1967
Between The Lines, CBS 1975
The Incredible String Band: 5000 Spirits or The Layers of the Onion, Elektra 1967
Jefferson Airplane: Surrealistic Pillow, RCA 1967
Crown of Creation, RCA 1968
Volunteers, RCA 1969
Robert Johnson: King of the Delta Blues Singers, Columbia (US) 1961
The Complete Robert Johnson, Columbia (US) 1970
Albert King: Live Wire/Blues Power, Stax 1968
B. B. King: Live at the Regal, ABC 1965
Alive and Well, Bluesway 1969
Ben E. King: Star-Collection, Midi 1973
The Kinks: Kinda Kinks, Pye 1965
Face to Face, Pye 1966
Something Else by the Kinks, Pye 1967
The Kinks are the Village Green Preservation Society, Pye 1968
Arthur, or the Rise and Fall of the British Empire, Pye 1969
Kinks Part One: Lola versus Powerman & the Moneygoround, Pye 1971
Golden Hour of the Kinks, Pye-Golden Hour 1964–69, 1971
Muswell Hillbillies, RCA 1972
Everybody's in Show-biz – Everybody's a Star, RCA 1972
Kris Kristofferson: Kristofferson, Monument/CBS 1971; 1976 als Me and Bobby McGee wiederveröffentlicht
The Silver-Tongued Devil and I, Monument/CBS 1971
John Lennon: John Lennon/Plastic Ono Band, Apple 1970
Little Richard: Grooviest 17 Original Hits, Specialty 1967
Greatest Hits, Epic 1967
The Lovin' Spoonful: The Very Best of the Lovin' Spoonful, Kama Sutra 1965–67
Barry Mann u. a.: Rock 'n' Roll Power, Ariola/Hör Zu 1974
Martha and the Vandellas: Anthology, Motown 1962–72, 1974
Curtis Mayfield with The Impressions: Keep On Pushing, ABC 1964
People Get Ready, ABC 1965
We're a Winner, ABC 1968
16 Greatest Hits, ABC 1970
Curtis Mayfield, His Early Years with The Impressions, ABC 1973
Curtis Mayfield: Curtis, Curtom/Kama Sutra 1971
Curtis Live, Curtom/Kama Sutra 1971
Roger Miller: King of the Road, Smash/Philips 1965
Joni Mitchell: Joni Mitchell, Reprise 1968
Clouds, Reprise 1969
Ladies of the Canyon, Reprise 1970
Blue, Reprise 1971
For the Roses, Asylum 1972
Court and Spark, Asylum 1974
Van Morrison: Blowin' Your Mind, Bang 1967
T. B. Sheets, Bellaphon 1967, 1973
Astral Weeks, Warner Bros. 1968
Moondance, Warner Bros. 1969
His Band and Street Choir, Warner Bros. 1970

Hard Nose the Highway, Warner Bros. 1973
The Mothers of Invention: We're Only In It For The Money, Verve 1968
Randy Newman: Randy Newman, Reprise 1968
12 Songs, Reprise 1970
Randy Newman/Live, Reprise 1971
Sail Away, Reprise 1972
Danny O'Keefe: Breezy Stories, Atlantic 1973
Carl Perkins: Blue Suede Shoes, Sun u. a.
Wilson Pickett: Hey Jude, Atlantic 1969
Greatest Hits, Atlantic 1972
Procol Harum: Procol Harum, Regal Zonophone/Polydor 1967
Shine On Brightly, Regal Zonophone/Polydor 1968
Lou Rawls: Tobacco Road, Capitol 1964
Live, Capitol 1966
Otis Redding: Live in Europe, Volt 1967
Dock of the Bay, Volt 1968
History of Rhythm & Blues, Vols. I – IV, Atlantic 1947–1960
Elvin Robinson u. a.: Original New York Rock 'n' Roll, Ariola 1974
Smokey Robinson and the Miracles: Anthology, Motown 1958–72, 1973
The Rolling Stones: The Rolling Stones, Decca 1964
The Rolling Stones No. 2, Decca 1964
The Rolling Stones Now!, Decca 1964
Out Of Our Heads, Decca 1965
Around And Around, Decca 1965
High Tide, Green Grass (Big Hits), Decca 1966
Aftermath, Decca 1966
Between The Buttons, Decca 1967
Beggars' Banquet, Decca 1968
Through The Past, Darkly, Decca 1969
Let It Bleed, Decca 1969
Sticky Fingers, Rolling Stones Records 1971
Exile on Main Street, Rolling Stones Records 1972
Simon and Garfunkel: Wednesday Morning 3 a. m., CBS 1965
Sounds of Silence, CBS 1966
Parley, Sage, Rosemary and Thyme, CBS 1966
Bookends, CBS 1968
Bridge Over Troubled Water, CBS 1970
Greatest Hits, CBS 1972
Paul Simon: Songbook, CBS 1965
Paul Simon, CBS 1971
There Goes Rhymin' Simon, CBS 1973
Nina Simone: Nina Simone Sings The Blues, RCA 1967
The Best of Nina Simone, RCA 1970
Bessie Smith: The World's Greatest Blues Singer, CBS 1923, 1930–33
Any Woman Blues, CBS 1923–24, 1929–30
The Empress, CBS 1924–25, 1927–28
Empty Bed Blues, CBS 1924, 1928
Nobody's Blues But Mine, CBS 1925–27
Bruce Springsteen: Greetings From Asbury Park, N. J., CBS 1973
The Wild, The Innocent & The E Street

Shuffle, CBS 1973
Born To Run, CBS 1975
10cc: 10cc, UK Records 1973
Sheet Music, UK Records 1974
Rufus Thomas: Do The Funky Chicken, Stax 1970
Pete Townshend: Who Came First, Track 1972
The Velvet Underground: The Velvet Underground and Nico, MGM/Verve 1967
White Light/White Heat, MGM/Verve 1968
The Velvet Underground, MGM/Verve 1969
The Who: The Who Sell Out, Track 1968
Who's Next, Track 1971
Meaty, Beaty, Big, and Bouncy, Track 1965–1971, 1972
Hank Williams: 24 Greatest Hits, MGM 1971
Nancy Wilson: The Sound of Nancy Wilson, Capitol 1970
Bill Withers: The Best of Bill Withers, Sussex 1974

Nachtrag zur Discographie 1979

Bob Dylan: Street-Legal, CBS 1978
Bruce Springsteen: Darkness on the edge of town, CBS 1978
Randy Newman: Little Criminals, Warner Bros. 1977
Jackson Browne: Running on empty, Asylum 1977
David Bowie: Heroes, RCA 1977
Steve Forbert: Alive on Arrival, Epic 1979
Warren Zevon: Warren Zevon, Asylum 1976
Excitable Boy, Asylum 1978
Tonio K.: Life in the foodchain, Epic 1979
Joni Mitchell: Hejira, Asylum 1977
Don Juan's Reckless Daughter, Asylum 1978
Rickie Lee Jones: Rickie Lee Jones, Warner Bros. 1979
Joan Armatrading: Joan Armatrading, A & M 1976
Show some emotion, A & M 1977
To the limit, A & M 1978
Waylon Jennings: Ol' Waylon, RCA 1977
Willie Nelson: Red Headed Stranger, CBS 1975
Guy Clark: Old No. 1, RCA 1975
Joe Ely: Joe Ely, MCA 1977
Sex Pistols: Never mind the bollocks, here's the Sex Pistols, Virgin 1977
The Clash: The Clash, CBS 1977
Give 'em enough rope, CBS 1978
Tom Robinson Band: Power in the Darkness, EMI 1978
TRB Two, EMI 1979
The Jam: In the city, Polydor 1977
This is the modern world, Polydor 1977
Siouxsie and the Banshees: The Scream, Polydor 1978
Ian Dury and the Blockheads: New Boots and Panties!!, Stiff 1977
Do it yourself, Stiff 1979

Elvis Costello: My aim is true, Stiff 1977
This year's model, Radar 1978
Armed Forces, Radar 1979
Patti Smith Group: Horses, Arista 1976
Easter, Arista 1978
Television: Marquee Moon, Elektra 1977
Adventure, Elektra 1978
Ramones: Leave Home, Sire 1977
Jonathan Richman: Rock 'n' Roll with the Modern Lovers, Berserkley 1977
Hits Greatest Stiffs, Stiff 1977
New Wave, Philips 1977
Bob Marley: Exodus, Island 1977
Kaya, Island 1978
Peter Tosh: Bush Doctor, Rolling Stones Records 1978
Burning Spear: Social Living, Island 1979
Third World: 96° in the shade, Island 1977
Journey to Addis, Island 1978
Steel Pulse: Handsworth Revolution, Island 1978
Linton Kwesi Johnson: Forces of Victory, Island 1979
This is Reggae Music, Vol. I und II, Island 1977/78

Personenregister

Allman Brothers 75
Anderson, Bill 246
Animals, The 75
Armatrading, Joan 296, 298
Armstrong, Louis 58f
Association, The 95
Auden, W. H. 163
Avery, Jim 280

Baez, Joan 82
Band, The 137, 251
Baudelaire, Charles 82, 163
Beach Boys, The 75, 146
Beatles, The 74ff, 78, 81, 94, 105, 116, 155, 203, 271
Bergman, Ingmar 161
Berry, Chuck 14, 16, 70ff, 87, 93, 126, 145f, 148, 150, 223, 225f, 235, 257
Blackwell, R. 71, 166
Blake, William 82, 166, 239, 248
Blind Blake 129
Bob Marley and the Wailers 75
Boone, Pat 70
Borneman, Ernest 32
Bowie, David 75, 267f, 296
Brown, James 75, 107, 221
Browne, Jackson 244, 279, 296
Browning, Robert 82
Bryant, B. 121
Buckley, Lord 215
Bunyan, John 82
Burns, Robert 187
Byrds, The 75, 119, 191, 230
Byron, Georges G. N., Lord 86, 282

Carey, Henry 19
Carmichael, Stokely 220
Carroll, Lewis 79f, 82, 95, 190, 269, 292
Carter, Bo 135
Carter Family, The 63
Cash, Johnny 158
Chaplin, Charlie 43
Charles, Ray 75, 150, 219, 250f
Chaucer, Geoffrey 122, 180, 270
Chesterton, Gilbert K. 82
Christy, Ed 42
Clark, Guy 297
Clash, The 297
Cliff, Jimmy 297
Coasters, The 73
Cochran, Eddie 73, 149
Cocker, Joe 75
Congreve, William 282
Cooke, Sam 219
Cooper, Alice 75
Corea, Chick 75
Costello, Elvis 297
Country Joe and the Fish 209
Coward, Noël 172
Cox, Ida 122
Cream, The 75, 85
Crosby, David 119, 123f, 267
Crosby, Stills, Nash and Young 75
Dauer, Alfons M. 50f, 55
Davies, Ray 16, 83, 98f, 101, 142f, 164ff, 170–174, 176–180, 184, 189, 196, 198ff, 203, 226f, 230, 247, 261–264
Davis, Miles 75
Defoe, Daniel 23, 247
Dickens, Charles 173, 247, 282
Dietrich, Marlene 143
Dixon, Willie 51, 85, 97, 138
Domino, Fats 70
Donne, John 82, 110f
Donovan 90, 190, 231f
Doors, The 97
Dos Passos, John 247
Douglas, Frederick 37
Dr. Hook and the Medicine Show 75
Dury, Ian 297
Dylan, Bob 9f, 12, 16, 67, 75f, 81, 83f, 87, 90f, 94, 98, 111, 113f, 120, 123, 201f, 205–209, 213, 216f, 235f, 238f, 249, 254, 259, 266f, 269, 272–276, 279, 296

Eagles, The 75
Edison, Thomas Alva 46
Einstein, Albert 274
Elin, Gus 249
Eliot, T. S. 82, 163, 274
Elliott, Jack 67
Ely, Joe 297
Emmett, Dan 42

Everly Brothers, The 73, 121, 146
Evers, Medgar 217

Fielding, Henry 23
Fogerty, John 129, 268, 272
Forbert, Steve 296
Ford, Henry 57
Franklin, Aretha 75, 86, 107, 121f, 134, 219
Freed, Alan 288

Gay, John 23
Gaye, Marvin 75, 168
Genesis 75
Gillespie, Dizzy 150
Ginsberg, Allen 82
Goffin, Gerry 88
Goldstein, Richard 271
Goodman, Benny 57
Goon Show, The 79
Grateful Dead 75
Gunn, Thom 260, 278f
Guthrie, Woody 65ff, 81, 200f, 255

Haggard, Merle 158
Haley, Bill 70, 73
Hammerstein, Oscar 263, 277
Hancock, Herbie 75
Handy, W. C. 50
Harpo, Slim 136
Harris, Charles K. 46
Harrison, George 173
Henderson, Fletcher 57
Hendrix, Jimi 75, 190
Hentoff, Nat 82
Hill, Bertha 132
Hill, Joe 9, 64f
Hilton, James 198
Hobbes, Thomas 210
Hodgart, Matthew 100
Hoggart, Richard 47, 263, 293
Holiday, Billie 59
Holly, Buddy 73
Hood, Robin 256
Hooker, John Lee 54
Howard, H. 250
Hudson, Thomas 177
Hughes, Langston 54, 220

Ian and Dean 146
Ian, Janis 146f, 149, 217
Incredible String Band, The 267

Jagger, Mick 93, 117, 120, 136f, 151, 156, 180, 185f, 200, 228, 271
James, Jesse 256
Jefferson Airplane 75, 233, 243, 251
Jefferson, Blind Lemon 135
Jennings, Waylon 158, 297
John, Elton 75
Dr. Johnson 110
Johnson, Edith 122, 135, 166
Johnson, Linton Kwesi 297
Johnson, Lyndon B. 211
Johnson, N. 253
Johnson, Robert 14, 53, 81, 131, 260, 272, 279
Jones, Ernest 196
Jones, Le Roi 33, 51, 56
Jones, Rickie Lee 296
Jones, Shirley 263
Joyce, James 140, 187, 269

Kafka, Franz 112
Kantner, Paul 233, 243, 267
Keene, S. 190
Keil, Charles 107
Kenner, Chris 169
Kerouac, Jack 82
King, Albert 50
King, B. B. 51, 54, 218, 247
King, Martin Luther 220, 222
King Oliver's Creole Jazz Band 58
Kinks, The 75, 83, 226f
Kipling, Joseph Rudyard 282
Kristofferson, Kris 117f, 158f, 194ff, 226, 279
Kubrick, Stanley 268

Lawrence, D. H. 82
Lear, Edward 79
Ledbetter, Huddie (Leadbelly) 50
Leiber, Jerry 73, 93, 96, 226, 247, 252
Lennon, John 16, 78f, 81, 84f, 90, 94, 97f, 102–106, 110, 115, 119, 154, 163, 183, 190, 203f, 233, 237, 270
Leno, Dan 39
Leonard, Neil 59
Lewis, Jerry Lee 73
Lewis, Sinclair 247
Lind, Bob 94, 96
Little Richard 70f, 93, 166
Lloyd, Marie 39, 45, 125
Lomax, John 35, 189
Loudermilk, John D. 202
Lovin' Spoonful, The 87

McCartney, Paul 79, 84f, 97, 104, 110, 115, 119, 154, 163, 183, 190, 233, 237, 270
McCarthy, Joseph 214
McDonald, Joe 209–212, 243
McLaughlin, John 75
McRea, Gordon 263

McTell, Ralph 181
Mann, Barry 88
Mann-Weil 153, 226, 247
Marascalco, J. 71
Marley, Bob 297
Martha and the Vandalas 168
Marvell, Andrew 211, 282
Marx Brothers 269
Mayfield, Curtis 220f
Melly, George 231
Melton, Barry 229
Melville, Herman 269
Memphis, Willie B. 259
Miller, Roger 254
Miracles, The 155
Mitchell, Joni 75, 83, 94, 96, 107–110, 116, 118, 122, 144f, 160f, 167, 224f, 228f, 236, 241f, 246, 248, 250f, 279, 296
Morgan, Rosetta 219
Morrison, Van 106, 140, 168, 170, 244f
Morton, Charles 38
Mothers of Invention 75

Nelson, Rick 73
Nelson, Willie 158, 297
Newmann, Randy 101, 128f, 213, 233, 248, 253f, 279, 296

Ochs, Phil 67
O'Keefe, Danny 194
Oliver, Paul 57
Original Dixieland Jass Band 56
Ory, Kid 56
Owen, Wilfred 211

Penniman, R. 166
Perkins, Carl 71
Pickett, Wilson 138
Pinter, Harold 163
Playford, John 169
Pound, Ezra 274
Presley, Elvis 70, 73, 225, 279
Procol Harum 97, 273
Pulse, Steel 297

Rainey, Gertrude ›Ma‹ 50
Ramones, The 297
Redding, Otis 75, 122, 154
Reed, Lou 94, 139, 155, 191ff, 234
Reid, Keith 97, 270, 273
Reynolds, Malvina 205
Rice, Les 67
Rice, Thomas 42
Richard, Cliff 74
Richard, Keith 93, 117, 120, 136f, 151, 156, 180, 185f, 200, 228, 271
Richman, Jonathan 297
Riesman, David 288
Rimbaud, Arthur 82
Robertson, Robbie 137, 251
Robey, George 39
Robinson, Smokey 155
Robinson, Tom 297
Rodgers, Jimmie 63
Rodgers, Richard 263, 277
Rodway, A. E. 131
Rolling Stones, The 75, 83, 91, 94, 120, 136
Ross, W. G. 39

Sayer, Leo 75
Sebastian, John 87, 97, 223
Sedley, Sir Charles 129
Seeger, Pete 67, 205
Sex Pistols 297
Shadows, The 74
Shakespeare, William 12, 19, 41, 121, 138, 271, 282, 291f
Shannon, Ronnie 107
Sharp, Cecil J. 29
Showmen, The 253
Silverstein, Shel 127f, 159, 185, 189, 279
Simon, Paul 83f, 94, 139, 143, 161f, 167, 216, 236, 247, 258, 277
Simon and Garfunkel 75
Simone, Nina 54, 219f
Siouxsie and the Banshees 297
Slick, Grace 95, 190
Sly and the Family Stone 75
Smith, Bessie 52, 58f, 156, 160, 247
Smith, Patti 297
Smith, W. H. 285
Sola Pinto, V. de 131
Spear, Burning 297
Spector, Phil 96
Springfield, Buffalo 75
Springsteen, Bruce 147, 153, 166, 257f, 279, 296
Stamp, Terry 280
Stearns, M. W. 55
Steele, Tommy 73
Steinbeck, John 47
Stills, Stephen 267
Stoll, Oswald 45
Stoller, Mike 73, 93, 226, 247
Supremes, The 75
Swift, Jonathan 282

Taylor, James 75
Television, The 297
Temptations, The 75
Theokrit 292
Third World 297
Third World War 280
Thomas, Rufus 169
Tonio K. 296

Toots and the Maytals 75
Tosh, Peter 297
Townshend, Pete 139, 152, 191, 235, 243
Tubman, Harriet 38
Twain, Mark 82

Velvet Underground, The 139, 191
Verlaine, Tom 297

Waters, Muddy 9, 85
Whiteman, Paul 57
Who, The 75, 83, 139, 152, 190
Williams, Hank 157
Williams, Larry 148
Williams, Spencer 58
Williamson, Robin 267
Willis, Chuck 234
Wilson, Brian 146
Wilson, Nancy 221
Withers, Bill 182
Wonder, Stevie 75, 219
Wordsworth, William 19

Yardbirds, The 75
Yeats, William Butler 282
Young, Neil 194, 241

Zappa, Frank 75, 240f
Zevon, Warren 296
Zimmermann, Robert s. Dylan, Bob

Register der zitierten Song-Texte

A Case Of You 108
A Change Is Gonna Come 219
A Church Is Burning 216
Across The Universe 233
Acute Schizophrenia Paranoia Blues 164
A Day In The Life 270
After Hours 155
After The Ball 46
A Hard Day's Night 104
A Hard Rain's A-Gonna Fall 205
Alcohol 99ff
Alec Speaking 79
A Little Bit Of Cucumber 41
A Little Bit Of Urban Rock 280
All Along The Watchtower 272
All I Want 108
All You Need Is Love 81
Almost Grown 148
Along Comes Mary 95
A Man And A Half 138
A Melody In Your Name 116
America 258
A Most Peculiar Man 162
Amusement Parks U.S.A. 146
And It Stoned Me 168
A New Song Called The Curling Of The Hair 180
Anyway, Anyhow, Anywhere 234
Armenia City In The Sky 190
A Short Farewell To Smoke And Noise 177
As Sylvie Was Walking 116
At Seventeen 146
At Trinity Church I Met My Doom 40
Autumn Almanac 174ff, 198
A Well Respected Man 170, 172
A Whiter Shade Of Pale 270

Back Door Man 138
Bad Blood Blues 133
Bad Boy 148
Bad Moon Rising 272
Ballad Of Hollis Brown 201
Ballad Of Sam Hall 22
Banks Of Marble 67f
Before The Deluge 244
Big Yellow Taxi 250
Billy Dee 194
Black Is Beautiful 221
Blacklash Blues 54, 220
Black Mountain Blues 156f
Black Snake Moan 135
Blonde In The Bleachers 224f
Blowin' Down the Road 64
Blowin' In The Wind 206
Blue 108
Blue Suede Shoes 71, 148
Blue Tail Fly 43
Bob Dusty Is Here 39
Bob Dylan's 115th Dream 269
Bookends 84
Born To Run 150, 153
Born Under A Bad Sign 53
Both Sides Now 144
Brady and Duncan 62
Bridge Over Troubled Water 277
Brown Eyed Girl 106
Busted 250
Buzz Off 98
Bye, Bye, Johnny 225

Cactus Tree 122
California Girls 146
Carol 145
Carry Me Carrie 159
Celluloid Heroes 264
Chelsea Morning 167
Cherry Cherry Coupe 146
Chimes Of Freedom 276
City Lights 246
Concentration Moon 240
Conversation 118
Country Fool 253
Cowboy 248
Crossroads Blues 53
Cry Baby Cry 270

Dancing In The Street 168
Dead End Street 196ff, 247
Dedicated Follower Of Fashion 230
Denmark Street 226
Desolation Row 94, 274
Diddie Wa Diddie 129
Doncha Bother Me 228

Don't Think Twice, It's Alright 113
Down Home Girl 252
Do You Believe In Magic 223
Dr. Feelgood 134
Duncan 139

Eight Miles High 191
Eleanor Rigby 78, 163
Elusive Butterfly Of Love 96
Elvis Presley 278
End Of The Season 174f
Es Kommt Ein Schiff Geladen 275
Everybody's Been Burned 119

Factory Girl 180f
Fare The Well, O Honey (Dink's Song) 35
Farewell To Storyville 58
Finnegan's Wake 187
For Free 228
For No One 115
For The Roses 229
Fourpence A Day 26
Fun, Fun, Fun 146
Funky Chicken 169

Gates of Eden 275
Get Along Home, Cindy 96
Get Off Of My Cloud 91, 150f
Gimme Shelter 271
Go Down, Moses 37
Go Down, Old Hannah 34
Got My Questionaire, Baby 53, 209
Greensleeves 112
Ground-Hog 62

Happiness Is A Warm Gun 270
Happy Land 20
Hard Times In New York Town 249
Harlem 182
Have A Cuppa Tea 178f
Hellhound On My Trail 260
Help 77
Help Me Make It Through The Night 158
Here Come The Peole In Grey 165
Heroin 191, 193
Hezekiah Jones (Black Cross) 215
›Highway 61‹ 259
Highway 61 Revisited 98, 259f
Hillbilly Fever 64
Holiday 176
Homburg 273
Honky Tonk Women 93

I Am A Navvy Bold 256
I Am A Rock 162
I Am The Walrus 80f, 90, 270
I Can't Get No Satisfaction 91, 150f
I Danced With A Gal With A Hole In Her Stockin' 170
I Don't Want To Hang Up My Rock And Roll Shoes 234
I-Feel-Like-I'm-Fixing-To-Die-Rag 212
If I Wasn't For The 'Ouses In Between 249
If You Feel 233
I Got Good Jelly 134
I Got Stoned And I Missed It 189
I Had A King In A Tenement Castle 94
I Live In Trafalgar Square 41, 247
I Love Your Good Jelly Roll 134
I'm A Kingbee 136
I'm A Looser 154
I'm Goin' To Detroit 58
I'm Gonna See My Dentist 133
I'm Gonna Tell' em At The A.S.P.C.A. 127
I'm Old Bumble Bee 135
I'm Only Sleeping 102
I'm So Lonesome I Could Cry 157
I'm So Tired 102
I'm Waiting For The Man 193
I Never Had To Have No Money Befo' 49
I Never Lost My Last Train Yet 125f
I Never Love A Man (The Way I Love You) 107
In My Garden Grew Plenty Of Thyme 105
In My Life 78, 110
I Recall A Story Of Love In All Its Glory 46
I Saw Three Ships 275
I Shall Be Free 12
It Ain't Me Baby 123
It Came Out Of The Sky 268
It's All Over Now, Baby Blue 273
It's A Long Old Road 160
It's Alright, Ma (I'm Only Bleeding) 87, 91, 238
I Went Down To The Factory 52
I Wish I Know How It Would Feel To Be Free 219
I Wrestled Wid Satan, I Wrestled Wid Sin 37

Jemima Surrender 137
John Barleycorn 187
Johnny B. Goode 225
Jone O' Grinfield (John Of Greenfield) 24
Julia 105
Jump Jim Crow 42
Jungleland 147
Junkman 194

King Harvest (Has Surly Come) 251
King Of The Road 254

Land Of 1000 Dances 169
Lady Madonna 183
Let's Spend The Night Together 136
Let The Wind Carry Me 236
Light Up 190
Like A Rolling Stone 9, 90f, 238
Little Dence Coupe 146
Little Queenie 223
Lola 101, 142f
London 248
Long Tall Sally 166
Lord Randal 29, 205
Love Minus Zero/No Limit 111
Lover's Prayer 128
Lucy In The Sky With Diamonds 80, 85, 270

Mabellene 93
Mad About The Boy 71
Madam George 140
Mama Told Me Not To Come 233
Maria 209
Mary Jane 191
Masters Of War 207
Me And Bobby McGee 117
Me And Julia Down By The Schoolyard 143
Me And The Devil Blues 260
Meeting Across The River 153
Mom And Dad 240
Moondance 168, 170
Mothers's Little Helper 185
Muswell Hillbilly 261
My Daddy Rocks Me With One Steady Roll 9, 289
My Generation 235
My Good Woman Had A Sweet Potato In Her Hand 134
My Government Claim 30
My Love Is A Lotus Blossom 96
My Old Kentucky Home 253
My Old Man 107

Nadine 126
Night 166
Night In The City 246
No Home In This World Anymore 66, 201
No Job Blues 90
North Country Blues 201
Norwegian Wood 77
Now If You Get Loaded, Baby, And Think You Want To Go 122

Ohio 241
Oklahoma U.S.A. 263
Old Man Trouble 154
On Broadway 226, 247
On Cabbage Cold And Taters 22
Only A Pawn In Their Game 216
On The Day King Edward Gets His Crown On 42
On The Move 260
O Sheperd, O Sheperd 133

Paint It Black 156
Paperback Writer 79
Parachute Woman 137
Pastures Of Plenty 67
Paths Of Victory 254
Penny Lane 79, 270
Pictures Of Lily 139
Pitman's Love Song 135
Please Please Me 105
Political Science 213
Poor Man's Blues 52, 247
Poor Man's Heaven 214
Poverty Knock 24
Preaching Blues 91
Pretty Saro 30, 36

Raise A Rukus Tonight 34
Reefer Man 190
Respect 121f
Rip It Up 71, 93, 166
Roaming Journeyman 256
Rock 'N' Roll Music 223
Rollin' Stone 9
Roll Over Beethoven 223
Roll the Cotton Down 33
›Route 66‹ 256
Ruby Tuesday 117
Run, Boys, Run 34f
Rye Whiskey 188

Salisbury Plain 256
Sally In Our Alley 19
Salt Of The Earth 200
Satisfaction s. I Can't Get No Satisfaction
Saturday Night 182

Save The Life Of My Child 236
Say It Loud – I'm Black And Proud 221
School Day 71, 87, 148, 223
Shangri-La 198ff
She Bought A Hat Like Princess Marina 179
She's Got A Sweet Jelly 134
She's Leaving Home 237
She's My Ever Lovin' Machine 127
Sister Ray 234
Society's Child 217f
Song To A Seagull 248
So You Wanna Be A Rock 'N' Roll Star 230
Space Oddity 267
Spanish Harlem 96, 105
Spoonful 85
Sports Model Mama 132
St. James And St. Giles's 21, 247
Stones In My Passway 14
Strawberry Fields Forever 77
Stray Cat Blues 136
Street Cries Of London 20
Substitute 150, 152
Subterranean Homesick Blues 235
Summer In The City 87, 97
Summertime Blues 149
Sunday Morning Comin' Down 159
Sunny Afternoon 172f
Sunny Godge Street 90, 232
Superbird 211
Sweet Betsy From Pik 31
Sweet Little Angel 51
Sweet Little Sixteen 72, 223
Sweet Marijuana Brown 190
Sweet Thing 106

Take A Sniff On Me (The Cocaine Song) 189
Take Me As I Am 121
Talkin' John Birch Paranoid Blues 213
Talkin' World War III 266
Ta-Ra-Ra-Boom-De-Ay! 88
Taxmann 173
Tears Of A Clown 155
Terraplane Blues 131
Testament 9, 65
Thanks For The Memory 46
That Fine Old English Labourer 27
That Lucky Old Sun 150
The Ballad Of John And Yoko 89
The Ballad Of Lucy Jordan 185
The Boxer 247
The Buffalo 27
The Bury New Loom 131
The Chimney Sweeper 239f
The Contender 203
The Dandy O 231
The Death Of Emmet Till 216
The Downright Country-Man 252
The English Dancing Master 169
The Farm 251
The Farmer's Curst Wife 125
The 59th Street Bridge Song (Feelin' Groovy) 84, 167
The Fine Od English Gentleman 173
The Good-Morrow 111
The Great Deception 244
The Hammer Song 92
The Handloom Versus The Powerloom 25
The Housewife's Lament 184
The Hunt 132
The Innocent Country-Maid's Delight 252
The Jolly Beggar 92
The Jolly Driver 133
The Jolly Trades-Men 133
The Lonesome Death Of Hattie Caroll 201
The Long and Winding Road 119
The Map Of Mock-Beggar Hall 21, 211
The Merry Hay-Makers 130
The Midnight Special 259
The Needle And The Damage Done 194
The Old And The New Courtier 211
The Old Man From Lee 125
The Ploughman 132
The Poor Man Payes For All 20
The Promised Land 257
The Rovin Gambler 29
The Roving Journeyman 29f
The Same Situation 160
The Scenes Of Manchester 249
The Seeker 243
The Snob And The Bottle 99
The Song Of The Lower Class 196

The Sounds Of Silence 161
The Spider And The Fly 136
The Stately Homes Of England 172
The Stuff Is Here 190
The Times They Are A-Changin' 235
The Tinker 132
The Unknown Citizen 163
The Wall Street Shuffle 214
The Village Green Preservation Society 98, 166
The Weaver And The Factory Maid 25
There's Not A Swish Goes Round My Waist 14
Think 86
This Train 259
Thunder Road 257
Tickle Me 128
Tobacco Road 202
To Beat The Devil 226
Tomorrow Never Knows 81
Too Much Monkey Bus-'ness 14, 150, 235
Too Old To Go Away, Little Girl 149
Top Of The Pops 227
To Ramona 114
Tracks Of My Tears 155
Triad 123f
Twentieth Century Fox 97
20th Century Man 164
Two Sisters 184

Under My Thumb 120
Union Maid 65
Untitled Protest 210

Venus In Furs 139
Volcano 137

Wade In The Water 38
Waiting At The Church 125
Wake Up, Darlin' Corey 61
Walking Blues 260
Wanderin' 61, 254
Warm Love 106
Way Bakc In The 1960's 267
We All Go To Work But Father 40
Weary Of The Railway 28
We Can Be Together 243
Weed Smoker's Dream 190
We've A Winner 221
We're Rolling On 222
We The People Who Are Darker Than Blue 220
We're Gotta Get Out Of This Place 153
What Have They Done To The Rain? 205
What You Going Do, Mama 53
When I Was Young 183
When I Wore My Apron Low 36
When The Ship Comes In 275f
Which Side Are You On 65
White Rabbit 95, 190
Who Put The Bomp? 88
Why I Sing The Blues 54, 218, 247
Wild Women Don't Worry, Wild Women Don't Have The Blues 122
William Brown 26
Willie Ransome 29
Winnsboro Cotton Mill Blues 52
With God On Our Side 208
With Love To Lead The Way 47
Wooden Ships 267
Woodstock 241f, 251
Working Class Hero 203
Worried Man 60
Wrap Your Chops Round This Stick Of Tea 190

Yakety Yak 73, 93, 148
You'll Never Walk Alone 277
Young Corin And Phyllis 130
Young Girl Blues 231
You Squeezed My Lemon 134
You Turn Me On I'm A Radio 109f
You've Got To Hide Your Love Away 76